《经济学基础》学习指南

第 **8** 版

Study Guide for
Essentials of Economics, 8E

〔美〕戴维·R. 哈克斯
（David R. Hakes） 著

梁小民　陈宇峰　译

北京大学出版社
PEKING UNIVERSITY PRESS

著作权合同登记号　图字:01-2019-6142
图书在版编目(CIP)数据

《经济学基础(第8版)》学习指南/(美)戴维·R.哈克斯著;梁小民,陈宇峰译.—北京:北京大学出版社,2023.3
ISBN 978-7-301-33130-9

Ⅰ.①经… Ⅱ.①戴… ②梁… ③陈… Ⅲ.①经济学—高等学校—教学参考资料 Ⅳ.①F0

中国国家版本馆 CIP 数据核字(2023)第 022187 号

David R. Hakes
Study Guide for Essentials of Economics, eighth edition
Copyright © 2019 by South Western, a Part of Cengage Learning.
Original edition published by Cengage Learning. All Rights Reserved.
本书原版由圣智学习出版公司出版。版权所有,盗印必究。

Peking University Press is authorized by Cengage Learning to publish, distribute and sell exclusively this simplified Chinese edition. This edition is authorized for sale in the People's Republic of China only (excluding Hong Kong SAR, Macao SAR and Taiwan). Unauthorized export of this edition is a violation of the Copyright Act. No part of this publication may be reproduced or distributed by any means, or stored in a database or retrieval system, without the prior written permission of the publisher.

本书中文简体字翻译版由圣智学习出版公司授权北京大学出版社独家出版发行。此版本仅限在中华人民共和国境内(不包括香港特别行政区、澳门特别行政区及台湾地区)销售。未经授权的本书出口将被视为违反版权法的行为。未经出版者事先书面许可,不得以任何方式复制或发行本书的任何部分。

本书封面贴有 Cengage Learning 防伪标签,无标签者不得销售。

书　　　名	《经济学基础(第8版)》学习指南
	《JINGJIXUE JICHU(DI-BA BAN)》XUEXI ZHINAN
著作责任者	〔美〕戴维·R.哈克斯(David R. Hakes) 著　梁小民　陈宇峰　译
责 任 编 辑	王 晶　张 燕
标 准 书 号	ISBN 978-7-301-33130-9
出 版 发 行	北京大学出版社
地　　　址	北京市海淀区成府路 205 号　100871
网　　　址	http://www.pup.cn
微信公众号	北京大学经管书苑(pupembook)
电 子 信 箱	em@pup.cn
电　　　话	邮购部 010-62752015　发行部 010-62750672　编辑部 010-62752926
印 刷 者	天津中印联印务有限公司
经 销 者	新华书店
	787 毫米×1092 毫米　16 开本　21 印张　551 千字
	2023 年 3 月第 1 版　2023 年 3 月第 1 次印刷
定　　　价	56.00 元

未经许可,不得以任何方式复制或抄袭本书之部分或全部内容。
版权所有,侵权必究
举报电话:010-62752024　电子信箱:fd@pup.pku.edu.cn
图书如有印装质量问题,请与出版部联系,电话:010-62756370

前 言

本书是与 N. 格里高利·曼昆的《经济学基础(第 8 版)》相配套的《学习指南》。本书写作的初衷就是服务于作为学生读者的你。

你的时间是稀缺的。为了帮助你有效地利用时间,这本《学习指南》严格地集中于曼昆《经济学基础(第 8 版)》中介绍的内容,而不涉及其他无关的知识。

《学习指南》的目的

这本《学习指南》有三个广义的目的:第一,帮助你巩固教科书中的内容,并增进你对教科书中内容的理解。第二,向你提供运用经济理论和工具以解决实际经济问题的经验。换句话说,本书是经济理论与解决经济问题之间的桥梁,这也许是这本《学习指南》最重要的目的,因为那些发现经济学具有内在逻辑性的学生往往认为,他们只需通过阅读教科书或上课就足以应付考试。然而,观察一个经济学家在教室里解题是一回事,而独立解决一个问题则完全是另一回事。亲自实践的经历是无可替代的。第三,本书中每一章都配有练习题,这些练习题可以检测出你掌握较好的领域和需要巩固的薄弱环节。

如果你没有理解内容或者在考试时对所考内容缺乏信心,那么你要真正享受任何一个学习领域都是不太可能的。我希望这本《学习指南》能增进你对经济学的理解,并提高你的考试成绩,以便你也能同我一样享受经济学所带来的乐趣。

《学习指南》的结构

这本《学习指南》的每个章节都与曼昆的《经济学基础(第 8 版)》的章节一一对应。每一章分为以下几部分:

- "本章概述"从"本章复习"开始,逐节对本章内容进行回顾;其次是"有益的提示",帮助读者理解本章内容;最后是"术语与定义",这部分内容特别重要,因为如果不使用共同的经济学术语,教科书与你之间的信息沟通或者在考试时你与老师之间的信息沟通都是不可能的。
- "应用题与简答题"将通过一些基于教科书内容的问题为你带来一些实际经验。其中"应用题"是多个步骤的问题,而"简答题"是基于一个问题而提出的。
- "自我测试题"包括 15 道"判断正误题"和 20 道"单项选择题"。

- "进阶思考题"是把该章介绍的经济学推理和工具运用于现实世界中的问题。这是一种应用型案例问题。
- "习题答案"对本章中所有问题都给出了答案,对"判断正误题"中的错误项还给出了解释。

《学习指南》的使用

我对于是否提供这本《学习指南》的使用方法很犹豫,因为如何最好地使用这本《学习指南》很大程度上是个人的事。它取决于你的偏好与能力,以及你的老师对内容的讲授方法。但是,我仍将讨论几种可能的方法,试错法会有助于你找出最适合自己的方法。

一些学生喜欢在阅读《学习指南》之前先学习教科书的一整章;另一些学生喜欢先学习教科书中的一节,然后阅读《学习指南》中"本章概述"部分相应的一节。第二种方法有助于你集中学习教科书中每节最重要的内容。一些在学习教科书之后感到特别有信心的学生会选择直接做"自我测试题",但通常来说我并不推荐这种方法。我建议你在进行自我测试之前,先做完所有"应用题"和"简答题"。如果你在自我测试之前有充分的准备,你将从中得到更准确的反馈。

《学习指南》不是教科书的替代品,正如经典小说的简写本不能代替原著一样。要与曼昆的《经济学基础(第8版)》结合来使用这本《学习指南》,而不是完全代替它。

最后的思考

这本《学习指南》中的所有习题都已经过许多评审者的精心核对。但是,如果你发现了错误,或者你对未来的版本有任何想法和建议,请随时通过电子邮件与我联系(邮箱是 hakes@uni.edu)。

致 谢

最后,我要感谢曼昆写了一本各方面都考虑周到的教科书,这使得写这本《学习指南》成为一项真正令人愉快的任务。感谢产品开发经理珍妮弗·托马斯(Jennifer Thomas)使整个项目按计划进行。感谢离心概念工作室(OffCenter Concept House)设计了版式并编辑整理了书稿。感谢我的朋友和同事肯·麦考密克(Ken McCormick)在整个项目过程中向我提供了各种建设性的意见。

最后,我要感谢我的家人在我写这本《学习指南》的这段时间里给予我的耐心和理解。

戴维·R. 哈克斯(David R. Hakes)
北依阿华大学

目 录

第1篇 导 言

第1章 经济学十大原理 3
  1.1 本章概述 4
  1.2 应用题与简答题 6
  1.3 自我测试题 8
  1.4 进阶思考题 11
  习题答案 11

第2章 像经济学家一样思考 14
  2.1 本章概述 15
  2.2 应用题与简答题 18
  2.3 自我测试题 20
  2.4 进阶思考题 23
  习题答案 23
  第2章附录 27

第3章 相互依存性与贸易的好处 30
  3.1 本章概述 31
  3.2 应用题与简答题 34
  3.3 自我测试题 36
  3.4 进阶思考题 40
  习题答案 40

第2篇 市场如何运行

第4章 供给与需求的市场力量 47
  4.1 本章概述 48
  4.2 应用题与简答题 51
  4.3 自我测试题 53
  4.4 进阶思考题 56
  习题答案 56

第5章 弹性及其应用 59
  5.1 本章概述 60
  5.2 应用题与简答题 63
  5.3 自我测试题 65
  5.4 进阶思考题 68
  习题答案 68

第6章 供给、需求与政府政策 71
  6.1 本章概述 72
  6.2 应用题与简答题 74
  6.3 自我测试题 76
  6.4 进阶思考题 78
  习题答案 79

第3篇 市场和福利

第7章 消费者、生产者与市场效率 85
  7.1 本章概述 86
  7.2 应用题与简答题 88
  7.3 自我测试题 91
  7.4 进阶思考题 94
  习题答案 94

第8章 应用：税收的代价 98
  8.1 本章概述 99
  8.2 应用题与简答题 101
  8.3 自我测试题 102
  8.4 进阶思考题 105
  习题答案 105

第9章 应用:国际贸易	109
9.1 本章概述	110
9.2 应用题与简答题	113
9.3 自我测试题	116
9.4 进阶思考题	119
习题答案	119

第4篇 公共部门经济学

第10章 外部性	125
10.1 本章概述	126
10.2 应用题与简答题	128
10.3 自我测试题	131
10.4 进阶思考题	134
习题答案	134

第11章 公共物品和公共资源	138
11.1 本章概述	139
11.2 应用题与简答题	141
11.3 自我测试题	142
11.4 进阶思考题	145
习题答案	145

第5篇 企业行为与产业组织

第12章 生产成本	151
12.1 本章概述	152
12.2 应用题与简答题	155
12.3 自我测试题	157
12.4 进阶思考题	160
习题答案	160

第13章 竞争市场上的企业	164
13.1 本章概述	165
13.2 应用题与简答题	168
13.3 自我测试题	170
13.4 进阶思考题	173

习题答案	173

第14章 垄断	177
14.1 本章概述	178
14.2 应用题与简答题	181
14.3 自我测试题	183
14.4 进阶思考题	186
习题答案	186

第6篇 宏观经济学的数据

第15章 一国收入的衡量	193
15.1 本章概述	194
15.2 应用题与简答题	197
15.3 自我测试题	199
15.4 进阶思考题	202
习题答案	202

第16章 生活费用的衡量	205
16.1 本章概述	206
16.2 应用题与简答题	209
16.3 自我测试题	212
16.4 进阶思考题	215
习题答案	215

第7篇 长期中的真实经济

第17章 生产与增长	221
17.1 本章概述	222
17.2 应用题与简答题	225
17.3 自我测试题	226
17.4 进阶思考题	229
习题答案	229

第 18 章　储蓄、投资和金融体系	232
18.1　本章概述	233
18.2　应用题与简答题	237
18.3　自我测试题	239
18.4　进阶思考题	241
习题答案	242

第 19 章　金融学的基本工具	245
19.1　本章概述	246
19.2　应用题与简答题	249
19.3　自我测试题	251
19.4　进阶思考题	254
习题答案	254

第 20 章　失业	257
20.1　本章概述	258
20.2　应用题与简答题	261
20.3　自我测试题	263
20.4　进阶思考题	266
习题答案	266

第 8 篇　长期中的货币与物价

第 21 章　货币制度	271
21.1　本章概述	272
21.2　应用题与简答题	277
21.3　自我测试题	279

21.4　进阶思考题	281
习题答案	282

第 22 章　货币增长与通货膨胀	285
22.1　本章概述	286
22.2　应用题与简答题	290
22.3　自我测试题	292
22.4　进阶思考题	295
习题答案	295

第 9 篇　短期经济波动

第 23 章　总需求与总供给	301
23.1　本章概述	302
23.2　应用题与简答题	307
23.3　自我测试题	308
23.4　进阶思考题	312
习题答案	312

第 24 章　货币政策和财政政策对总需求的影响	315
24.1　本章概述	316
24.2　应用题与简答题	320
24.3　自我测试题	322
24.4　进阶思考题	325
习题答案	325

第1篇 导 言

第1章
经济学十大原理

目　标

在本章中你将

- 知道经济学是研究稀缺资源配置的
- 考察人们面临的一些权衡取舍
- 学习机会成本的含义
- 理解在做出决策时如何运用边际推理
- 讨论激励如何影响人们的行为
- 思考为什么人们或国家之间的交易可以使各方受益
- 讨论为什么市场是一种良好但非完善的资源配置方式
- 学习什么因素决定着整体经济中的某些趋势

效　果

在实现这些目标之后，你应该能

- 定义稀缺性
- 解释"大炮和黄油"之间的经典权衡取舍
- 加总你上大学的特定机会成本
- 比较继续上学的边际成本与边际收益
- 思考你的学费上涨4倍会如何影响你受教育的决策
- 解释为什么专业化和贸易改善了人们的选择
- 举出一个外部性的例子
- 解释严重而持久的通货膨胀的来源

1.1 本章概述

1.1.1 本章复习

家庭和社会面临着如何配置稀缺资源的决策。从我们拥有的资源少于我们所希望的数量这个意义上来说,资源是有**稀缺性**的。**经济学**研究社会如何管理其稀缺资源。经济学家研究人们如何做出买和卖,以及储蓄和投资的决策。我们还研究人们在决定价格和交易量的市场上如何相互交易。当我们关注总收入、就业和通货膨胀时,我们还需要研究整体经济。

本章强调经济学十大原理。在整本教科书中都将提到这些原理。十大原理分为三类:人们如何做出决策,人们如何相互影响,以及整体经济如何运行。

1. 人们如何做出决策

(1) 原理一:**人们面临权衡取舍**。经济学家经常说:"天下没有免费的午餐。"这是指生活中总存在着权衡取舍——要多得到我们所喜爱的东西,我们就不得不放弃另一些喜爱的东西。例如,如果你把钱用于吃饭和看电影,你就不能将这些钱用于买新衣服。从社会来看,我们作为一个整体面临权衡取舍。例如,存在"大炮和黄油"之间的经典权衡取舍,也就是说,如果我们决定把更多的钱用于国防(大炮),那么,我们用于社会项目(黄油)的钱就少了。另外社会还存在**效率**(从我们的稀缺资源中得到最多东西)和**平等**(在社会上平等地分配利益)之间的权衡取舍。税收和福利这类政策使收入更为平等,但这些政策减少了辛勤劳动的收益,从而使经济的产出降低。结果,当政府想把蛋糕切得更平等时,蛋糕就变小了。

(2) 原理二:**某种东西的成本是为了得到它所放弃的东西**。一种东西的**机会成本**是为了得到这种东西所放弃的东西。这是这种东西的真实成本。上大学的机会成本显然包括你的学费。它还包括你可以用于工作的时间的价值,这种价值按你的潜在收入估计。它不包括你的食宿费,因为无论你上不上学,都要吃饭睡觉。

(3) 原理三:**理性人考虑边际量**。**理性人**为了达到他们的目标会尽可能系统性地做到最好。**边际变动**是对现有计划的微小增量变动。理性决策者只有在边际收益大于边际成本时才采取行动。例如,只有在从上一年学中得到的收益大于上这一年学的成本时,你才会再上一年学;只有在多生产一蒲式耳谷物的收益(得到的价格)大于生产的成本时,农民才会生产这一蒲式耳谷物。

(4) 原理四:**人们会对激励做出反应**。**激励**是一种引起人们做出某种行为的东西。由于理性人权衡活动的边际成本与边际收益,因此,当这些成本或收益变动时,他们就做出反应。例如,当汽车价格上升时,买者有少买汽车的激励,而汽车制造商有雇用更多工人并生产更多汽车的激励。汽油价格的上升会使人们买油耗更小的汽车,使用公共交通,骑自行车。公共政策可以改变活动的成本或收益。例如,对汽油征会提高其价格,并减少汽油的购买。一些政策会有意外的结果,因为它们以一种未预见到的方式改变了人们的行为。

2. 人们如何相互影响

(1) 原理五:**贸易可以使每个人的状况都变得更好**。贸易并不是一方赢、一方输的比赛。贸易可以使每个贸易者的状况变好。贸易可以使每个贸易者专门从事自己最擅长的事(无论这种活动是农业、建筑业还是制造业),并用自己的产出交换其他有效率生产者的产出。这对国家与个人都是正确的。

（2）**原理六**：**市场通常是组织经济活动的一种好方法**。在**市场经济**中，生产什么物品与服务、生产多少，以及谁来消费这些物品与服务的决策是由千百万企业和家庭做出的。由利己指引的企业和家庭在市场上相互交易，价格和交易量正是在市场上决定的。这看来似乎是混乱的，但亚当·斯密在他1776年出版的著作《国民财富的性质和原因的研究》（简称《国富论》）中提出了著名的观察结果：利己的家庭和企业在市场上相互交易，它们仿佛被一只"**看不见的手**"所指引，并导致了合意的社会结果。这些最优的社会结果并不是他们最初的打算。他们的竞争性活动所导致的价格是生产者和消费者成本与收益的信号，他们的活动通常使社会福利最大化。而中央计划者制定的价格不包含成本和收益的信息，因此这些价格不能有效地指引经济活动。当政府用税收扭曲价格或者用价格控制措施限制价格变动时，价格也不能有效地指引经济活动。

（3）**原理七**：**政府有时可以改善市场结果**。政府首先必须保护**产权**，以便市场运行。此外，政府有时也可以为了改善效率或平等而干预市场。当市场不能有效地配置资源时，就存在**市场失灵**。市场失灵有许多不同来源。**外部性**是一个人的行为对旁观者福利的影响。污染就是外部性的典型例子。**市场势力**是一个人或一群人可以影响市场价格的能力。在这些情况下，政府可以干预市场并改善经济效率。政府还可以用所得税和福利为改善平等状况而进行干预。但有时动机良好的政策干预会产生意料之外的结果。

3. 整体经济如何运行

（1）**原理八**：**一国的生活水平取决于它生产物品与服务的能力**。各国在某一个时点以及同一个国家在不同时期内的平均收入有巨大差别。这种收入和生活水平的差别主要是由生产率的差别引起的。**生产率**是每单位劳动投入所生产的物品与服务量。因此，旨在提高生活水平的公共政策应该改善教育，生产更多更好的工具，并增加获得现有技术的途径。

（2）**原理九**：**当政府发行了过多货币时，物价上升**。**通货膨胀**是经济中物价总水平的上升。高通货膨胀给经济带来的代价是高昂的。严重而持久的通货膨胀是由货币量的迅速增长引起的。希望保持低通货膨胀的决策者应该维持货币量的缓慢增长。

（3）**原理十**：**社会面临通货膨胀与失业之间的短期权衡取舍**。在短期内，货币量增加会刺激消费，使得价格和产量上升。产量的增加要求雇用更多的工人，从而会减少失业。因此，短期内，通货膨胀上升会使得失业减少，从而在通货膨胀与失业之间产生权衡取舍。这种权衡取舍是暂时的，但可以持续一年或两年。理解这种权衡取舍对理解被称为**经济周期**的经济活动波动是重要的。在短期中，决策者可以通过改变政府支出、税收和货币量来影响通货膨胀和失业的组合。一些经济学家认为，奥巴马关于旨在减少失业的刺激计划可能会导致通货膨胀。

1.1.2 有益的提示

（1）要设身处地地进行思考。在整本教科书中，大多数经济状况将由经济活动者——买者与卖者、债务人与债权人、企业与工人等——所组成。当你被要求描述任何一个经济活动者将如何对经济激励做出反应时，你应该把自己当作买者或卖者、债务人或债权人、生产者或消费者，置身其中。不要总将自己当作买者（一种自然而然的倾向）或总当作卖者。你将发现，一旦你学会了像经济学家那样思考——这是下一章的主题——你往往就会在角色扮演中做出正确的反应。

（2）贸易不是零和博弈。一些人按照赢家与输家的观点来看待交换。他们对贸易的反应是,在商品被售出之后,如果卖者感到幸福,那么买者就一定会感到沮丧,因为卖者必定从买者那里得到了点什么。这就是说,他们把贸易视为一方获益则另一方必定受损的零和博弈。他们没有认识到,自愿交易的双方都会获益,因为贸易允许各方专门从事其最有效率的生产,然后交换另一方更有效率地生产的东西。双方都没有遭受损失,因为贸易是自愿的。因此,限制贸易的政府政策减少了贸易的潜在收益。

（3）外部性可以是正的。由于外部性的经典例子是污染,因此很容易认为外部性是加给旁观者的成本。但是,从外部性可以给旁观者带来收益的意义上说,外部性也可以是正的。例如,教育就往往被视为引起正外部性的物品,因为当你的邻居受到教育时,她就变得更富理性、更负责任、更有效率,而且,政治上更敏感。简言之,她会成为一个更好的邻居。正外部性与负外部性一样,可以作为政府为了促进效率而干预的理由。

1.1.3 术语与定义

为每个关键术语选择一个定义。

关键术语	定 义
_____稀缺性	1. 经济成果在社会成员中平均分配的特性
_____经济学	2. 市场本身不能有效配置资源的情况
_____效率	3. 有限的资源和无限的欲望
_____平等	4. 每单位劳动投入所生产的物品与服务数量
_____机会成本	5. 市场上只有一个卖者的情况
_____理性人	6. 利己的市场参与者可以不知不觉地使整个社会福利最大化的原理
_____边际变动	7. 社会能从其稀缺资源中得到最大利益的特性
_____激励	8. 家庭和企业在市场上的相互交易决定资源配置的经济
_____市场经济	9. 经济活动的波动
_____产权	10. 一个人的行为对旁观者的福利产生了影响
_____"看不见的手"	11. 经济中物价总水平的上升
_____市场失灵	12. 对行动计划的微小增量调整
_____外部性	13. 研究社会如何管理自己的稀缺资源
_____市场势力	14. 为了得到某种东西所必须放弃的东西
_____垄断	15. 单个经济活动者(或某个经济活动小群体)对市场价格有显著影响的能力
_____生产率	16. 引起一个人做出行动的某种东西
_____通货膨胀	17. 个人拥有并控制稀缺资源的能力
_____经济周期	18. 系统而有目的地尽最大努力实现其目标的人

1.2 应用题与简答题

1.2.1 应用题

1. 人们会对激励做出反应。政府可以用公共政策改变激励,从而改变行为。但是,有时公共政策也会因产生未预期到的结果而引起意外后果。对于以下的每种公共政策，试着指出哪些是有意的结果，而哪些是意外的结果。

　　a. 政府把最低工资提高到每小时 15 美元。一些工人发现在更高的工资水平上他们的境况变得更好。另一些工人则无法找到工作，因为很少有企业想在高工资水平上雇用生产率低的工人。

　　b. 政府把公寓的租金限制为每月 300 美元。很少有房东愿意在这个价格水平上提供公寓，导致更多人无家可归。而一些低收入的房客可能租到更便宜的公寓。

　　c. 政府对每加仑汽油增加 2 美元的税收。政府赤字会减少，而且人们会节约地使用汽油。自行车销售火爆。

　　d. 政府宣布大麻和可卡因非法。非法毒品的价格上升，出现更多的犯罪团伙并且这些团伙之间的争斗增加。由于非法毒品的高价格，街头毒品的消费量会减少。

　　e. 政府禁止捕杀狼。狼的数量增加，羊群和牛群的数量减少。

　　f. 政府禁止从南美进口糖。南美的糖用甜菜种植者无法偿还美国银行的贷款，转而种植利润较高的作物如古柯叶和大麻。美国的糖用甜菜种植者避免了一场财务危机。

2. 机会成本是你为了得到一种东西所放弃的东西。由于天下没有免费的午餐，为了得到下列每种东西，可能要放弃什么？

　　a. Susan 可以全职工作或上大学。她选择了上大学。

　　b. Susan 可以全职工作或上大学。她选择了工作。

　　c. 农民 Jones 有 100 英亩土地。他可以用来种玉米，每英亩收获 100 蒲式耳；他也可以用来种大豆，每英亩收获 40 蒲式耳。他选择了种玉米。

　　d. 农民 Jones 有 100 英亩土地。他可以用来种玉米，每英亩收获 100 蒲式耳；他也可以用来种大豆，每英亩收获 40 蒲式耳。他选择了种大豆。

　　e. 在以上各题中，上大学而不是工作或者工作而不是上大学的机会成本各是什么？种玉米而不是大豆或者种大豆而不是玉米的机会成本各是什么？

1.2.2　简答题

1. 空气是稀缺的吗？清新的空气是稀缺的吗？
2. 把你工资的一部分储蓄起来的机会成本是什么？
3. 为什么平等和效率之间存在权衡取舍？
4. 水是生命所必需的，而钻石并不是。增加一杯水的边际收益大于还是小于增加一克拉钻石的边际收益？为什么？
5. 你的汽车需要修理。你已经为修理变速器花了 500 美元，但汽车仍然不能正常运行。你能以 2 000 美元的价格按现状出售你的汽车。如果你的汽车可以修理好，你可以卖 2 500 美元。再花 300 美元可以保证修好你的汽车。你应该修理你的汽车吗？为什么？
6. 你认为为什么安全气囊所减少的死于车祸的情况少于我们所希望的？
7. 假设一个国家生产农产品比较有优势（因为该国有更肥沃的土地），而另一个国家生产制成品比较有优势（因为该国有更好的教育体制和更多的工程师）。如果每个国家都生产它有优势的东西并进行贸易，总产量比每个国家都生产各自所需的农产品和制成品增加了还是减少了？为什么？
8. 在《国富论》中，亚当·斯密说："我们每天所需的食物和饮料，不是出自屠户、酿酒师或面包师的恩惠，而是由于他们自利的打算。"你认为他的意思是什么？
9. 如果我们更多地储蓄，并用储蓄构建更多的物质资本，生产率就会提高，从而将提高我们未来的生活水平。未来增长的机会成本是什么？
10. 如果政府发行了两倍于现在的货币，而且经济中的生产已达到产能的最高点，你认为物价和产量会发生什么变动？
11. 社会的目标之一是更平等且公正地分配资源。如果每个人都有相同的能力并同样辛勤地工作，你将如何分配资源？如果人们的能力不同，而且一些人工作勤奋，另一些人工作懒惰，你将如何分配资源？
12. 是买者更利己，还是卖者更利己？

1.3 自我测试题

1.3.1 判断正误题

_____ 1. 当政府用税收和福利再分配收入时，经济变得更有效率。
_____ 2. 当经济学家说"天下没有免费的午餐"时，他们是指所有经济决策都涉及权衡取舍。
_____ 3. 亚当·斯密的"看不见的手"的概念描述了公司经营如何像一只"看不见的手"伸到消费者的钱包中。
_____ 4. 只有当一种行为的边际收益大于边际成本时，理性人才行动。
_____ 5. 如果美国取消了与亚洲国家的贸易，它在经济上就会获益，因为它将被迫自己生产更多的汽车和衣服。
_____ 6. 当一架喷气式飞机从头上飞过时，噪声引起了外部性。
_____ 7. 酒类的税收提高了酒的价格，并激励了消费者多喝酒。
_____ 8. 公共财政支持高等教育的意外结果是降低了学费，激励了许多原本不想再学习的人上州立大学。
_____ 9. Sue 更擅长打扫卫生，Bob 更擅长做饭。如果 Bob 专门做饭而 Sue 专门打扫卫生，那么这将比他们平等地分摊家务更省时间。
_____ 10. 高而持久的通货膨胀是由经济中货币量的过度增长引起的。
_____ 11. 在短期中，降低通货膨胀往往会引起失业的减少。
_____ 12. 即使增加汽车产量的成本大于所得到的价格，只要企业是盈利的，汽车制造商就应该继续生产额外的汽车。
_____ 13. 单个农民在小麦市场上可能拥有市场势力。
_____ 14. 对一个学生来说，看一场篮球赛的机会成本应该包括门票的价格和可以用于学习的时间价值。
_____ 15. 美国工人有较高的生活水平是因为美国有较高的最低工资。

1.3.2 单项选择题

1. 下列哪一种情况涉及权衡取舍?
   a. 买一辆新汽车。
   b. 上大学。
   c. 星期天下午看一场足球比赛。
   d. 睡午觉。
   e. 以上各项都涉及。

2. 之所以要权衡取舍,是因为欲望是无限的,而资源是_____。
   a. 有效的
   b. 经济的
   c. 稀缺的
   d. 无限的
   e. 边际的

3. 经济学研究_____。
   a. 如何完全满足我们无限的欲望
   b. 社会如何管理其稀缺资源
   c. 如何把我们的欲望减少到我们得到满足时为止
   d. 如何避免进行权衡取舍
   e. 社会如何管理其无限的资源

4. 除非一种行为满足下列条件,否则理性人就不会行动。
   a. 可以为其赚钱。
   b. 符合伦理道德。
   c. 产生了大于边际收益的边际成本。
   d. 产生了大于边际成本的边际收益。
   e. 以上情况都不对。

5. 提高税收并增加福利支付_____。
   a. 证明了存在免费午餐
   b. 减少了市场势力
   c. 以损害平等为代价提高了效率
   d. 以损害效率为代价改善了平等
   e. 以上各项都不是

6. 假设你捡到了20美元。如果你选择把这20美元用于看足球比赛,你看这场比赛的机会成本是_____。
   a. 零,因为你捡到了钱
   b. 20美元(因为你可以用这20美元买其他东西)
   c. 20美元(因为你可以用这20美元买其他东西)加你用于看比赛的时间的价值
   d. 20美元(因为你可以用这20美元买其他东西)加你用于看比赛的时间的价值,再加你在看比赛中买饭的成本
   e. 以上各项都不是

7. 对外贸易_____。
   a. 使一国能以低于自己在国内生产全部东西时的成本拥有种类更多的物品
   b. 使一国可以避免权衡取舍
   c. 使一国可以更平等
   d. 提高了资源的稀缺性
   e. 以上各项都不是

8. 由于人们会对激励做出反应,如果会计师的平均薪水增加50%,而教师的平均薪水增加20%,我们可以预期_____。
   a. 学生将从教育专业转向会计专业
   b. 学生将从会计专业转向教育专业
   c. 上大学的学生少了
   d. 以上各项都不是

9. 以下哪一项活动最可能产生外部性?
   a. 学生坐在家里看电视。
   b. 学生在宿舍里聚会。
   c. 学生为了娱乐而读小说。
   d. 学生在学生会吃一个汉堡包。

10. 以下哪一种物品产生外部性的能力最小?
    a. 香烟。
    b. 音响设备。
    c. 防止疾病的疫苗。
    d. 教育。

e. 食物。

11. 以下哪一种情况描述了最大的市场势力？
    a. 一个农民对玉米价格的影响。
    b. 沃尔沃对汽车价格的影响。
    c. 微软对桌面电脑操作系统价格的影响。
    d. 一个学生对大学学费的影响。

12. 下列哪一种关于市场经济的表述是正确的？
    a. 市场参与者仿佛由一只"看不见的手"指引行事，产生了使总体经济福利最大化的结果。
    b. 税收有助于沟通生产者与消费者的成本和收益。
    c. 在有足够大的电脑时，中央计划者可以比市场更有效地指导生产。
    d. 市场经济的长处是它倾向于在消费者中平等地分配资源。

13. 美国工人享有高生活水平是因为_____。
    a. 美国的工会维护了高工资
    b. 美国保护自己的工业免受国外竞争
    c. 美国有高的最低工资
    d. 美国工人的生产率高
    e. 以上各项都不是

14. 高而持久的通货膨胀的起因是_____。
    a. 工会使工资增加得太多了
    b. 石油输出国组织使石油价格上升得太多了
    c. 政府增加的货币量太多了
    d. 管制使生产成本增加得太多了

15. 在短期内，_____。
    a. 通货膨胀提高会暂时增加失业
    b. 通货膨胀下降会暂时增加失业
    c. 通货膨胀和失业是无关的

d. 经济周期被消除了
    e. 以上各项都不是

16. 牛肉价格上升提供的信息是_____。
    a. 告诉消费者多买牛肉
    b. 告诉消费者少买猪肉
    c. 告诉生产者多生产牛肉
    d. 没有提供信息，因为市场经济中的价格是由计划委员会管理的

17. 你根据销售额为2 000美元的估算花1 000美元建了一个热狗店。热狗店快建完了，但你现在估计总销售额只有800美元。你可以再花300美元建完热狗店。你应该建完热狗店吗？（假设不考虑热狗的成本。）
    a. 应该。
    b. 不应该。
    c. 没有足够的信息回答这个问题。

18. 根据第17题，只要建完热狗店的成本小于_____，你就应该建完热狗店。
    a. 100美元
    b. 300美元
    c. 500美元
    d. 800美元
    e. 以上各项都不是

19. 下列哪一项不是去度假的机会成本的一部分？
    a. 如果你留下来工作可以赚到的钱。
    b. 你用于食物的钱。
    c. 你用于飞机票的钱。
    d. 你看百老汇表演所花的钱。

20. 可以通过_____提高生产率。
    a. 提高最低工资
    b. 提高工会会员的工资
    c. 改善工人的教育
    d. 限制与外国的贸易

1.4 进阶思考题

假设你所在的大学通过把停车许可证的价格从每学期 200 美元降低到每学期 5 美元来降低在校园停车的成本。
1. 你认为想在校园停车的学生数量会有什么变动?
2. 你认为找到一个停车位的时间会有什么变动?
3. 根据机会成本来考虑,降低停车许可证的价格一定能降低停车的真实成本吗?
4. 对于没有在校外工作的学生和有一份每小时 15 美元工作的学生,停车的机会成本相同吗?

习　题　答　案

1.1.3　术语与定义

3	稀缺性	17	产权
13	经济学	6	"看不见的手"
7	效率	2	市场失灵
1	平等	10	外部性
14	机会成本	15	市场势力
18	理性人	5	垄断
12	边际变动	4	生产率
16	激励	11	通货膨胀
8	市场经济	9	经济周期

1.2.1　应用题

1. a. 有意的:增加了低生产率工人的工资。
   意外的:有一些工人在更高的工资水平上无法找到工作。
   b. 有意的:低收入房客租到便宜的公寓。
   意外的:一些房客无法找到任何公寓,导致更多的人无家可归。
   c. 有意的:政府赤字减少,人们使用更少的汽油。
   意外的:自行车销售量增加。
   d. 有意的:街头毒品消费量减少。
   意外的:更多的犯罪团伙以及这些团伙之间的争斗。
   e. 有意的:狼的数量增加。
   意外的:对羊群和牛群的伤害。
   f. 有意的:改善美国的糖用甜菜种植者的财务状况。
   意外的:使得南美农民转而种植大麻和古柯叶。

2. a. Susan 放弃了工作的收入(以及必须支付的学费)。
   b. Susan 放弃了大学学位,以及一生中大学学位可以给她带来的收入增加(但不必支付学费了)。
   c. 农民 Jones 放弃了 4 000 蒲式耳大豆。
   d. 农民 Jones 放弃了 10 000 蒲式耳玉米。
   e. 每一种东西都是其他东西的机会成本,因为每种决策都必须放弃某种东西。

1.2.2 简答题

1. 不是,因为为了得到空气,你不必放弃任何东西。是,你无法在不放弃任何东西(汽车排污设备等)的情况下想要多少新鲜空气就得到多少。
2. 如果将这部分工资用于消费,你可以享受到的东西(现期消费)。
3. 税收和福利可以使我们更平等,但削弱了辛勤工作的激励,从而减少了总产量。
4. 一杯水的边际收益通常很低,因为我们所拥有的水是如此之多,以至于增加一杯水所增加的价值很小。钻石的情况正好相反。
5. 应该,因为修理汽车的边际收益是 2 500 美元 – 2 000 美元 = 500 美元,而边际成本是 300 美元。最初为修理付的钱是无关的。
6. 因为安全气囊使发生单次车祸的成本降低了。这改变了激励,使人们开车更快,从而导致车祸更多。
7. 如果两国从事专业化生产并进行贸易,总产量将更多,因为各方都在做自己效率最高的事。
8. 屠户、酿酒师和面包师尽可能生产最好的食物不是出于仁慈,而是由于这样做符合他们的最大利益。利己可以使总体经济福利最大化。
9. 未来增长的机会成本是我们今天必须放弃的消费。
10. 支出将翻一番,但由于产量保持不变,物价也将翻一番。
11. 每个人都有相同能力的情况:平等要求每个人得到相同的份额,因为他们能力相同并且工作同样努力。人们能力不同的情况:平等要求人们不能得到相同的份额,因为他们能力并不相同,工作努力程度也不同。
12. 他们是同样利己的。卖者将以最高出价出售,而买者将以最低报价购买。

1.3.1 判断正误题

1. 错误;经济会由于削弱了对辛勤工作的激励而变得更无效率。
2. 正确。
3. 错误;"看不见的手"指市场如何引导利己的人去创造合意的社会结果。
4. 正确。
5. 错误;所有国家都从自愿贸易中获益。
6. 正确。
7. 错误;高价格减少了需求量。
8. 正确。
9. 正确。
10. 正确。
11. 错误;通货膨胀下降倾向于增加失业。
12. 错误;只有当边际收益大于边际成本时,制造商才应该生产。
13. 错误;单个农民的力量太小了,不能影响市场。
14. 正确。

15. 错误;美国工人生活水平高是因为他们的生产率高。

1.3.2 单项选择题

1. e　2. c　3. b　4. d　5. d　6. c　7. a　8. a　9. b　10. e
11. c　12. a　13. d　14. c　15. b　16. c　17. a　18. d　19. b　20. c

1.4 进阶思考题

1. 更多的学生希望在校园停车。
2. 寻找车位需要的时间更长。
3. 不是。因为我们要考虑找车位所花费时间的价值。
4. 不相同。那些可以工作赚钱的学生在找车位时放弃的东西更多。因此,他们的机会成本更高。

第 2 章
像经济学家一样思考

目　标

在本章中你将

- 理解经济学家如何运用科学方法
- 思考假设和模型可以如何有助于解释这个世界
- 学习两个简单的模型——循环流量图和生产可能性边界
- 区分微观经济学和宏观经济学
- 学习实证表述和规范表述之间的差别
- 考察经济学家在制定政策中的作用
- 思考经济学家为什么有时会产生分歧

效　果

在实现这些目标之后，你应该能

- 描述科学方法
- 理解做出有用假设的艺术
- 解释生产可能性边界的斜率
- 把经济问题归入微观经济学或宏观经济学的范畴中
- 把经济表述归入规范或实证的范畴中
- 理解政策制定与规范表述之间的联系
- 列出经济学家产生分歧的两个原因

2.1 本章概述

2.1.1 本章复习

与其他研究领域一样,经济学也有自己的行话和思维方式。学会经济学的特殊语言是十分必要的,因为有关经济学术语的知识将有助于你准确地就经济学问题与其他人交流。这一章还将提供经济学家如何看世界的概述。

1. 作为科学家的经济学家

尽管经济学家不用试管或望远镜,但因为他们运用**科学方法**——无偏见而客观地建立并检验理论的方法——所以他们也是科学家。

(1) **科学方法**:观察、理论和进一步观察。正如其他科学一样,经济学家观察一个事件,建立一种理论,并收集数据来检验这种理论。经济学家观察通货膨胀,建立了过度货币增长引起通货膨胀的理论,然后收集有关货币增长与通货膨胀的数据,以证明这种关系是否存在。但是,收集数据来检验经济理论是困难的,因为经济学家通常不能从实验中创造数据。这就是说,经济学家不能仅仅为了检验一种理论而操纵经济。因此,经济学家通常使用从历史经济事件中收集到的数据。

(2) **假设的作用**。做出假设是为了使理解世界更为容易。当测量重力引起的加速度时,物理学家假设一个物体在真空中落下。这个假设对大理石来说是相对正确的,但对沙滩球来说并不正确。经济学家可以假设价格是固定的(不能变动),也可以假设价格是有弹性的(可以由于市场压力上升或下降)。由于价格通常不能迅速变动(例如,餐馆菜单变动的代价很高),但随着时间推移可以变得容易变动,因此经济学家假设价格在短期中固定而在长期中有弹性就是合理的。科学思维的艺术就是决定做出什么假设。

(3) **经济模型**。生物学教师使用塑料人体模型。这些模型比真人要简单,但正是这种简单使模型具有价值。经济学家使用由图形和方程式组成的**经济模型**。经济模型建立在假设基础之上,而且是经济现实的简化。

(4) **我们的第一个模型:循环流量图**。**循环流量图**表明了物品和服务、生产要素,以及货币支付在家庭和企业之间的流动。家庭在生产要素市场上把劳动、土地和资本这些生产要素出售给企业。作为交换,家庭得到了工资、租金和利润。家庭用这些钱在物品与服务市场上向企业购买物品与服务,企业用这种收益对生产要素进行支付,等等。这是整体经济的一个简化模型。这种循环流量图的形式是简化的,因为它不包括国际贸易和政府。

(5) **我们的第二个模型:生产可能性边界**。**生产可能性边界**是一个表明在可获得的生产要素和生产技术既定时经济所能生产的产量组合的图形。假设前提是经济只生产两种物品。这个模型说明了以下经济学原理:

- 如果经济在生产可能性边界上运行,它就是在**有效率**地运行,因为它从可获得的资源中生产出了最大可能的产量组合。
- 该曲线内的各点是无效率的。该曲线外的各点是现在达不到的。
- 如果经济在生产可能性边界上运行,我们可以看出社会面临的**权衡取舍**。为了多生产一种物品,它就必须少生产另一种物品。多生产一种物品时所放弃的另一种物品量是增加生产的机会成本。
- 生产可能性边界向外凸出是因为:随着一种物品的产量接近其最大产量,多生产该物品的机会成本会递增。这是因为我们为了扩大第一种物品的生产而使用了更适于生产另一种物品的资源。
- 生产中的技术进步使生产可能性边界向外移动。这是经济增长的证明。

(6) **微观经济学与宏观经济学**。经济学在各种不同层次上进行研究。**微观经济学**研究家庭和企业如何做出决策,以及它们如何在特定市场上相互交易。**宏观经济学**研究整体经济现象,例如,政府赤字、失业率和提高生活水平的政策。微观经济学和宏观经济学是相关的,因为整体经济的变动产生于无数个体的决策。虽然微观经济学和宏观经济学是相关的,但它们使用的方法是如此不同,以至于通常在不同的课程中进行讲授。

2. 作为政策顾问的经济学家

当经济学家力图解释世界时,他们的角色是科学家;当经济学家力图改善世界时,他们的角色是政策顾问。相应地,**实证表述**描述世界是什么样的,而**规范表述**建议世界应该是什么样的。实证表述可以用证据证实或否定,而规范表述涉及价值观(伦理、宗教、政治哲学)以及事实。

例如,"货币增长引起通货膨胀"是(科学家的)实证表述。"政府应该降低通货膨胀"是(政策顾问的)规范表述。这两种表述之所以相关是因为:如果政府选择降低通货膨胀,则有关货币是否引起通货膨胀的证据将会帮助政府决定应该采用何种工具。

经济学家在许多不同领域中担任政府的政策顾问。在美国,经济顾问委员会、财政部、劳工部和司法部的经济学家向总统提出建议,国会预算办公室和联邦储备委员会的经济学家向国会提出建议。由于各种原因,总统们(以及其他的政治家)不一定会推行经济学家所倡导的政策。

3. 经济学家意见分歧的原因

经济学家向决策者提出的建议有时会相互冲突,原因有两个:
- 经济学家可能会有不同的科学判断。这就是说,经济学家对有关世界如何运行的不同实证理论之正确性的看法并不一致。例如,经济学家对于家庭储蓄对征收储蓄税后收益变动的敏感程度看法不同。
- 经济学家可能会有不同的价值观。这就是说,经济学家对政策应该努力实现的目标具有不同的规范观点。例如,经济学家对于是否应该用税收来进行收入再分配看法不同。

在现实中,虽然经济学家对许多问题有正常的分歧,但在许多经济学基本原理上,其意见是极为一致的。

4. 出发吧

在下一章中,我们将开始运用经济学的思想和方法。当你开始像经济学家一样思考时,你就将以科学家的客观性来运用各种技能——数学、历史、政治学及哲学。

2.1.2 有益的提示

(1) 沿着生产可能性边界上的机会成本通常并不是一成不变的。注意图2-1所示的生产可能性边界向外凸出。它表明了一个只生产纸张和铅笔的经济对于生产的权衡取舍。

如果我们从经济把其所有资源用于生产纸张的一点（A 点）上开始，生产 100 单位铅笔（从 A 点到 B 点）只要求 25 单位纸张的权衡取舍或机会成本。这是因为当我们把资源从生产纸张变为生产铅笔时，我们首先是利用那些最适于生产铅笔而最不适于生产纸张的资源。

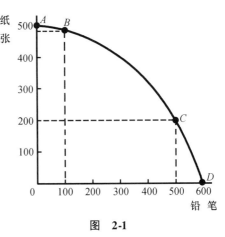

图 2-1

因此，在纸张产量只有很小的减少时，铅笔的产量增加了。但是，如果经济在 C 点运行，增加 100 单位铅笔（从 C 点到 D 点）的机会成本是 200 单位纸张。这是因为我们现在要把极为适于生产纸张而不适于生产铅笔的资源用于生产铅笔。因此，当我们生产越来越多的任何一种特定物品时，每单位物品的机会成本往往会由于资源具有专业性而增加。这就是说，资源并不是同等地适用于生产每种物品。

当在生产可能性边界上的任何一个方向变动时，以上观点都适用。例如，如果我们从 D 点开始（最大的铅笔产量），铅笔产量的少量减少（100 单位）就可以让出足够的资源来大量增加纸张产量（200 单位）。然而，从 B 点到 A 点只能增加 25 单位的纸张产量。

（2）生产可能性边界只表示可以有的选择——并不表示在哪一点上生产最好。学生在运用生产可能性边界时所犯的一个常见错误是：观察一条生产可能性边界，并认为接近中间的某一点"似乎是最好的"。学生做出这种主观判断是因为中点似乎提供了两种物品的最大生产总量。

然而，试问你自己：如果每张纸值 10 美元，每支铅笔值 1 美分，那么图 2-1 中的生产可能性边界上哪一个点最好？我们应该把所有资源都用于纸张生产。如果每张纸值 1 美分而每支铅笔值 50 美元，又是哪一点最好呢？我们应该把所有资源用于铅笔生产。显然，实际上我们选择生产什么取决于每种物品的价格。因此，生产可能性边界只提供可以有的选择，而不能单独决定哪一种选择最好。

（3）经济学家的分歧是有趣的，但经济学共识更为重要。经济学家之所以有意见分歧的名声，是因为我们倾向于强调我们的差别。虽然我们之间的分歧对我们而言是有趣的，但我们达成一致意见的事情对你而言却是更重要的。在经济学界，有许多经济学原理几乎毫无异议地得到支持。教科书的目的是集中于经济学界意见一致的领域，而不是存在意见分歧的领域。

2.1.3 术语与定义

为每个关键术语选择一个定义。

关键术语	定义
_____ 科学方法	1. 土地、劳动和资本这类投入
_____ 经济模型	2. 研究整体经济现象
_____ 循环流量图	3. 客观地建立并检验理论
_____ 生产要素	4. 为了得到某种东西所放弃的东西
_____ 生产可能性边界	5. 试图描述世界应该是什么样子的观点

_____ 机会成本
_____ 效率
_____ 微观经济学
_____ 宏观经济学
_____ 实证表述
_____ 规范表述

6. 从可获得的资源中得到最大产量
7. 试图描述世界是什么样子的观点
8. 基于假设对现实的简化
9. 表明在可得到的生产要素与生产技术既定时,一个经济所能生产的产品数量的各种组合的图形
10. 研究家庭和企业如何做出决策,以及它们如何在市场上相互交易
11. 表示物品和服务、生产要素及货币支付在家庭和企业之间如何流动的经济图形

2.2 应用题与简答题

2.2.1 应用题

1. 确定以下交易在循环流量图中直接涉及的部分。
   a. Mary 用 20 000 美元从通用汽车公司购买了一辆汽车。
   b. 通用汽车公司向在装配线上工作的 Joe 每月支付 5 000 美元。
   c. Joe 用 15 美元理发。
   d. Mary 从她持有的通用汽车公司的股票中得到了 10 000 美元股利。

2. 下表提供了 Athletic 国生产可能性边界的信息。

球棒	球拍
0	420
100	400
200	360
300	300
400	200
500	0

   a. 在图 2-2 中,画出并连接以上各点,做出 Athletic 国的生产可能性边界。
   b. 如果 Athletic 国现在生产 100 个球棒和 400 个球拍,那么多生产 100 个球棒的机会成本是什么?
   c. 如果 Athletic 国现在生产 300 个球棒和 300 个球拍,那么多生产 100 个球棒的机会成本是什么?
   d. 为什么在 c 中多生产 100 个球棒所引起的权衡取舍大于在 b 中多生产 100 个球棒所引起的权衡取舍?
   e. 假设 Athletic 国现在生产 200 个球棒和

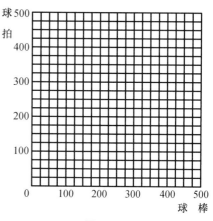

图 2-2

200个球拍。在不放弃任何球拍的情况下,可以多生产多少个球棒?在不放弃任何球棒的情况下,可以生产多少个球拍?

f. 生产200个球棒和200个球拍有效率吗?解释之。

3. 图2-3中的生产可能性边界表示消费品和资本品之间现有的权衡取舍。假定两国面临这个相同的生产可能性边界。

a. 假设Party国选择在A点生产,而Parsimonious国选择在B点生产。未来哪一个国家会经历更大的增长?为什么?

b. 在这个模型中,未来增长的机会成本是什么?

c. 在图2-4中画图说明在图2-3中增长对生产可能性边界的影响。Parsimonious国生产可能性边界的移动比Party国大还是小?为什么?

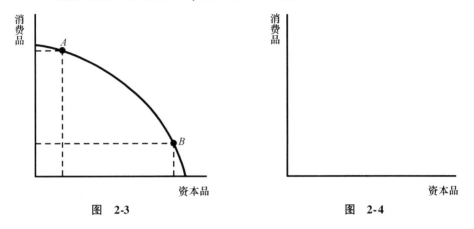

图 2-3　　　　　　　　　　图 2-4

d. 在图2-5中画出图形,说明如果发生只影响资本品生产的技术进步,生产可能性边界将会如何移动。

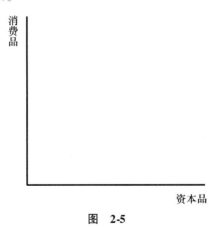

图 2-5

e. d中的移动意味着所有增加的生产都必定是资本品的形式吗?为什么?

2.2.2 简答题

1. 描述科学方法。
2. 在任何一门科学中,假设的作用是什么?
3. 越现实的模型总是越好吗?
4. 为什么生产可能性边界的斜率是负的(向右下方倾斜)?
5. 为什么生产可能性边界向外凸出?
6. 经济学的两个分领域是什么?哪一个分领域更可能是另一个分领域的基础?为什么?
7. 当一个经济学家做出规范表述时,她更可能是作为科学家还是政策顾问?为什么?
8. 哪一种表述是可以检验的:实证表述还是规范表述?为什么?
9. 说出经济学家意见分歧的两个原因。
10. 说出90%以上的经济学家看法一致的两个经济观点。

2.3 自我测试题

2.3.1 判断正误题

_____1. 经济模型必须完全反映现实,否则没有价值。

_____2. 假设使世界变得更容易理解,因为它们简化了现实,并集中了我们的注意力。

_____3. 当建立国际贸易的模型时,假设世界只由一个人组成是合理的。

_____4. 当人们作为科学家时,他们必须努力做到客观。

_____5. 如果一个经济在其生产可能性边界上运行,它肯定有效率地使用了自己的资源。

_____6. 如果一个经济在其生产可能性边界上运行,它要多生产一种物品就必须少生产另一种物品。

_____7. 生产可能性边界外的点是可以达到的,但无效率。

_____8. 如果一个经济中有相当多的失业,那么这个经济就在生产可能性边界之内生产。

_____9. 生产可能性边界向外凸出是因为任何两种物品生产之间的权衡取舍都是不变的。

_____10. 生产技术进步引起生产可能性边界向外移动。

_____11. 宏观经济学涉及研究家庭和企业如何做出决策,以及它们如何在特定市场上相互交易。

_____12. "通货膨胀上升往往引起短期中失业减少"的表述是规范的。

_____13. 当经济学家做出实证表述时,他们更可能是以科学家的身份出现。

_____14. 可以用证据否定规范表述。

_____15. 大多数经济学家认为,关税和进口限额通常减少了整体经济福利。

2.3.2 单项选择题

1. 科学方法要求_____。
   a. 科学家使用试管,并有清洁的实验室
   b. 科学家是客观的
   c. 科学家使用精密仪器
   d. 只有不正确的理论得到检验
   e. 只有正确的理论得到检验

2. 以下哪一项最有可能产生一种理论的科学证据?
   a. 一个受雇于美国劳工联合会—产业工会联合会(AFL/CIO)的经济学家研究贸易限制对工人工资的影响。
   b. 一个广播电台访谈节目主持人在收集有关资本市场如何对税收做出反应的数据。
   c. 一个名牌大学雇用的终身经济学家分析银行管制对农村贷款的影响。
   d. 通用汽车公司雇用的律师分析安全气囊对乘客安全的影响。

3. 以下哪一个关于循环流量图的表述是正确的?
   a. 生产要素归家庭所有。
   b. 如果 Susan 为 IBM 工作并得到一张工资支票,这个交易发生在物品和服务市场上。
   c. 如果 IBM 出售一台电脑,这个交易发生在生产要素市场上。
   d. 生产要素归企业所有。
   e. 以上各项都不正确。

4. 在下列哪一种情况下,假设是最合理的?
   a. 在估算沙滩球下落的速度时,物理学家假设它在真空中下落。
   b. 为了分析货币增长对通货膨胀的影响,经济学家假设货币是严格的铸币。
   c. 为了分析税收对收入分配的影响,经济学家假设每个人的收入相同。
   d. 为了分析贸易的收益,经济学家假设只有两个人和两种物品。

5. 经济模型_____。
   a. 是为了复制现实而创造的
   b. 是以假设为基础建立的
   c. 通常由木头和塑料组成
   d. 如果是简单的,就没有用

6. 以下哪一种不是生产要素?
   a. 土地。
   b. 劳动。
   c. 资本。
   d. 货币。
   e. 以上各项都是。

7. 生产可能性边界上的点是_____。
   a. 有效率的
   b. 无效率的
   c. 不能达到的
   d. 规范的
   e. 以上各项都不是

8. 以下哪一项不会使一国的生产可能性边界向外移动?
   a. 资本存量增加。
   b. 技术进步。
   c. 失业减少。
   d. 劳动力增加。

9. 以下哪一项描述了经济增长?
   a. 沿着生产可能性边界向资本品移动。
   b. 生产可能性边界向外移动。
   c. 生产可能性边界向内移动。
   d. 从该曲线内向曲线移动。

用图 2-6 回答第 10—13 题。

10. 如果该经济在 C 点运行,多生产 15 单位培根的机会成本是_____。
    a. 10 单位鸡蛋

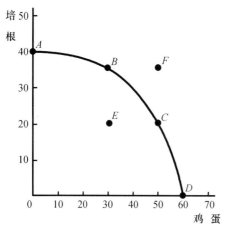

图 2-6

　　b. 20 单位鸡蛋
　　c. 30 单位鸡蛋
　　d. 40 单位鸡蛋
　　e. 50 单位鸡蛋
11. 如果该经济在 E 点运行，_____。
　　a. 增加 20 单位鸡蛋的机会成本是 10 单位培根
　　b. 增加 20 单位鸡蛋的机会成本是 20 单位培根
　　c. 增加 20 单位鸡蛋的机会成本是 30 单位培根
　　d. 可以在对培根生产没有影响的情况下多生产 20 单位鸡蛋
12. F 点代表_____。
　　a. 如果我们减少 20 单位的鸡蛋生产可以实现的生产组合
　　b. 由于有未得到利用的资源因而是无效率的生产组合
　　c. 如果有相当大的技术进步可以实现的生产组合
　　d. 以上各项都不是
13. 当我们从 A 点移动到 D 点时，_____。
　　a. 根据培根计算的鸡蛋的机会成本不变
　　b. 根据培根计算的鸡蛋的机会成本减少
　　c. 根据培根计算的鸡蛋的机会成本增加

　　d. 经济变得更有效率
　　e. 经济变得更无效率
14. 以下哪一项问题与微观经济学相关？
　　a. 货币对通货膨胀的影响。
　　b. 技术对经济增长的影响。
　　c. 赤字对储蓄的影响。
　　d. 石油价格对汽车生产的影响。
15. 以下关于微观经济学和宏观经济学的表述哪一项是不正确的？
　　a. 对非常大的行业的研究是宏观经济学范围内的问题。
　　b. 宏观经济学关注整体经济现象。
　　c. 微观经济学是宏观经济学的基础。
　　d. 不能把微观经济学和宏观经济学完全分开。
16. 以下哪一项表述是规范的？
　　a. 发行的货币过多会引起通货膨胀。
　　b. 如果工资更高，人们就会更努力工作。
　　c. 失业率应该降低。
　　d. 大量政府赤字使经济增长更慢。
17. 在做出下列哪一项表述时，经济学家更像一个科学家？
　　a. 减少失业救济金将降低失业率。
　　b. 失业率应该降低，因为失业剥夺了个人的尊严。
　　c. 通货膨胀率应该降低，因为通货膨胀剥夺了老年人的储蓄。
　　d. 国家应该增加对大学的补贴，因为国家的未来取决于教育。
18. 实证表述是_____。
　　a. 微观经济学的
　　b. 宏观经济学的
　　c. 涉及价值判断的建议性表述
　　d. 可以检验的描述性表述
19. 假设两个经济学家争论对待失业的

政策。一个经济学家说:"政府应该向失业宣战,因为它是最大的社会不幸。"另一位经济学家反驳说:"胡说!通货膨胀才是最大的社会不幸。"这两位经济学家_____。

    a. 有意见分歧是因为他们有不同的科学判断

    b. 有意见分歧是因为他们有不同的价值观

    c. 实际上根本没有分歧,只是看起来有分歧

    d. 以上各项都不是

20. 假设两位经济学家争论对待失业的政策。一位经济学家说:"如果政府可以增加500亿美元的政府支出,就可以使失业率下降一个百分点。"另一位经济学家反驳说:"胡说!如果政府增加500亿美元的支出,只能减少千分之一的失业,而且效果只是暂时的!"这两位经济学家_____。

    a. 有意见分歧是因为他们有不同的科学判断

    b. 有意见分歧是因为他们有不同的价值观

    c. 实际上根本没有分歧,只是看起来有分歧

    d. 以上各项都不是

2.4 进阶思考题

你正在看公共频道的《PBS 新闻时刻》(*PBS NewsHour*)。第一个焦点节目是一场支持与反对自由贸易(无障碍的国际贸易)的讨论。为了平衡,该节目请了两位经济学家出场——一位支持自由贸易,另一位反对自由贸易。你的室友说:"这两位经济学家不知道事情的状况。他们在任何一件事上都无法达成一致。一个人说自由贸易将使我们富裕,另一个却说自由贸易将使我们贫穷。如果专家都不知道自由贸易是不是最好的,普通人又如何能知道呢?"

1. 你能向你的室友说明经济学家为什么会对这个问题产生分歧吗?
2. 假设你发现93%的经济学家相信自由贸易通常是最好的(这是在所有单个问题中最大比例的一致)。现在你能更准确地回答为什么经济学家对这个问题意见不一致吗?
3. 假设你后来发现为工会工作的经济学家反对自由贸易。这有助于你解释为什么经济学家在这个问题上有不同观点吗?

习 题 答 案

2.1.3 术语与定义

    __3__ 科学方法   __6__ 效率

    __8__ 经济模型   __10__ 微观经济学

    __11__ 循环流量图   __2__ 宏观经济学

    __1__ 生产要素   __7__ 实证表述

    __9__ 生产可能性边界   __5__ 规范表述

    __4__ 机会成本

2.2.1 应用题

1. a. 家庭向物品与服务市场支出 20 000 美元。企业从物品与服务市场得到 20 000 美元收益。汽车从企业流向物品与服务市场。汽车从物品与服务市场流向家庭。

   b. 5 000 美元工资从企业流向生产要素市场。5 000 美元收入从生产要素市场流向家庭。劳动从家庭流向生产要素市场。投入从生产要素市场流向企业。

   c. 15 美元支出从家庭流向物品与服务市场。15 美元收入从物品与服务市场流向企业。服务从企业流向物品与服务市场。服务从物品与服务市场流向家庭。

   d. 10 000 美元利润从企业流向生产要素市场。10 000 美元收入从生产要素市场流向家庭。资本从家庭流向生产要素市场。投入从生产要素市场流向企业。

2. a. 参看图 2-7。
   b. 40 个球拍。
   c. 100 个球拍。
   d. 因为随着我们生产更多的球棒,最适于生产球棒的资源已经被使用。因此,生产 100 个球棒需要更多的资源,并且球拍的生产量将大大减少。
   e. 200 个球棒;160 个球拍。
   f. 没有效率。如果可以在没有机会成本的情况下增加生产,就表明资源没有得到有效使用。

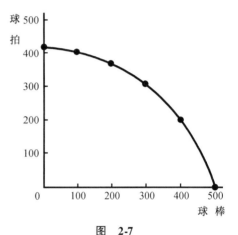

图 2-7

3. a. Parsimonious 国。资本(工厂与设备)是生产要素,而且现在生产更多资本将增加未来的生产。

   b. 现在生产的消费品少了。

   c. 参看图 2-8。Parsimonious 国的生产可能性曲线向外移动得更多,因为它们的生产要素(资本)增加得更多。

   d. 参看图 2-9。

   e. 不一定,生产可能性边界向外移动同时增加了消费品和资本品的可选择范围。

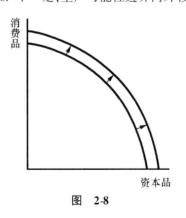

图 2-8

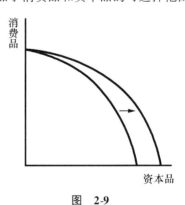

图 2-9

2.2.2 简答题

1. 通过观察、检验和再观察，无偏见地建立并检验理论。
2. 简化现实，以使我们可以把思考集中在实际重要的事情上。
3. 不一定。现实的模型是较为复杂的。它们可能会引起混乱，而且可能使我们的注意力不能集中在重要的事情上。
4. 因为如果一个经济有效率地运行，生产选择就有机会成本。如果我们想多要一种东西，就必须少要另一种东西。
5. 由于资源是专业化的，因此不能同等适用于生产不同物品。
6. 微观经济学和宏观经济学。微观经济学更可能是宏观经济学的基础，因为我们在解决宏观问题（比如失业）时，必须考虑个人对工资和福利这类工作激励会做出什么反应。
7. 她更可能是一名政策顾问。因为规范表述是关于应该是什么样的建议，而且在某种程度上基于价值判断。
8. 实证表述。因为实证表述是对事实的表述，而且可以通过考察证据来否定。
9. 经济学家会有不同的科学判断。经济学家也会有不同的价值观。
10. 租金上限降低了可获得的住房数量和质量。关税和进口限额通常减少了整体经济福利。

2.3.1 判断正误题

1. 错误；经济模型是现实的简化。
2. 正确。
3. 错误；贸易至少要有两个人。
4. 正确。
5. 正确。
6. 正确。
7. 错误；生产可能性边界外的点是不能达到的。
8. 正确。
9. 错误；它向外凸出是因为权衡取舍并不是一成不变的。
10. 正确。
11. 错误；宏观经济学研究整体经济现象。
12. 错误；这个表述是实证的。
13. 正确。
14. 错误；规范表述不能被否定。
15. 正确。

2.3.2 单项选择题

1. b 2. c 3. a 4. d 5. b 6. d 7. a 8. c 9. b 10. b
11. d 12. c 13. c 14. d 15. a 16. c 17. a 18. d 19. b 20. a

2.4 进阶思考题

1. 因为经济学家可能有不同的科学判断，经济学家也可能有不同的价值观。实际上他们可能不会有任何真正的分歧，因为大多数经济学家实际上是可以达成一致的。

2. 那些反对自由贸易的经济学家可能有不同于大多数经济学家的价值观。主流经济学界中对这个问题并没有多少分歧。
3. 是的。主张限制国际贸易可能会有利于某些集团(有组织的劳工),但这些限制可能不利于总体公众利益。这些政策的支持者是在维护他们自己的利益。

第 2 章附录

2A.1 应用题

1. 下面的关于价格和需求量的有序数对描述了 Joe 对咖啡的需求。

每杯咖啡的价格(美元)	咖啡的需求量(杯)
5	2
4	4
3	6
2	8
1	10

   a. 在图 2-10 中画出并连接有序数对。

   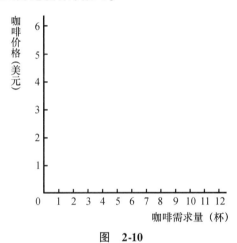

   图 2-10

   b. 在价格为 4—5 美元的区间内,Joe 的咖啡需求曲线的斜率是多少?
   c. 在价格为 1—2 美元的区间内,Joe 的咖啡需求曲线的斜率是多少?
   d. 咖啡价格与 Joe 的咖啡需求量是正相关还是负相关?你是怎样判断出来的?
   e. 如果咖啡价格从每杯 2 美元上升到每杯 4 美元,需求量会发生什么变动?这是沿着一条曲线的变动,还是曲线的移动?
   f. 假设 Joe 的收入从每年 40 000 美元增加到每年 80 000 美元,翻了一番。以下有序数对描述了 Joe 对咖啡的需求。在图 2-10 上画出这些有序数对。

每杯咖啡的价格(美元)	咖啡的需求量(杯)
5	4
4	6
3	8
2	10
1	12

  g. Joe 的收入翻了一番引起了沿着他的需求曲线的变动,还是需求曲线的移动?为什么?

2. 一个外星人来到地球,并观察到以下现象:当人们早晨带雨伞时,这一天往往就会下雨。外星人得出结论:雨伞引起下雨。

  a. 外星人犯了什么错误?

  b. 在外星人的错误中,预期起了什么作用?

  c. 如果下雨实际上是由湿度、温度和气流等引起的,那么当外星人确定雨伞引起下雨时,他还犯了什么错误?

2A.2　判断正误题

_____1. 在直角坐标系中作图时,x 轴告诉我们横向位置,而 y 轴告诉我们纵向位置。

_____2. 当 x、y 坐标系中一条直线向右上方倾斜时,用两个轴衡量的这两个变量是正相关的。

_____3. 大多数物品的价格和需求量是正相关的。

_____4. 如果三个变量是相关的,那么,在 x、y 坐标系中作其中两个变量的图形时,必须使另外一个变量保持不变。

_____5. 如果三个变量是相关的,那么,没有在 x、y 坐标系中表示的变量的变动将引起沿着在 x、y 坐标系中画出的那条曲线的变动。

_____6. 一条直线的斜率等于沿着这条线的 y 的变动除以 x 的变动。

_____7. 如果一条直线的斜率是负的,那么用两个轴表示的两个变量是正相关的。

_____8. 躺下和死亡之间是正相关的。如果我们从这个证据中得出结论,认为躺下是不安全的,那么我们就犯了一个忽略变量的问题,因为病情危急时人往往会躺下。

_____9. 反向因果关系意味着,当我们认为 A 引起 B 时,也许实际上是 B 引起了 A。

_____10. 由于人们早晨带雨伞上班时下午会下雨,因此,带雨伞必定引起下雨。

附录习题答案

2A.1　应用题

1. a. 参看图 2-11。

 b. $-1/2$。

 c. $-1/2$。

 d. 负相关,因为价格上升与需求量减少相关。这就是说,需求曲线向右下方倾斜。

 e. 减少 4 杯。沿曲线的变动。

 f. 参看图 2-12。

 g. 曲线的移动,因为一个未由任何一个轴表示的变量(收入)发生了变动。

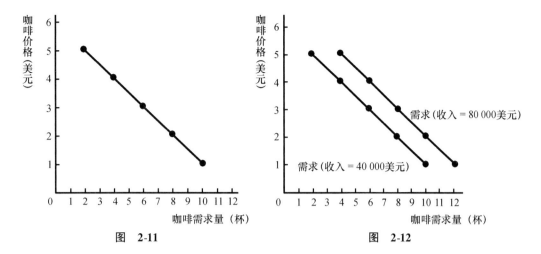

图 2-11　　　　　　　　　　　　图 2-12

2. a. 反向因果关系。
   b. 因为下雨是可预期的,所以预期有雨时,人们会提前带雨伞,这使得看起来仿佛是带雨伞引起下雨。
   c. 忽略的变量。

2A.2　判断正误题

1. 正确。
2. 正确。
3. 错误;它们是负相关的。
4. 正确。
5. 错误;不在图形上表示的变量变动将引起曲线移动。
6. 正确。
7. 错误;负斜率意味着负相关。
8. 正确。
9. 正确。
10. 错误;这是一个反向因果关系的例子。

第 3 章
相互依存性与贸易的好处

目　标

在本章中你将

- 思考当人们相互交易时如何使每个人都获益
- 学习绝对优势与比较优势的含义
- 理解比较优势如何解释贸易的好处
- 把比较优势理论运用于日常生活和国家政策

效　果

在实现这些目标之后,你应该能

- 说明当人们专门生产自己有比较优势的物品时,总产量如何增加
- 解释为什么即使没有绝对优势,所有的人也都有比较优势
- 说明比较优势和机会成本之间的联系
- 解释为什么在各方面都优秀的人仍然倾向于专业化

3.1 本章概述

3.1.1 本章复习

我们每个人每天都要消费许多不同国家生产的物品。复杂的物品中又包含许多不同国家生产的组成部分,以至于这些物品没有单一的原产国。生产这些东西的人既不是出于仁慈,也不是按政府的命令生产。人们进行生产是因为他们希望相互交易,并得到一些东西作为回报。因此,贸易使我们相互依存。

1. 一个现代经济寓言

设想一个简单经济。假设世界上只有两个人——牧牛人和种土豆的农民;只有两种物品——牛肉和土豆。

- 如果每个人只生产一种物品(牧牛人只生产牛肉,而农民只生产土豆),那么他们就会进行贸易,以增加他们消费的物品的品种。每个人都由于品种的增加而获益。
- 如果每个人都可以生产两种物品,但一个人在生产一种物品上比另一个人更有效率,那么,每个人将专门生产他最擅长的(又是牧牛人生产牛肉,而农民生产土豆),总产量将增加,而且他们将进行贸易。贸易使每个人都可以获益,因为贸易使专业化成为可能,而专业化增加了可以分享的总产量。
- 如果一个生产者在生产牛肉和土豆上都比另一个生产者更有效率,那么贸易仍有好处,但就不那么明显了。此时,贸易同样使每个人都获益,因为贸易使专业化成为可能,而专业化增加了可以分享的总产量。为了理解当一个生产者在生产两种物品上都具有优势时贸易好处的来源,我们应该了解比较优势的概念。

2. 比较优势:专业化的动力

为了理解**比较优势**,我们从**绝对优势**的概念开始。绝对优势比较的是生产一种物品所需要的投入量。生产一种物品需要较少资源(比如说劳动时间较少)的生产者被称为在生产那种物品上有绝对优势。这就是说,效率最高的生产者(有最高生产率的生产者)有绝对优势。

绝对优势比较每个生产者生产的实际成本,而比较优势比较每个生产者生产的**机会成本**。生产的机会成本较低的生产者可以说有比较优势。无论绝对优势如何,如果生产者生产每种物品的机会成本不同,那么每个生产者就应该专门生产其机会成本较低的物品。也就是说,每个生产者都应该生产他们有比较优势的物品。然后他们可以用自己生产的物品交换其他物品。贸易使每个生产者的状况都变得更好,因为贸易使专业化成为可能,而专业化增加了可以分享的总产量。当他们以介于两者各自机会成本之间的价格交易时,他们都能获益。

专业化决策和贸易产生的好处是基于比较优势,而不是绝对优势。尽管一个生产者可以在生产两种物品上都有绝对优势,但他不可能在生产两种物品上都有比较优势,因为生产一种物品的机会成本较低意味着生产另一种物品的机会成本较高。

总而言之,贸易使生产者可以利用他们生产的机会成本的差别。每个生产者专门生产其机会成本较低从而有比较优势的物品。这就增加了经济的总产量,并使经济蛋糕变大了。每个人都可以从中获益。专业化带来的产量的增加是贸易的好处。

亚当·斯密在其1776年的著作《国富论》以及大卫·李嘉图在其1817年的著作《政治经济学及赋税原理》中都认识到了专业化的贸易带来的好处以及比较优势原理。现在对于自由贸易的研究仍然是以他们的著作为基础的。

3. 比较优势的应用

比较优势原理既适用于个人又适用于国家。例如，假设塞雷娜·威廉姆斯是世界上最棒的网球运动员和最好的修剪草坪人员，因此，她在这两项活动上都有绝对优势。如果她用给自己修剪草坪的时间去拍一部广告能赚30 000美元，那么只要为修剪草坪服务支付的钱少于30 000美元，她就能从贸易中获益，因为塞雷娜修剪草坪的机会成本是30 000美元。塞雷娜将会专门去打网球，同时交换其他服务。她之所以这样做，是因为尽管她在这两项活动中都有绝对优势，但她在打网球上有比较优势，而在修剪草坪上有比较劣势（她修剪草坪的机会成本很高）。

各国之间的贸易也遵循同样的比较优势原理。在国外生产并在国内销售的物品称为**进口品**，在国内生产并在国外销售的物品称为**出口品**。即使美国在生产汽车和粮食上都有绝对优势，它也应该专门生产自己有比较优势的东西。由于美国生产粮食的机会成本较低（更肥沃的土地）而日本较高，因此，美国应该生产更多粮食并出口到日本，以交换从日本进口的汽车。尽管美国从贸易中受益，但是贸易对美国汽车工人和农民的影响并不同。

自由贸易壁垒的降低改善了进口国整体的福利，但并没有改善进口国国内生产者的福利。由于这个原因，国内生产者游说他们的政府以保持（或提高）自由贸易壁垒。

3.1.2 有益的提示

（1）以下关于比较优势的一步步的例子将说明第3章中所讨论的大部分概念。该例子对于你做教科书中本章末的习题以及本书后的习题具有参考价值。

假设我们拥有以下关于日本和韩国工业生产率的信息。这些数据是工作每小时的产量。

	钢铁	电视机
日本	6	3
韩国	8	2

一个日本工人每小时可以生产6单位钢铁或3台电视机，一个韩国工人每小时可以生产8单位钢铁或2台电视机。

我们假设这两个国家都只有一个工人，而且每个工人都只工作一小时，于是可以画出每个国家的生产可能性边界。为了画出生产可能性边界，就要画出两个端点，并用一条直线把它们连接起来。例如，日本的工人可以生产6单位钢铁或3台电视机，或者各用半个小时生产每种物品，并得到3单位钢铁和3/2台电视机。可以把一小时以任何一种其他比例配置于两种生产活动中。在这些情况下，生产可能性边界是线性的，因为劳动资源可以按不变的比率从一种物品的生产转向另一种物品的生产。对韩国我们也可以这样做。在没有贸易时，生产可能性边界也是消费可能性边界。

比较优势决定了专业化与贸易。日本每台电视机的机会成本是2单位钢铁，图3-1中的生产可能性边界的斜率说明了这一点。换个说法，日本每单位钢铁的机会成本是1/2台电视机。在韩国，每台电视机的机会成本是4单位钢铁，而每单位钢铁的机会成本是1/4台电视机。由于日本电视机的机会成本较低,日本在电视机生产上有比较优势,应该专门生产电视机;由于韩国钢铁的机会成本较低,韩国在钢铁生产上有比较优势,应该专门生产钢铁。

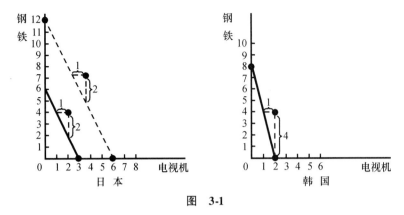

图 3-1

每个国家愿意交换的价格范围是多少呢?如果日本专门生产电视机,只要每台电视机至少可以交换2单位钢铁,它就愿意用电视机交换钢铁,因为这是贸易之前日本每台电视机可以换成钢铁的比例。而对韩国而言,只要每台电视机的价格低于4单位钢铁,韩国就愿意专门生产钢铁,并交换电视机,因为这是贸易前韩国面临的权衡取舍。简言之,最终的价格应该在没有贸易之前每个国家面临的最初权衡取舍之间。每台电视机将花费2—4单位钢铁,每单位钢铁将花费1/4—1/2台电视机。

(2) 贸易使各国的消费可以超出原来的生产可能性边界。假设日本和韩国确定的贸易价格为3单位钢铁交换1台电视机(或者1/3台电视机交换1单位钢铁)。(这个价格是我们给定的。这个问题中并没有信息能让你计算出最终的贸易价格。你只能算出一个价格范围。)这个价格处于没有贸易时每个国家面临的两种价格中间。贸易价格的范围是4单位钢铁交换1台电视机到2单位钢铁交换1台电视机。

如果日本专门生产电视机,数量为3台,并出口1台电视机交换3单位钢铁,日本就能消费2台电视机和3单位钢铁。如果我们在日本的图形上画出这一点(2台电视机和3单位钢铁),我们就能看到,它在日本的生产可能性边界之外。如果韩国专门生产钢铁,生产8单位钢铁,并出口3单位钢铁交换1台电视机,韩国就能消费5单位钢铁和1台电视机。如果我们在韩国的图形上画出这一点(5单位钢铁和1台电视机),我们同样能看到,它也在韩国的生产可能性边界之外。

这就是贸易的好处。贸易使各国(和人们)可以从事专业化生产。专业化增加了世界的总产量。贸易之后,各国的消费在其各自的生产可能性边界之外。在这方面,贸易与技术进步一样,使各国可以变动到超出其现在的生产可能性边界。

(3) 只有比较优势起作用——绝对优势是无关的。在前一个例子中,日本在电视机生产上有绝对优势,因为它每小时能生产3台电视机,而韩国只能生产2台电视机。韩国在钢铁生产上有绝对优势,因为它每小时可以生产8单位钢铁,而日本只能生产6单位钢铁。

为了证明是比较优势而不是绝对优势决定了专业化和贸易,我们将上例做一些变动,以使日本在两种物品的生产上都有绝对优势。出于这个目的,假设日本的生产率是上例中的两倍。这就是说,日本每个工人每小时现在可以生产12单位钢铁或6台电视机,如下表所示:

第 3 章　相互依存性与贸易的好处　▶ 33

	钢铁	电视机
日本	12	6
韩国	8	2

现在,日本在两种物品的生产上都有绝对优势。日本新的生产可能性边界是图 3-1 中的虚线。这一点改变了之前的分析结果吗？完全没有。在日本,每种物品的机会成本是不变的——每台电视机 2 单位钢铁,或者每单位钢铁 1/2 台电视机(而且韩国也不受影响)。由于这个原因,日本仍然和以前一样有相同的比较优势,并专门生产电视机,而韩国仍然专门生产钢铁。但是,由于日本的生产率翻了一番,它的所有可供选择的组合都改善了,从而物质福利增加了。

3.1.3 术语与定义

为每个关键术语选择一个定义。

关键术语	定 义
_____绝对优势	1. 为了得到某种东西所必须放弃的东西
_____机会成本	2. 一个生产者以低于另一个生产者的机会成本生产某种物品的能力
_____比较优势	3. 在国内生产而在国外销售的物品
_____贸易的好处	4. 在国外生产而在国内销售的物品
_____进口品	5. 一个生产者用比另一个生产者更少的投入生产某种物品的能力
_____出口品	6. 由贸易允许的专业化所引起的总产量增加

3.2 应用题与简答题

3.2.1 应用题

1. Angela 是一个大学生。她的课程排得很满,每周只有 5 小时用于她的爱好。Angela 还是一个艺术家,她每小时可以做 2 个陶罐或 4 个咖啡杯。
   a. 在图 3-2 中画出 Angela 制作陶罐和咖啡杯的生产可能性边界。
   b. Angela 制作 1 个陶罐的机会成本是什么？10 个陶罐呢？
   c. Angela 制作 1 个咖啡杯的机会成本是什么？10 个咖啡杯呢？
   d. 为什么她的生产可能性边界是一条直线,而不像第 2 章中所述的那样是一条向外凸出的曲线？

2. 假设一个德国工人每月可以生产 15 台电脑或 5 吨谷物。假设一个波兰工人每月可以生产 4 台电脑或 4 吨谷物。为了简单起见,假设每个国家只有一个工人。
   a. 填写下表：

	电脑	谷物
德国	_____	_____
波兰	_____	_____

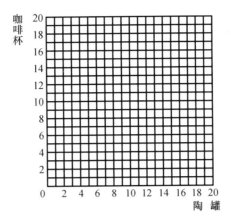

图 3-2

b. 在图 3-3 中画出每个国家的生产可能性边界。

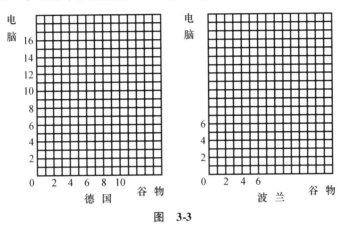

图 3-3

c. 德国生产 1 台电脑的机会成本是什么？德国生产 1 吨谷物的机会成本是什么？
d. 波兰生产 1 台电脑的机会成本是什么？波兰生产 1 吨谷物的机会成本是什么？
e. 哪一个国家在生产电脑上有绝对优势？在生产谷物上呢？
f. 哪一个国家在生产电脑上有比较优势？在生产谷物上呢？
g. 两个国家应该分别专门生产哪一种物品？为什么？
h. 使两个国家都获益的电脑和谷物的价格范围是什么？
i. 假定德国和波兰确定的贸易价格为 2 台电脑交换 1 吨谷物或者 0.5 吨谷物交换 1 台电脑。假定每个国家都从事专业化生产，并用 4 台电脑交换 2 吨谷物。在图 3-3 上画出最终的消费点。两个国家的消费在其生产可能性边界之内还是之外？
j. 假设波兰工人的生产率翻了一番，每个工人每月可以生产 8 台电脑或 8 吨谷物。哪一个国家在生产电脑中有绝对优势？在生产谷物上呢？
k. 在波兰的生产率翻了一番以后，哪一个国家在生产电脑上有比较优势？在生产谷物上呢？比较优势改变了吗？这两个国家的物质福利改变了吗？
l. 如果更现实地假设每个国家有 1 000 万名工人，那么你的分析将会发生什么样的改变？

3. 假设一个美国工人每月可以生产4辆汽车或20台电脑,而一个俄罗斯工人每月可以生产1辆汽车或5台电脑。此外,为了简单起见,假设每个国家只有一个工人。

   a. 填写下表:

	汽车	电脑
美国	____	____
俄罗斯	____	____

   b. 哪个国家在生产汽车上有绝对优势?在生产电脑上呢?
   c. 哪个国家在生产汽车上有比较优势?在生产电脑上呢?
   d. 两个国家能从贸易中得到好处吗?为什么?
   e. 你对d的回答有助于你指出贸易好处的来源吗?
   f. 两个国家生产的机会成本不同的原因可能是什么?(发挥你的想象。第3章中并没有直接讨论这个问题。)

3.2.2 简答题

1. 为什么人们选择相互依存,而不是自给自足?
2. 为什么在贸易的决定中重要的是比较优势,而不是绝对优势?
3. 贸易的好处是什么?
4. 为什么对贸易的限制会减少物质福利?
5. 假定一个律师每小时可以赚200美元,也可以每分钟打200个字。该律师应该雇用一个每分钟只能打50个字的秘书吗?为什么?
6. 评价这句话:在生产每一种东西上都比其邻国强的技术先进国家,如果关闭贸易边界,状况会更好,因为生产率低的国家对先进国家来说是一个负担。

3.3 自我测试题

3.3.1 判断正误题

_____ 1. 如果日本在生产一种东西上有绝对优势,那么它在这种东西的生产中也必定有比较优势。
_____ 2. 是比较优势而不是绝对优势决定了生产中的专业化决策。
_____ 3. 绝对优势是生产者之间基于生产率的比较。
_____ 4. 自给自足是增加一个人物质福利的最好方法。
_____ 5. 比较优势是生产者之间基于机会成本的比较。
_____ 6. 如果一个生产者是自给自足的,那么生产可能性边界也是消费可能性边界。
_____ 7. 如果一个国家的工人每小时可以生产5个汉堡包或10包炸薯条,那么没有贸易时,1包炸薯条的价格是2个汉堡包。
_____ 8. 如果生产者生产的机会成本有差别,那么贸易就可以使他们的消费在其生产可能性边界之外。

_____ 9. 如果贸易有利于一个国家,那么它的贸易伙伴的状况必定会由于贸易而变坏。

_____ 10. 在每一件事情上都可以做到最好的有能力的人在每一种东西的生产上都有比较优势。

_____ 11. 贸易的好处可以用专业化带来的总产量的增加来衡量。

_____ 12. 当一个国家取消某种进口限制时,这个国家的每个工人都能获益。

_____ 13. 如果德国生产每一种东西的生产率都翻了一番,这并不会改变它原来专业化的形式,因为其比较优势并没有改变。

_____ 14. 如果一个先进国家在每一种东西的生产上都有绝对优势,那么若它取消与不发达国家的贸易并完全自给自足,它将获益。

_____ 15. 如果贸易的好处仅仅是基于比较优势,而且如果所有的国家都有相同的生产机会成本,那么贸易就没有好处。

3.3.2 单项选择题

1. 如果一个国家在生产一种物品上有绝对优势,那么_____。
   a. 它可以以低于其贸易伙伴的机会成本生产该物品
   b. 它可以用少于其贸易伙伴的资源来生产该物品
   c. 它可以通过限制该物品的进口而获益
   d. 它可以专门生产该物品并出口
   e. 以上各项都不是

2. 如果一个国家在生产一种物品上有比较优势,那么_____。
   a. 它可以以低于其贸易伙伴的机会成本生产该物品
   b. 它可以用少于其贸易伙伴的资源来生产该物品
   c. 它可以通过限制该物品的进口而获益
   d. 它一定是唯一有能力生产该物品的国家
   e. 以上各项都不是

3. 下列哪一种关于贸易的表述是正确的?
   a. 无限制的国际贸易将使一个国家的每个人平等地获益。
   b. 精通所有活动的人无法从贸易中获益。
   c. 贸易可以使社会上的每一个人获益,因为它使人们可以专门从事他们有绝对优势的活动。
   d. 贸易可以使社会上的每一个人获益,因为它使人们可以专门从事他们有比较优势的活动。

4. 根据比较优势原理,_____。
   a. 在生产每一种物品上都有比较优势的国家不需要专业化
   b. 各国应该专门生产其喜欢消费的物品
   c. 各国应该专门生产其在生产中使用的资源少于其贸易伙伴的物品
   d. 各国应该专门生产其生产的机会成本低于其贸易伙伴的物品

5. 以下哪一种表述是正确的?
   a. 自给自足是大多数国家的繁荣之路。
   b. 自给自足国家的消费在其生产可能性边界之外。
   c. 自给自足的国家充其量只能在其生产可能性边界上消费。
   d. 只有在每种物品的生产上都有绝

对优势的国家才应该努力实现自给自足。

6. 假设一个国家的工人每小时可以生产4只手表或12个戒指。如果没有贸易，_____。
   a. 1个戒指的国内价格是3只手表
   b. 1个戒指的国内价格是1/3只手表
   c. 1个戒指的国内价格是4只手表
   d. 1个戒指的国内价格是1/4只手表
   e. 1个戒指的国内价格是12只手表

7. 假设一个国家的工人每小时可以生产4只手表或12个戒指。如果没有贸易，_____。
   a. 1只手表的机会成本是3个戒指
   b. 1只手表的机会成本是1/3个戒指
   c. 1只手表的机会成本是4个戒指
   d. 1只手表的机会成本是1/4个戒指
   e. 1只手表的机会成本是12个戒指

下表表示澳大利亚和韩国一个工人每月可以生产的产量。根据该表回答第8—15题。

	食物	电器
澳大利亚	20	5
韩国	8	4

8. 下列哪一种关于绝对优势的表述是正确的？
   a. 澳大利亚在食物的生产上有绝对优势，而韩国在电器的生产上有绝对优势。
   b. 韩国在食物的生产上有绝对优势，而澳大利亚在电器的生产上有绝对优势。
   c. 澳大利亚在食物和电器的生产上都有绝对优势。
   d. 韩国在食物和电器的生产上都有绝对优势。

9. 澳大利亚生产1单位电器的机会成本是_____。
   a. 5单位食物
   b. 1/5单位食物
   c. 4单位食物
   d. 1/4单位食物

10. 韩国生产1单位电器的机会成本是_____。
    a. 2单位食物
    b. 1/2单位食物
    c. 4单位食物
    d. 1/4单位食物

11. 澳大利亚生产1单位食物的机会成本是_____。
    a. 5单位电器
    b. 1/5单位电器
    c. 4单位电器
    d. 1/4单位电器

12. 韩国生产1单位食物的机会成本是_____。
    a. 2单位电器
    b. 1/2单位电器
    c. 4单位电器
    d. 1/4单位电器

13. 下列哪一种关于比较优势的表述是正确的？
    a. 澳大利亚在食物的生产上有比较优势，而韩国在电器的生产上有比较优势。
    b. 韩国在食物的生产上有比较优势，而澳大利亚在电器的生产上有比较优势。
    c. 澳大利亚在食物和电器的生产上都有比较优势。
    d. 韩国在食物和电器的生产上都有比较优势。
    e. 没有一个国家有比较优势。

14. 韩国应该_____。
    a. 专门从事食物生产，出口食物，并进口电器
    b. 专门从事电器生产，出口电器，

并进口食物

c. 生产这两种物品,因为没有一个国家有比较优势

d. 两种物品都不生产,因为在这两种物品的生产上它都有绝对劣势

15. 电器的价格可以用食物单位来表示。使两国可以从贸易中获益的电器价格范围是什么?

a. 价格应该是大于 1/5 单位食物,但小于 1/4 单位食物。

b. 价格应该是大于 4 单位食物,但小于 5 单位食物。

c. 价格应该是大于 1/4 单位食物,但小于 1/2 单位食物。

d. 价格应该是大于 2 单位食物,但小于 4 单位食物。

16. 假设世界由两个国家——美国和墨西哥——组成。再假设只有两种物品——食物和衣服。下列哪一种表述是正确的?

a. 如果美国在食物的生产上有绝对优势,那么墨西哥在衣服的生产上就应该有绝对优势。

b. 如果美国在食物的生产上有比较优势,那么墨西哥在衣服的生产上就应该有比较优势。

c. 如果美国在食物的生产上有比较优势,那么它在衣服的生产上也应该有比较优势。

d. 如果美国在食物的生产上有比较优势,那么墨西哥在食物的生产上也可能会有比较优势。

e. 以上各项都不是。

根据图 3-4 中的生产可能性边界回答第 17—19 题。假设每个国家有相同的工人数量,比如说 2 000 万名工人,而且横轴和纵轴都用每月的吨量来衡量。

17. 阿根廷在生产哪种物品上具有比较优势?

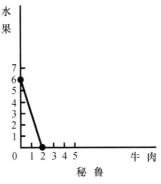
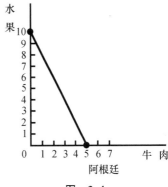

图 3-4

a. 水果和牛肉。

b. 水果。

c. 牛肉。

d. 水果和牛肉都不是。

18. 秘鲁将出口_____。

a. 水果和牛肉

b. 水果

c. 牛肉

d. 水果和牛肉都不是

19. 秘鲁生产 1 吨牛肉的机会成本是_____。

a. 1/3 吨水果

b. 1 吨水果

c. 2 吨水果

d. 3 吨水果

e. 6 吨水果

20. Joe 是一名税务会计师。他从事税务工作每小时收入 100 美元。他每小时可以在电子表格中输入 10 000 个字符。他能雇用一个每小时可以

在电子表格中输入 2 500 个字符的助手。下列哪一种表述是正确的?

a. Joe 不应该雇用助手,因为助手打字没有他那么快。

b. 只要 Joe 支付给助手的工资小于每小时 100 美元,他就应该雇用助手。

c. 只要 Joe 支付给助手的工资小于每小时 25 美元,他就应该雇用助手。

d. 以上各项都不是。

3.4 进阶思考题

你正在电视上看一场竞选辩论。一位候选人说:"我们需要制止外国汽车进入我们的国家。如果我们限制汽车进口,我们国内的汽车生产就会增加,而且美国的状况将变好。"

1. 如果美国限制汽车进口,美国的状况会变好吗?解释之。
2. 如果美国限制汽车进口,美国有什么人的状况会变好吗?解释之。
3. 在现实世界中,当降低对进口的限制时,一国的每一个人都获益吗?解释之。

习 题 答 案

3.1.3 术语与定义

<u>　5　</u> 绝对优势 　　　　　<u>　6　</u> 贸易的好处

<u>　1　</u> 机会成本 　　　　　<u>　4　</u> 进口品

<u>　2　</u> 比较优势 　　　　　<u>　3　</u> 出口品

3.2.1 应用题

1. a. 参看图 3-5。

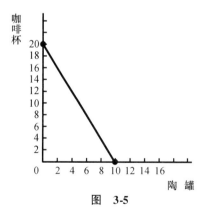

图 3-5

b. 2 个咖啡杯。20 个咖啡杯。

c. 1/2 个陶罐。5 个陶罐。

d. 因为在这里资源可以按不变的比率从一种物品的生产转向另一种物品的生产。

2. a.

	电脑	谷物
德国	15	5
波兰	4	4

b. 参看图 3-6。

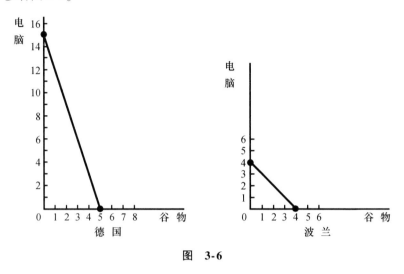

图 3-6

c. 1/3 吨谷物。3 台电脑。

d. 1 吨谷物。1 台电脑。

e. 德国,因为一个工人可以生产 15 台电脑,相比之下波兰生产 4 台电脑。德国,因为一个工人可以生产 5 吨谷物,相比之下波兰生产 4 吨谷物。

f. 德国,因为 1 台电脑的机会成本只是 1/3 吨谷物,相比之下波兰是 1 吨谷物。波兰,因为 1 吨谷物的机会成本只是 1 台电脑,相比之下德国是 3 台电脑。

g. 德国应该生产电脑,而波兰应该生产谷物,因为德国生产电脑的机会成本低,而波兰生产谷物的机会成本低。这就是说,两国在生产这些物品上有各自的比较优势。

h. 对德国来说,谷物的价格应该低于 3 台电脑。对波兰来说,电脑的价格应该低于 1 吨谷物。

i. 参看图 3-7。它们在生产可能性边界之外消费。

j. 德国,因为一个工人可以生产 15 台电脑,相比之下波兰生产 8 台电脑。波兰,因为一个工人可以生产 8 吨谷物,相比之下德国生产 5 吨谷物。

k. 德国在生产电脑上有比较优势。波兰在生产谷物上有比较优势。比较优势没有变。但是,由于波兰现在可以有更优的选择,因此它的状况变好了。

l. 它没有改变绝对优势或比较优势。它只使图 3-7 中的规模扩大了 1 000 万倍。

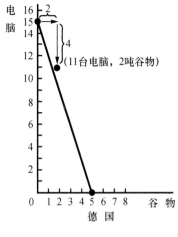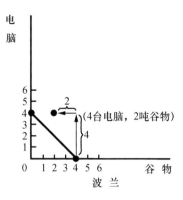

图 3-7

3. a.

	汽车	电脑
美国	4	20
俄罗斯	1	5

b. 美国,因为一个工人可以生产 4 辆汽车,相比之下俄罗斯生产 1 辆汽车。美国,因为一个工人可以生产 20 台电脑,相比之下俄罗斯生产 5 台电脑。

c. 在这两个国家,1 辆汽车的机会成本都是 5 台电脑,1 台电脑的机会成本都是 1/5 辆汽车。因此,两个国家在这两种物品的生产上都没有比较优势。

d. 不能。每个国家在生产物品时面临着相同的权衡取舍。

e. 是的。为了从贸易中获益,各国生产物品的机会成本之间必须存在差异。

f. 各国资源或技术的可获得性是有差别的。这就是说,工人会有不同的教育水平,土地会有不同的质量,资本会有不同的质量,或者可以获得的技术不同。

3.2.2 简答题

1. 因为消费者能以比他们自己生产时低得多的成本得到更多种类的物品。这就是说,贸易存在着好处。
2. 在贸易中重要的是,如果没有相互贸易,一国的成本与其他国家有怎样的差别。这是由各国之间的相对机会成本决定的。
3. 增加的产量来自生产的机会成本不同的各国专门生产自己国内机会成本低的东西。
4. 因为这迫使人们以高于他们贸易时支付的成本进行生产。
5. 是的。只要秘书每小时赚的收入少于 50 美元,该律师就有利可图。
6. 这句话并不正确。如果各国生产的机会成本不同,则所有国家都可以从贸易中获益。即使生产率最低的国家也在生产某种物品上有比较优势,而且它可以在该物品上以低于技术先进国家的机会成本与先进国家进行贸易。

3.3.1 判断正误题

1. 错误;绝对优势比较的是生产中所用的投入量,而比较优势比较的是机会成本。
2. 正确。
3. 正确。
4. 错误;限制贸易消除了贸易的好处。
5. 正确。
6. 正确。
7. 错误;1 包炸薯条的价格是 1/2 个汉堡包。
8. 正确。
9. 错误;自愿的贸易有利于贸易双方。
10. 错误;生产一种物品的机会成本低意味着生产另一种物品的机会成本高。
11. 正确。
12. 错误;该行业中工人的利益可能会受损。
13. 正确。
14. 错误;自愿的贸易有利于所有贸易者。
15. 正确。

3.3.2 单项选择题

1. b 2. a 3. d 4. d 5. c 6. b 7. a 8. c 9. c 10. a
11. d 12. b 13. a 14. b 15. d 16. b 17. c 18. b 19. d 20. c

3.4 进阶思考题

1. 不会。如果美国进口汽车,那么这是因为在其他地方生产汽车的机会成本低于在美国生产的机会成本。
2. 是的。那些与美国国内汽车行业相关的人——国内汽车生产者的股东和汽车工人的状况会变好。
3. 不是。当美国降低对进口的限制时,国家从增加的贸易中获益,但与国内受影响的行业相关的个人会蒙受损失。

第 3 章 相互依存性与贸易的好处

第 2 篇　市场如何运行

第 4 章
供给与需求的市场力量

目　标

在本章中你将

- 学习什么是竞争市场
- 考察在一个竞争市场中是什么决定一种物品的需求
- 考察在一个竞争市场中是什么决定一种物品的供给
- 理解供给和需求如何共同决定一种物品的价格和销售量
- 思考市场经济中价格在稀缺资源配置方面的关键性作用

效　果

在实现这些目标之后，你应该能

- 列出竞争市场的两个特征
- 列出影响消费者在市场上希望购买数量的因素
- 列出影响生产者在市场上希望出售数量的因素
- 画出市场中的供求图，并找出均衡价格和均衡数量
- 根据对一个经济事件的反应移动市场供给和需求曲线，并找出新的均衡价格和均衡数量

4.1 本章概述

4.1.1 本章复习

在市场经济中,供给和需求决定了每种物品的产量和销售价格。在这一章中,我们将确定供给和需求的决定因素。我们还要研究供求的变动如何改变价格,以及如何改变经济中资源的配置。

1. 市场与竞争

市场是由某种物品或服务的买者与卖者组成的一个群体。它可以是高度有组织的,像股票市场,也可以是组织程度不高的,像冰淇淋市场。**竞争市场**是有许多买者与卖者,以至于每一个人对市场价格的影响都微乎其微的市场。

完全竞争市场有两个主要特征:
- 用于销售的物品是完全相同的。
- 买者与卖者数量如此之多,以至于没有一个买者或者卖者可以影响市场价格。

如果一个市场是完全竞争的,那么可以说买者与卖者都是价格接受者,因为他们不能影响价格。完全竞争的假设适用于农产品市场,因为物品是相同的,而且没有一个买者或者卖者可以影响市场价格。

如果一个市场只有一个卖者,这个市场就被称为**垄断市场**。其他类型的市场都介于完全竞争和垄断这两种极端市场之间。

2. 需求

买者的行为用需求的概念来概括。**需求量**是买者愿意并且能够购买的一种物品的数量。尽管一种物品的需求量由很多因素共同决定,但该物品的价格起到了中心作用。需求定理说明,在其他条件相同的情况下,一种物品价格上升会减少需求量;一种物品价格下降会增加需求量。

需求表是表示一种物品价格和需求量之间关系的表格。**需求曲线**是表示一种物品价格(用纵轴表示)和需求量(用横轴表示)之间关系的图形。由于需求定理,需求曲线向右下方倾斜。

市场需求是在每种价格下每个买者对物品和服务的需求量的总和。这就是说,市场需求曲线是个人需求曲线的水平相加。市场需求曲线表明在每种价格下一种物品的总需求量,这时所有影响消费者想购买的数量的其他因素都保持不变。

需求曲线的移动 当人们改变他们在每种价格上希望购买的量时,需求曲线会移动。如果买者增加每种价格下的需求量,需求曲线向右移动,这被称为需求增加;或者,如果买者减少每种价格下的需求量,需求曲线向左移动,这被称为需求减少。使需求曲线移动的最重要因素是:

- **收入**:**正常物品**是收入增加引起需求增加的物品。**低档物品**是收入增加引起需求减少的物品。
- 相关物品的价格:如果两种物品可以相互替代使用,它们就被称为**替代品**。当两种物品是替代品时,一种物品价格上升引起另一种物品需求增加。如果两种物品同时使用,它们就被称为**互补品**。当两种物品是互补品时,一种物品价格上升引起另一种物品需求减少。

- 爱好:如果你的爱好转向某种物品,就会引起该物品的需求增加。
- 预期:对未来收入或价格的预期将影响今天某种物品的需求。
- 买者数量:买者数量增加将引起一种物品市场需求的增加,因为有更多的个人需求曲线水平相加。

需求曲线是在其他变量保持不变的情况下,以纵轴代表价格、以横轴代表需求量做出的。因此,一种物品的价格变动表现为沿着需求曲线的变动,而收入、相关物品的价格、爱好、预期和买者数量的变动引起需求曲线移动。

3. 供给

卖者的行为用供给的概念来概括。**供给量**是卖者愿意并且能够出售的一种物品的数量。尽管一种物品的供给量由很多因素共同决定,但该物品的价格起着中心作用。一种物品价格上升使生产该物品更为有利可图。因此,供给定理说明,在其他条件不变的情况下,一种物品的价格上升会增加该物品的供给量;一种物品的价格下降会减少该物品的供给量。

供给表是表示一种物品价格和供给量之间关系的表格。**供给曲线**是表示一种物品价格(用纵轴表示)和供给量(用横轴表示)之间关系的图形。由于供给定理,供给曲线向右上方倾斜。

市场供给是在每种价格下每个卖者供给量的总和。这就是说,市场供给曲线是个人供给曲线的水平相加。市场供给曲线表明在每种价格下一种物品的总供给量,这时所有影响生产者想出售的数量的其他因素都保持不变。

供给曲线的移动 当生产者改变他们在每种价格上希望卖出的量时,供给曲线会移动。如果生产者增加每种价格下的供给量,供给曲线向右移动,这被称为供给增加;或者,如果生产者减少每种价格下的供给量,供给曲线向左移动,这被称为供给减少。使供给曲线移动的最重要因素是:

- 投入品价格:一种投入品的价格下降使生产更有利可图,从而增加供给。
- 技术:技术进步降低了成本,使生产更有利可图,从而增加供给。
- 预期:对未来的预期将影响今天某种物品的供给。
- 卖者数量:卖者数量增加将引起某种物品的市场供给增加,因为有更多的个人供给曲线水平相加。

供给曲线是在其他变量保持不变的情况下,以纵轴代表价格、以横轴代表供给量做出的。因此,一种物品的价格变动表现为沿着供给曲线的变动,而投入品价格、技术、预期和卖者数量的变动引起供给曲线移动。

4. 供给与需求的结合

将供给曲线和需求曲线放在同一个图上时,两者相交被称为市场的**均衡**。均衡是指市场价格达到了使供给量等于需求量时的状况。**均衡价格**,或者市场出清价格,是使需求量与供给量平衡时的价格。在均衡价格,即供给量等于需求量时,我们可以确定**均衡数量**。

市场自然而然地向其均衡变动。如果价格高于均衡价格,供给量大于需求量,存在**过剩**,或者物品的超额供给。过剩引起价格一直下降,直到实现均衡时为止。如果价格低于均衡价格,需求量大于供给量,存在**短缺**,或者物品的超额需求。短缺引起价格一直上升,直到实现均衡时为止。这种使供给量和需求量平衡的价格的自发调整被称为**供求定理**。

当一个经济事件使供给曲线或需求曲线移动时,市场均衡改变了,从而产生一个新的均衡价格与数量。当分析某个事件对市场均衡的影响时,可以运用以下三个步骤:

- 确定该事件是使供给曲线移动、需求曲线移动,还是两者都移动。
- 确定曲线移动的方向。
- 运用供求图说明这种移动如何改变均衡价格和均衡数量。

需求曲线的移动被称为"需求变动"。它是由除物品价格外影响人们希望购买的一种物品量的变量的变动引起的。一种物品的价格变动引起沿着一条既定需求曲线的变动,被称为"需求量的变动"。同样,供给曲线的移动被称为"供给变动"。它是由除物品价格外影响生产者希望出售的一种物品量的变量的变动引起的。一种物品的价格变动引起沿着一条既定供给曲线的变动,被称为"供给量的变动"。

例如,一场霜冻破坏了橙子的收成,从而引起橙子的供给减少(橙子的供给曲线向左移动)。这就使橙子的价格上升,从而也减少了橙子的需求量。换言之,橙子供给减少提高了橙子的价格,并减少了橙子的购买量。

如果供给曲线和需求曲线同时移动,那么均衡价格和数量的变动可能产生不止一种结果。例如,如果需求增加(需求曲线向右移动)而供给减少(供给曲线向左移动),价格肯定上升,但对均衡数量的影响是不确定的。在这种情况下,均衡数量的变动取决于供给曲线和需求曲线移动的大小。

5. 结论:价格如何配置资源

市场会产生均衡价格。这些价格是指导稀缺资源配置的信号。物品的价格会上升到能把物品配置给那些愿意为之支付的人所需要的水平。投入品(比如说劳动)的价格会上升到引起人们去做需要完成的工作的水平。价格协调着分散的决策,以便使所有的工作都有人做,而且,对那些愿意并能够为之支付的人来说,不存在物品与服务的短缺。

4.1.2 有益的提示

(1)直至现在,在学习供给与需求时,大部分学生最大的困难是区分"需求变动"和"需求量的变动",以及区分"供给变动"和"供给量的变动"。记住以下这一点是有帮助的:"需求"是价格和需求量之间的全部关系。这就是说,需求是整个需求曲线,而不是需求曲线上的一点。因此,需求变动是整个需求曲线的移动,它只能由除物品价格外的需求的其他决定因素的变动引起。需求量的变动是沿着需求曲线的变动,是由物品价格的变动引起。同样,"供给"指整个供给曲线,而不是供给曲线上的一点。因此,供给变动是整个供给曲线的移动,它只能由除物品价格外的供给的其他决定因素的变动引起。供给量的变动是沿着供给曲线的变动,是由物品价格的变动引起。

(2)如果供给曲线和需求曲线同时移动,而且我们并不知道各自移动的大小,那么价格和数量的变动就必定有一个是无法确定的。例如,如果供给增加(供给曲线向右移动),需求增加(需求曲线向右移动),则均衡数量肯定会增加,但均衡价格的变动是无法确定的。供给和需求变动的四种可能组合都是如此。你将发现,如果你确切地知道对均衡价格的影响,那么对均衡数量的影响就必定是无法确定的;如果你确切地知道对均衡数量的影响,那么对均衡价格的影响就必定是无法确定的。

4.1.3 术语与定义

为每个关键术语选择一个定义。

关键术语	定义
_____ 市场	1. 均衡价格下的供给量与需求量
_____ 竞争市场	2. 表示一种物品的价格与需求量之间关系的表格
_____ 垄断	3. 表示一种物品的价格与供给量之间关系的表格
_____ 需求量	4. 一种物品价格的上升引起另一种物品需求量增加的两种物品
_____ 需求定理	5. 由某种物品或服务的买者与卖者组成的一个群体
_____ 需求表	6. 只有一个卖者的市场
_____ 需求曲线	7. 在其他条件相同时,收入增加引起需求量减少的物品
_____ 正常物品	8. 需求量大于供给量的状态
_____ 低档物品	9. 供给量大于需求量的状态
_____ 替代品	10. 买者愿意并且能够购买的一种物品的数量
_____ 互补品	11. 市场价格达到使供给量与需求量相等的水平时的状态
_____ 供给量	12. 有许多买者与卖者,以至于每个人对市场价格的影响都微乎其微的市场
_____ 供给定理	13. 认为在其他条件不变时,一种物品价格上升,对该物品的需求量减少的观点
_____ 供给表	14. 表示一种物品的价格与需求量之间关系的图形
_____ 供给曲线	15. 使供给与需求平衡的价格
_____ 均衡	16. 卖者愿意并且能够出售的一种物品的数量
_____ 均衡价格	17. 认为在其他条件不变时,一种物品的价格上升,该物品的供给量增加的观点
_____ 均衡数量	18. 认为任何一种物品的价格都会自发调整,使该物品的供给与需求达到平衡的观点
_____ 过剩	19. 一种物品价格的上升引起另一种物品需求量减少的两种物品
_____ 短缺	20. 在其他条件相同时,收入增加引起需求量增加的物品
_____ 供求定理	21. 表示一种物品的价格与供给量之间关系的图形

4.2 应用题与简答题

4.2.1 应用题

1. 假设我们有以下自行车市场的供给表与需求表:

价格(美元)	需求量	供给量
100	70	30
200	60	40
300	50	50
400	40	60
500	30	70
600	20	80

   a. 在图 4-1 中画出自行车的供给曲线和需求曲线。
   b. 自行车的均衡价格是多少？
   c. 自行车的均衡数量是多少？
   d. 如果自行车的价格是 100 美元，存在过剩还是短缺？有多少单位过剩或短缺？这将引起价格上升还是下降？
   e. 如果自行车的价格是 400 美元，存在过剩还是短缺？有多少单位过剩或短缺？这将引起价格上升还是下降？
   f. 假设自行车制造者的工会为增加工人工资而谈判。此外，再假设这个事件增加了生产成本，使制造自行车的利润减少，而且在每种价格水平上使自行车供给量减少了 20 辆。在图 4-2 中画出新的供给曲线以及原来的供给曲线和需求曲线。自行车市场新的均衡价格和均衡数量是多少？

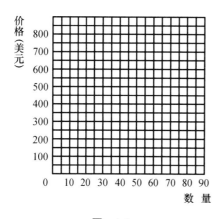

图 4-1   图 4-2

2. 下列每个事件都会对自行车市场产生影响。对每一个事件，哪一条曲线受到影响(自行车的供给曲线还是需求曲线)？向哪个方向移动？对自行车均衡价格和均衡数量带来的影响是什么？
   a. 汽车价格上升。
   b. 消费者的收入减少，而且自行车是正常物品。
   c. 用于制造自行车车架的钢铁价格上升。
   d. 环保运动使消费者的爱好向自行车变动。
   e. 消费者预期未来自行车价格下降。
   f. 发生了制造自行车的技术进步。

g. 自行车防护帽和鞋的价格下降。
h. 消费者的收入减少了，而且自行车是一种低档物品。
3. 以下问题分析了一个供给曲线和需求曲线都移动的市场。
   a. 如果自行车的供给和需求都增加了，自行车市场的均衡价格和数量会发生什么变动？
   b. 如果自行车需求的增加大于供给的增加，自行车市场的均衡价格和数量会发生什么变动？

4.2.2 简答题

1. 完全竞争市场的两个主要特征是什么？
2. 解释需求定理。
3. 除价格外，什么变量会影响消费者希望购买一种物品的数量？
4. 正常物品和低档物品之间的差别是什么？
5. 解释供给定理。
6. 除价格外，什么变量会影响生产者希望出售一种物品的数量？
7. 假设玉米的供给者预期未来的玉米价格上升。这会如何影响玉米的供给与需求，以及均衡价格和均衡数量？
8. 如果一种物品存在过剩，其价格高于还是低于该物品的均衡价格？
9. 假设消费者的收入增加。在汽车（正常物品）市场上，这个事件引起需求增加还是需求量增加？这个事件引起供给增加还是供给量增加？解释之。
10. 假设发生了汽车制造方面的技术进步。在汽车市场上，这个事件引起供给增加还是供给量增加？这个事件引起需求增加还是需求量增加？解释之。

4.3 自我测试题

4.3.1 判断正误题

_____ 1. 完全竞争市场由相互都略有差别的物品组成。
_____ 2. 垄断市场只有一个卖者。
_____ 3. 需求定理说明，一种物品价格上升使该物品需求减少。
_____ 4. 如果苹果和橙子是替代品，苹果价格上升将使橙子的需求减少。
_____ 5. 如果高尔夫俱乐部和高尔夫球是互补品，高尔夫俱乐部价格上升将使高尔夫球的需求减少。
_____ 6. 如果消费者预期鞋的价格上升，今天鞋的需求将会增加。
_____ 7. 供给定理说明，一种物品价格上升使该物品供给量增加。
_____ 8. 钢铁的价格上升将使汽车的供给曲线向右移动。
_____ 9. 当一种物品的价格低于均衡价格时，就会引起过剩。
_____ 10. 市场供给曲线是个人供给曲线的水平相加。
_____ 11. 如果存在一种物品的短缺，该物品的价格倾向于下降。
_____ 12. 如果铅笔和纸是互补品，铅笔价格上升将引起纸的需求减少，或需求曲线向左移动。

_____ 13. 如果可口可乐和百事可乐是替代品,可口可乐价格上升将引起百事可乐市场的均衡价格和均衡数量上升。

_____ 14. 用于制造直排轮滑鞋的技术进步将引起直排轮滑鞋市场的均衡价格下降和均衡数量增加。

_____ 15. 如果咖啡需求减少且供给增加,那么,咖啡市场的均衡价格和数量都将下降。

4.3.2 单项选择题

1. 完全竞争的市场_____。
   a. 只有一个卖者
   b. 至少有几个卖者
   c. 有许多买者和卖者
   d. 有能确定自己价格的企业
   e. 以上各项都不是

2. 如果蓝牛仔裤价格上升引起网球鞋需求增加,那么,蓝牛仔裤和网球鞋是_____。
   a. 替代品
   b. 互补品
   c. 正常物品
   d. 低档物品
   e. 以上各项都不是

3. 需求定理说明,一种物品价格上升引起_____。
   a. 该物品需求减少
   b. 该物品需求量减少
   c. 该物品供给增加
   d. 该物品供给量增加
   e. 以上各项都不是

4. 供给定理说明,一种物品价格上升引起_____。
   a. 该物品需求减少
   b. 该物品需求量减少
   c. 该物品供给增加
   d. 该物品供给量增加
   e. 以上各项都不是

5. 如果消费者收入增加引起野营设备需求减少,那么,野营设备是_____。
   a. 互补品
   b. 替代品
   c. 正常物品
   d. 低档物品
   e. 以上各项都不是

6. 垄断市场_____。
   a. 只有一个卖者
   b. 至少有几个卖者
   c. 有许多买者与卖者
   d. 有作为价格接受者的企业
   e. 以上各项都不是

7. 下列哪个事件使手表的需求曲线向右移动?
   a. 手表的价格下降。
   b. 如果手表是正常物品,消费者收入减少。
   c. 如果手表电池与手表是互补品,手表电池价格下降。
   d. 手表的价格上升。
   e. 以上各项都不是。

8. 以下各项都使手表的供给曲线向右移动,除了_____。
   a. 手表的价格上升
   b. 用于制造手表的技术进步
   c. 用于制造手表的工人工资下降
   d. 制造者预期未来手表价格下降
   e. 以上各项都引起手表供给增加

9. 如果一种物品价格高于均衡价格,则_____。
   a. 存在过剩,而且价格将上升
   b. 存在过剩,而且价格将下降
   c. 存在短缺,而且价格将上升
   d. 存在短缺,而且价格将下降
   e. 需求量等于供给量,而且价格保持不变

10. 如果一种物品价格低于均衡价格，则_____。
    a. 存在过剩，而且价格将上升
    b. 存在过剩，而且价格将下降
    c. 存在短缺，而且价格将上升
    d. 存在短缺，而且价格将下降
    e. 需求量等于供给量，而且价格保持不变

11. 如果一种物品的价格等于均衡价格，则_____。
    a. 存在过剩，而且价格将上升
    b. 存在过剩，而且价格将下降
    c. 存在短缺，而且价格将上升
    d. 存在短缺，而且价格将下降
    e. 需求量等于供给量，而且价格保持不变

12. 一种物品需求增加（需求曲线向右移动）将会引起_____。
    a. 均衡价格和数量增加
    b. 均衡价格和数量减少
    c. 均衡价格上升，而均衡数量减少
    d. 均衡价格下降，而均衡数量增加
    e. 以上各项都不是

13. 一种物品供给减少（供给曲线向左移动）将会引起_____。
    a. 均衡价格和数量增加
    b. 均衡价格和数量减少
    c. 均衡价格上升，而均衡数量减少
    d. 均衡价格下降，而均衡数量增加
    e. 以上各项都不是

14. 假设个人电脑的供给和需求都增加。在个人电脑市场上，我们可以预期_____。
    a. 均衡数量增加，均衡价格上升
    b. 均衡数量增加，均衡价格下降
    c. 均衡数量增加，均衡价格保持不变
    d. 均衡数量增加，均衡价格的变动是无法确定的
    e. 均衡数量的变动是无法确定的，均衡价格上升

15. 假设个人电脑的供给和需求都增加。再假设个人电脑供给的增加大于个人电脑需求的增加。在个人电脑市场上，我们可以预期_____。
    a. 均衡数量增加，均衡价格上升
    b. 均衡数量增加，均衡价格下降
    c. 均衡数量增加，均衡价格保持不变
    d. 均衡数量增加，均衡价格的变动是无法确定的
    e. 均衡数量的变动是无法确定的，均衡价格下降

16. 下面哪一种关于莴苣价格上升影响的表述是正确的？
    a. 莴苣的需求将减少。
    b. 莴苣的供给将减少。
    c. 沙拉调味品的均衡价格和数量将增加。
    d. 沙拉调味品的均衡价格和数量将减少。
    e. a 和 b 都对。

17. 假设一场霜冻摧毁了佛罗里达的橙子收成。同时，假设消费者的爱好转向了橙汁。我们预期在橙汁市场上均衡价格和数量会发生什么变动？
    a. 价格将上升，数量是无法确定的。
    b. 价格将上升，数量将增加。
    c. 价格将上升，数量将减少。
    d. 价格将下降，数量是无法确定的。
    e. 对价格和数量的影响都是不确定的。

18. 假设消费者的爱好转向苹果消费。以下哪一种说法是对苹果市场上这个事件的影响的正确描述？
    a. 苹果的需求增加，苹果的供给量增加。
    b. 苹果的需求和供给都增加。
    c. 苹果的需求量增加，苹果的供给增加。
    d. 苹果的需求增加，苹果的供给

　　　　减少。
　　e. 苹果的需求量减少,苹果的供给增加。

19. 假设小麦的买者和卖者都预期近期内小麦价格将上升。我们预期今天的小麦市场上均衡价格和数量会发生什么变动?
　　a. 对价格和数量的影响都是无法确定的。
　　b. 价格将上升,数量是不确定的。
　　c. 价格将上升,数量将增加。
　　d. 价格将上升,数量将减少。
　　e. 价格将下降,数量是不确定的。

20. 低档物品是收入增加引起_____的物品。
　　a. 供给增加
　　b. 供给减少
　　c. 需求增加
　　d. 需求减少

4.4　进阶思考题

你正在收看新闻播报。据报道,提前到来的暴风雪将袭击华盛顿州,并且很可能摧毁今年的苹果收成。你的室友说:"如果能得到的苹果少了,我相信苹果价格将上升。我们应该购买大量苹果并贮藏起来。以后我们出售这些苹果就会赚一大笔钱。"

1. 如果这条有关暴风雪的信息是可以公开获得的,所以苹果市场上的所有买者和卖者都预期未来苹果价格上升,那么,现在苹果的需求与供给,以及苹果的均衡价格和数量会发生什么变动呢?
2. 你能用公开信息"战胜市场"吗?也就是说,你能利用公开获得的信息去帮助你廉价地购买某种东西,并迅速以高价格卖出吗?为什么?
3. 假设你的朋友在美国气象局工作。她打电话给你,并向你提供关于暴风雪来临的内部信息——公众得不到的信息。你能用内部信息"战胜市场"吗?为什么?

习　题　答　案

4.1.3　术语与定义

5	市场	16	供给量
12	竞争市场	17	供给定理
6	垄断	3	供给表
10	需求量	21	供给曲线
13	需求定理	11	均衡
2	需求表	15	均衡价格
14	需求曲线	1	均衡数量
20	正常物品	9	过剩
7	低档物品	8	短缺
4	替代品	18	供求定理
19	互补品		

4.2.1 应用题

1. a. 参看图 4-3。
   b. 300 美元。
   c. 50 辆自行车。
   d. 短缺,70 - 30 = 40 辆,价格将上升。
   e. 过剩,60 - 40 = 20 辆,价格将下降。
   f. 参看图 4-4,均衡价格为 400 美元,均衡数量为 40 辆自行车。

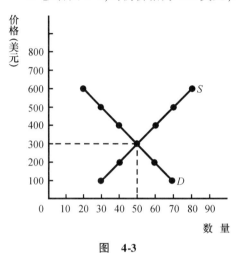

图 4-3

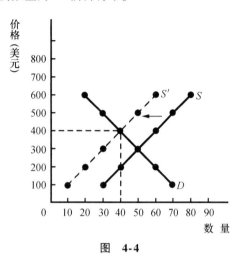

图 4-4

2. a. 需求曲线,向右移动,均衡价格和数量上升。
   b. 需求曲线,向左移动,均衡价格和数量下降。
   c. 供给曲线,向左移动,均衡价格上升,均衡数量下降。
   d. 需求曲线,向右移动,均衡价格和数量上升。
   e. 需求曲线,向左移动,均衡价格和数量下降。
   f. 供给曲线,向右移动,均衡价格下降,均衡数量上升。
   g. 需求曲线,向右移动,均衡价格和数量上升。
   h. 需求曲线,向右移动,均衡价格和数量上升。
3. a. 均衡数量将上升,均衡价格是不确定的。
   b. 均衡价格和数量都将上升。

4.2.2 简答题

1. 用于销售的物品都是相同的;有如此多的买者和卖者,以至于没有一个买者或卖者可以影响市场价格。
2. 在其他条件不变时,一种物品的价格与需求量负相关。
3. 这些变量是收入、相关物品的价格、爱好、预期与市场上的买者数量。
4. 当收入增加时,正常物品的需求增加或者说需求曲线向右移动。当收入增加时,低档物品的需求减少或者说需求曲线向左移动。

5. 在其他条件不变时,一种物品的价格与供给量正相关。
6. 这些变量是投入品价格、技术、预期和市场上的卖者数量。
7. 因为卖者预期未来价格上升从而利润增加,所以他们会保留所提供的东西,现在市场上玉米的供给减少(供给曲线向左移动)。如果只有卖者预期价格上升,需求就不受影响。均衡价格将上升,而均衡数量将下降。
8. 价格应该高于均衡价格。
9. 汽车的需求增加,这是指整个需求曲线向右移动。这意味着随着价格上升沿着一条固定供给曲线的变动。价格上升引起汽车的供给量增加,但汽车的供给并没有增加。
10. 汽车的供给增加,这是指整个供给曲线向右移动。这意味着随着价格下降沿着一条固定需求曲线的变动。价格下降引起汽车的需求量增加,但汽车的需求并没有增加。

4.3.1 判断正误题

1. 错误;完全竞争市场上用于销售的物品是完全相同的。
2. 正确。
3. 错误;需求定理说明,一种物品价格上升引起该物品需求量减少(沿着需求曲线的变动)。
4. 错误;它将增加橙子的需求。
5. 正确。
6. 正确。
7. 正确。
8. 错误;一种投入品价格上升使产出的供给曲线向左移动。
9. 错误;它引起超额需求。
10. 正确。
11. 错误;超额需求引起价格上升。
12. 正确。
13. 正确。
14. 正确。
15. 错误;均衡价格下降,但对均衡数量的影响是无法确定的。

4.3.2 单项选择题

1. c 2. a 3. b 4. d 5. d 6. a 7. c 8. a 9. b 10. c
11. e 12. a 13. c 14. d 15. b 16. d 17. a 18. a 19. b 20. d

4.4 进阶思考题

1. 由于卖者希望以后以高价出售苹果,现在减少供给(供给曲线向左移动);而由于买者希望在价格上升之前购买苹果,需求增加(需求曲线向右移动)。所以价格将马上上升,而交易量是无法确定的。
2. 不能。通常市场会迅速调整,以至于在业余的投机者能进行购买之前,价格已经变动到其新的均衡值。
3. 能。在这种情况下,你可以在市场对暴风雪的信息做出反应之前来购买。

第 5 章
弹性及其应用

目 标

在本章中你将
- 学习需求弹性的含义
- 考察决定需求弹性的因素是什么
- 学习供给弹性的含义
- 考察决定供给弹性的因素是什么
- 在三种非常不同的市场上运用弹性的概念

效 果

在实现这些目标之后,你应该能
- 计算需求的价格弹性和收入弹性
- 区分必需品和奢侈品的需求价格弹性
- 计算供给的价格弹性
- 区分缺乏弹性和富有弹性的供给曲线
- 说明需求价格弹性对总收益的影响

5.1 本章概述

5.1.1 本章复习

在第4章中,我们知道了,在市场上,价格上升会减少需求量并增加供给量。在本章中,我们将提出弹性的概念,以便分析需求量和供给量对价格这类市场条件变动的反应程度会有多大。

1. 需求弹性

为了衡量需求对其决定因素变动的反应,我们使用**弹性**的概念。**需求价格弹性**衡量一种物品需求量对该物品价格变动的反应程度,用需求量变动百分比除以价格变动百分比来计算。

如果价格变动引起需求量相当大的变动,那么需求是**富有弹性**的。如果价格变动引起需求量微小的变动,那么需求是**缺乏弹性**的。需求曲线对价格是富有弹性还是缺乏弹性取决于以下因素:

- 相近替代品的可获得性:有相近替代品的物品对价格变动更敏感,从而富有价格弹性。
- 必需品与奢侈品:必需品的需求是缺乏弹性的,而奢侈品的需求是富有弹性的。由于一个人生活中不能没有必需品,因此,价格上升对需求量的影响微不足道。但是,价格上升会大大减少奢侈品的需求量。
- 市场的定义:我们定义的市场范围越狭窄,相近的替代品就可能越多,从而需求曲线就更加富有价格弹性。
- 时间范围:我们研究的时间段越长,相近替代品的可获得性就越大,从而需求曲线更加富有价格弹性。

计算需求价格弹性的公式是:

$$需求价格弹性 = \frac{需求量变动百分比}{价格变动百分比}$$

由于需求价格弹性总是负的,习惯上把负号去掉,表示为正数。

当我们计算一条需求曲线上任意两点间的价格弹性时,如果我们用价格变动和数量变动除以各自的起始值得到百分比,那么根据我们选择哪一点作为开始以及哪一点作为结束,我们会得出不同的答案。为了避免这个问题,经济学家通常用中点法来计算弹性。用这种方法时,对于数量和价格变动百分比的计算,我们是用变量的变动除以曲线上两点间的均值或中值,而不是除以曲线的起点值。因此,用中点法计算的需求价格弹性公式是:

$$需求价格弹性 = \frac{(Q_2 - Q_1)/[(Q_2 + Q_1)/2]}{(P_2 - P_1)/[(P_2 + P_1)/2]}$$

如果需求价格弹性大于1,需求就富有弹性;如果弹性小于1,需求就缺乏弹性;如果弹性等于1,我们就说需求有单位弹性;如果弹性是零,需求完全无弹性(垂直的);如果弹性无穷大,需求完全有弹性(水平的)。一般来说,需求曲线越平坦,越富有弹性;需求曲线越陡峭,越缺乏弹性。

总收益是买者支付的量和卖者得到的量,用价格乘以销售量来计算。需求弹性决定了价格变动对总收益的影响：
- 如果需求缺乏价格弹性（价格弹性小于1），价格上升将使总收益增加，因为价格上升的比例大于需求量减少的比例。
- 如果需求富有价格弹性（价格弹性大于1），价格上升将使总收益减少，因为需求量减少的比例大于价格上升的比例。
- 如果需求有单位弹性（价格弹性正好等于1），价格变动并不影响总收益，因为价格上升的比例等于需求量减少的比例。

沿着一条线性需求曲线，价格弹性并不是不变的。当价格高而数量少时，价格弹性大，因为价格变动引起需求量变动的百分比大；当价格低而数量多时，价格弹性小，因为价格变动引起需求量变动的百分比小。

还有其他需求弹性。**需求收入弹性**衡量一种物品需求量对消费者收入变动的反应程度，用需求量变动百分比除以收入变动百分比来计算，即

$$需求收入弹性 = \frac{需求量变动百分比}{收入变动百分比}$$

对于**正常物品**，其需求收入弹性是正的。对于**低档物品**，其需求收入弹性是负的。在正常物品范围之内，食物这类必需品的需求收入弹性较小，因为当收入变动时，需求量变动很小。奢侈品的需求收入弹性较大。

需求的交叉价格弹性衡量一种物品需求量变动对另一种物品价格变动的反应程度，用一种物品需求量变动百分比除以另一种物品价格变动百分比来计算，即

$$需求的交叉价格弹性 = \frac{物品1需求量变动百分比}{物品2价格变动百分比}$$

替代品的需求交叉价格弹性是正的，而**互补品**的需求交叉价格弹性是负的。

2. 供给弹性

供给价格弹性衡量一种物品供给量对该物品价格变动的反应程度，用供给量变动百分比除以价格变动百分比来计算。

如果价格变动引起的供给量变动大，那么供给是富有弹性的。如果价格变动引起的供给量变动小，那么供给是缺乏弹性的。当卖者可以更灵活地改变他们生产的一种物品的数量以应对价格变动时，供给更富有弹性。一般来说，所考察的时间越短，卖者选择生产多少的灵活性越小，供给曲线也就越缺乏弹性。

计算供给价格弹性的公式是：

$$供给价格弹性 = \frac{供给量变动百分比}{价格变动百分比}$$

如果供给价格弹性大于1，供给就富有弹性；如果弹性小于1，供给就缺乏弹性；如果弹性等于1，供给有单位弹性；如果弹性是零，供给完全无弹性（垂直的）；如果弹性无穷大，供给完全有弹性（水平的）。一般来说，供给曲线越平坦，越富有弹性；供给曲线越陡峭，越缺乏弹性。

沿着一条既定的供给曲线，供给价格弹性并不是不变的。在数量少时，价格小幅度上升会刺激供给量大幅增加，因为生产设备有过剩的生产能力，因此，价格弹性大。在数量多时，价格大幅度上升可能只引起供给量小幅增加，因为生产设备处于充分利用状态，因此，价格弹性小。

3. 供给、需求和弹性的三个应用

- 农产品市场：技术进步使农产品供给曲线向右移动。但是，食物的需求通常是缺乏弹性的（陡峭），因为食物并不昂贵，而且是必需品。结果，供给曲线向右上方移动引起均衡价格大幅度下降，以及均衡数量少量增加。因此，不得不承认的是，农业技术进步减少了农民这个群体的总收益。

- 石油市场：在20世纪70年代和80年代初期，石油输出国组织（OPEC）为了提高价格而减少石油产量。在短期中，石油的需求是缺乏弹性的（陡峭），因为消费者不容易找到替代品。因此，供给减少大大提高了石油价格，并增加了生产者的总收益。但是，在长期中，消费者找到了替代品，并开更省油的汽车，这使石油需求变得富有弹性，而且，生产者开采出更多石油，这使供给变得富有弹性。结果，短期中石油价格大幅度上升，长期中则上升幅度并不大。

- 毒品市场：在短期中，毒品的需求是较为缺乏弹性的。这导致减少毒品供给的禁毒政策往往使毒品价格大幅度上升，而消费量下降则很少，因此，吸毒者支付的总收益增加了。吸毒者所需资金增加，这可能会引起与毒品相关的犯罪增加。在长期中，这种总收益和犯罪的增加是较少的，因为随着时间推移，毒品的需求会变得更富有弹性。换句话说，在长期中，旨在减少毒品需求的政策减少了毒品市场上的总收益，并减少了与毒品相关的犯罪。

4. 结论

供给和需求工具使你可以分析影响经济的最重要的事件和政策。

5.1.2　有益的提示

（1）记住富有弹性和缺乏弹性这两个术语之间差别的一种简单易行的方法是用敏感性这个词代替弹性。例如，需求价格弹性变为需求价格敏感性。如果需求量对价格变动敏感（需求曲线较为平坦），需求就富有弹性。如果需求量对价格变动不敏感（需求曲线较为陡峭），需求就缺乏弹性。同样的情况对于供给价格弹性也是适用的。如果供给量对价格变动敏感，供给就富有弹性。如果供给量对价格变动不敏感，供给就缺乏弹性。

（2）虽然弹性和斜率有相似之处，但它们并不一样。沿着一条直线，斜率是不变的。在一条直线上，斜率（向上量对向前量）在任何地方都是相同的，而且可以用因变量的变动除以自变量的变动来衡量。但是，弹性是用因变量变动的百分比除以自变量变动的百分比来衡量的。沿着一条直线上的弹性值是变动的，因为与最初值大的情况相反，当最初值小时，变量的一单位变动会产生较大的百分比变动。但是，实际中，认为较平坦的曲线倾向于更富有弹性而较陡峭的曲线倾向于更缺乏弹性是合理的。

（3）"弹性"这个术语用于描述数量的伸缩（或变动）对一些经济事件如价格或收入变动的反应程度。如果当价格或收入变动时，数量的伸缩大，就认为它是富有弹性的。以下这个记忆图像也会有助于你计算弹性——分子表示数量变动的百分比，分母表示引起数量变动的变量变动的百分比。

5.1.3　术语与定义

为每个关键术语选择一个定义。

关键术语	定 义
_____ 弹性	1. 衡量一种物品需求量对消费者收入变动反应程度的指标
_____ 需求价格弹性	2. 当需求量或供给量对其某种决定因素的变动做出很大的反应时
_____ 富有弹性	3. 以负收入弹性为特征的物品
_____ 缺乏弹性	4. 衡量需求量或供给量对其某种决定因素的反应程度的指标
_____ 总收益	5. 以正收入弹性为特征的物品
_____ 需求收入弹性	6. 衡量一种物品供给量对其价格变动反应程度的指标
_____ 需求的交叉价格弹性	7. 当需求量或供给量对其某种决定因素的变动做出很小的反应时
_____ 供给价格弹性	8. 一种物品的买者支付从而卖者得到的量,用该物品的价格乘以销售量($P \times Q$)来计算
_____ 正常物品	9. 衡量一种物品需求量对其价格变动反应程度的指标
_____ 低档物品	10. 衡量一种物品的需求量对另一种物品价格变动的反应程度的指标

5.2 应用题与简答题

5.2.1 应用题

1. 对于下列每一对物品/服务,你预期哪一种的需求更富有弹性?为什么?
   a. 香烟;初春到佛罗里达的旅游
   b. 下个月的艾滋病疫苗;以后5年的艾滋病疫苗
   c. 啤酒;百威啤酒
   d. 胰岛素;阿司匹林

2. 假设《每日新闻》估计,如果它把自己报纸的价格从1美元提高到1.5美元,那么订户数将从5万下降到4万。
   a. 当用中点法计算弹性时,《每日新闻》的需求价格弹性是多少?
   b. 使用中点法的好处是什么?
   c. 如果《每日新闻》只关心总收益最大化,它应该把报纸的价格从1美元提高到1.5美元吗?为什么?

3. 下表提供了小镇汽车旅馆房间的需求表。用所提供的信息填充此表。根据你在表中填写的内容回答以下问题。用中点法来计算用于生成弹性的百分比变动。

价格（美元）	需求量	总收益（美元）	价格变动百分比（%）	数量变动百分比（%）	弹性
20	24	——			
40	20	——	——	——	——
60	16	——	——	——	——
80	12	——	——	——	——
100	8	——	——	——	——
120	4	——	——	——	——

  a. 在哪个价格范围内汽车旅馆房间的需求富有弹性？为了使总收益最大化，小镇汽车旅馆应该在这个范围内提价还是降价？
  b. 在哪个价格范围内汽车旅馆房间的需求缺乏弹性？为了使总收益最大化，小镇汽车旅馆应该在这个范围内提价还是降价？
  c. 在哪个价格范围内汽车旅馆房间的需求有单位弹性？为了使总收益最大化，小镇汽车旅馆应该在这个范围内提价还是降价？
4. 当消费者收入从5万美元增加到6万美元时，第3题的需求表变成了以下的需求表。用这些信息回答以下问题。用中点法来计算用于生成弹性的百分比变动。

价格（美元）	收入为5万美元时的需求量	收入为6万美元时的需求量
20	24	34
40	20	30
60	16	26
80	12	22
100	8	18
120	4	14

  a. 当旅馆以40美元出租房间时，需求收入弹性是多少？
  b. 当旅馆以100美元出租房间时，需求收入弹性是多少？
  c. 汽车旅馆房间是正常物品还是低档物品？为什么？
  d. 汽车旅馆房间可能是必需品还是奢侈品？为什么？
5. 对下列每一对物品，你预期哪一种物品的供给更富有弹性？为什么？
  a. 电视机；海滨房产
  b. 下一周的原油；明年的原油
  c. 凡·高的油画；凡·高油画的印刷品

5.2.2 简答题

1. 需求价格弹性的四个主要决定因素是什么？
2. 如果需求是缺乏弹性的，则价格上升将增加还是减少总收益？为什么？
3. 如果汽水的价格翻了一番，从每罐1美元上升到每罐2美元，而你仍购买相同的量，那么你的汽水需求价格弹性是多少？需求富有弹性还是缺乏弹性？
4. 如果百事可乐的价格上升了1美分，而且这使你完全不再买百事可乐而转向可口可乐，那么你对百事可乐的需求价格弹性是多少？需求富有弹性还是缺乏弹性？

5. 假设你的收入增加了20%,而你对鸡蛋的需求量减少了10%,那么你对鸡蛋的需求收入弹性是多少? 对你来说,鸡蛋是正常物品还是低档物品?
6. 假设一个企业用一半的生产能力运营。其产出的供给曲线是较为富有弹性还是缺乏弹性? 为什么?
7. 当在一天的范围内来衡量鲜鱼的供给价格弹性时,它可能是富有弹性还是缺乏弹性? 为什么?
8. 如果需求曲线是线性的,那么沿着需求曲线的弹性不变吗? 哪一部分会富有弹性? 哪一部分会缺乏弹性? 为什么?
9. 假设玉米的价格为每蒲式耳2美元时,供给量是2 500万吨;价格为每蒲式耳3美元时,供给量是3 000万吨。玉米的供给弹性是多少? 供给是富有弹性还是缺乏弹性?
10. 假设当苹果的价格上升20%时,橙子的需求量增加了6%。苹果和橙子之间的需求交叉价格弹性是多少? 这两种物品是替代品还是互补品?

5.3 自我测试题

5.3.1 判断正误题

_____ 1. 如果一种物品的需求量对该物品价格的变动敏感,可以说需求缺乏价格弹性。

_____ 2. 用中点法计算弹性,如果铅笔的价格由10美分上升到20美分,需求量从1 000支减少到500支,那么,铅笔的需求具有单位价格弹性。

_____ 3. 对轮胎的需求应该比对固特异牌轮胎的需求更缺乏弹性。

_____ 4. 这个月阿司匹林的需求应该比今年阿司匹林的需求更富有弹性。

_____ 5. 需求价格弹性的定义为某种物品价格变动的百分比除以该物品需求量变动的百分比。

_____ 6. 如果两种物品之间的需求交叉价格弹性是正的,那么这两种物品可能是互补品。

_____ 7. 如果一种物品的需求缺乏价格弹性,那么,其价格上升将增加那个市场上的总收益。

_____ 8. 对必需品如胰岛素的需求往往是富有弹性的。

_____ 9. 如果需求曲线是线性的,那么沿着这条曲线的需求价格弹性是不变的。

_____ 10. 如果乘公共汽车的需求收入弹性是负的,那么,乘公共汽车就是低档物品。

_____ 11. 本周的汽车供给很可能比今年的汽车供给更为缺乏价格弹性。

_____ 12. 如果蓝色牛仔裤的供给价格弹性是1.3,那么,蓝色牛仔裤的价格上升10%,它的供给量就会增加13%。

_____ 13. 随着企业的生产设备达到其最大生产能力,供给倾向于更缺乏价格弹性。

_____ 14. 技术进步使市场供给曲线向右移动,这种情况会增加生产者获得的总收益。

_____ 15. 钻石等奢侈品的需求收入弹性往往很大(大于1)。

5.3.2 单项选择题

1. 如果一种物品价格小幅上涨导致该物品的需求量大大减少，那么，该物品的需求是_____。
   a. 缺乏价格弹性的
   b. 富有价格弹性的
   c. 单位价格弹性的
   d. 缺乏收入弹性的
   e. 富有收入弹性的

2. 需求价格弹性的定义为_____。
   a. 一种物品价格变动的百分比除以该物品需求量变动的百分比
   b. 收入变动的百分比除以需求量变动的百分比
   c. 一种物品需求量变动的百分比除以该物品价格变动的百分比
   d. 需求量变动的百分比除以收入变动的百分比
   e. 以上各项都不是

3. 一般来说，需求曲线越平坦，越可能的情况是_____。
   a. 富有价格弹性
   b. 缺乏价格弹性
   c. 单位价格弹性
   d. 以上各项都不对

4. 一般来说，供给曲线越陡峭，越可能的情况是_____。
   a. 富有价格弹性
   b. 缺乏价格弹性
   c. 单位价格弹性
   d. 以上各项都不对

5. 下列哪一种情况会引起一种物品的需求曲线缺乏价格弹性？
   a. 该物品有大量替代品。
   b. 该物品是低档物品。
   c. 该物品是奢侈品。
   d. 该物品是必需品。

6. 下列哪一种物品的需求可能是最缺乏价格弹性的？
   a. 飞机票。
   b. 公共汽车票。
   c. 乘出租汽车。
   d. 交通。

7. 如果两种物品之间的交叉价格弹性是负的，那么，这两种物品很可能是_____。
   a. 奢侈品
   b. 必需品
   c. 互补品
   d. 替代品

8. 如果一种物品的供给曲线是富有价格弹性的，那么_____。
   a. 供给量对该物品的价格变动是敏感的
   b. 供给量对该物品的价格变动是不敏感的
   c. 需求量对该物品的价格变动是敏感的
   d. 需求量对该物品的价格变动是不敏感的
   e. 以上各项都不对

9. 如果一个渔民在鱼腐烂之前无论得到什么价格都必须把他当天捕到的鱼卖出去，那么一旦捕到了鱼，渔民对鲜鱼的供给价格弹性就是_____。
   a. 0
   b. 1
   c. 无限大
   d. 根据这个信息不能来判断

10. 在某个市场上供给减少（向左移动）会带来总收益增加的条件是_____。
    a. 供给是富有价格弹性的
    b. 供给是缺乏价格弹性的
    c. 需求是富有价格弹性的
    d. 需求是缺乏价格弹性的

11. 如果一种物品价格上升对那个市场的总收益没有影响，需求必须是_____。
    a. 缺乏价格弹性
    b. 富有价格弹性
    c. 单位价格弹性
    d. 以上各项都是

12. 如果消费者总是把他们收入的15%用于食物，那么，食物的需求收入弹性是_____。
    a. 0.15
    b. 1.00
    c. 1.15
    d. 1.50
    e. 以上各项都不对

13. 农业技术进步使农产品供给向右移动，这使得_____。
    a. 农民整体的总收益减少，因为食物的需求缺乏弹性
    b. 农民整体的总收益减少，因为食物的需求富有弹性
    c. 农民整体的总收益增加，因为食物的需求缺乏弹性
    d. 农民整体的总收益增加，因为食物的需求富有弹性

14. 如果供给是缺乏价格弹性的，供给价格弹性的值必定是_____。
    a. 0
    b. 小于1
    c. 大于1
    d. 无限大
    e. 以上各项都不对

15. 如果存在生产设备的能力过剩，则企业的供给曲线很可能_____。
    a. 缺乏价格弹性
    b. 富有价格弹性
    c. 单位价格弹性
    d. 以上各项都不对

根据以下信息回答第16—17题。假设当小镇有线电视每月的价格为30美元时，订户为3万户。如果把小镇有线电视每月的价格提高到40美元，订户将减少为2万户。

16. 用中点法计算弹性，小镇有线电视的需求价格弹性是多少？
    a. 0.66。
    b. 0.75。
    c. 1.0。
    d. 1.4。
    e. 2.0。

17. 在以下哪一种价格时，小镇有线电视赚到的总收益最大？
    a. 每月30或40美元，因为需求价格弹性是1.0。
    b. 每月30美元。
    c. 每月40美元。
    d. 每月0美元。

18. 如果需求是线性的（一条直线），那么_____。
    a. 需求价格弹性沿着需求曲线不变
    b. 需求曲线上半部分缺乏弹性，而下半部分富有弹性
    c. 需求曲线上半部分富有弹性，而下半部分缺乏弹性
    d. 需求曲线全都富有弹性
    e. 需求曲线全都缺乏弹性

19. 如果一种物品的需求收入弹性是负的，它必定是_____。
    a. 奢侈品
    b. 正常物品
    c. 低档物品
    d. 富有弹性的物品

20. 如果消费者认为一种物品很少有替代品，那么_____。
    a. 供给将是富有价格弹性的
    b. 供给将是缺乏价格弹性的
    c. 需求将是富有价格弹性的
    d. 需求将是缺乏价格弹性的
    e. 以上各项都不对

5.4 进阶思考题

为了减少青少年吸烟,政府对每盒香烟征收 2 美元的包装税。一个月以后,尽管对消费者来说价格大大上升,但香烟的需求量只有微不足道的减少。

1. 在一个月内香烟的需求富有弹性还是缺乏弹性?
2. 假设你负责一家烟草企业的产品定价。企业总裁建议,上月的证据表明香烟行业应该团结起来进一步提高香烟价格,因为香烟行业的总收益肯定会增加。你们企业总裁的想法正确吗?为什么?
3. 另一种情况,假设你们烟草企业的总裁建议,你们烟草企业应该不管其他烟草企业,提高自己香烟的价格,因为证据显然表明吸烟者对香烟价格的变动并不敏感。如果企业总裁想使总收益最大化,他这样做正确吗?为什么?

习 题 答 案

5.1.3 术语与定义

4	弹性	1	需求收入弹性
9	需求价格弹性	10	需求的交叉价格弹性
2	富有弹性	6	供给价格弹性
7	缺乏弹性	5	正常物品
8	总收益	3	低档物品

5.2.1 应用题

1. a. 到佛罗里达旅游,因为这是奢侈品,而香烟是必需品(对吸烟者而言)。
   b. 以后 5 年的艾滋病疫苗,因为在这个时期内可能开发出更多替代品(替代药物),而且,在更长的时期内,消费者的行为也可能改变。
   c. 百威啤酒,因为它的市场定义比啤酒更狭窄,因此百威啤酒比啤酒有更多的替代品。
   d. 阿司匹林,因为阿司匹林有许多替代品,而胰岛素没什么替代品。
2. a. (10 000/45 000)/(0.50 美元/1.25 美元) = 0.56
   b. 用中点法,因为无论价格从 1 美元开始上升到 1.5 美元,还是从 1.5 美元开始下降到 1 美元,弹性的值都是相同的。
   c. 是的。因为需求价格弹性小于 1(缺乏弹性),价格上升将增加总收益。

3.

价格 （美元）	需求量	总收益 （美元）	价格变动百分比 （%）	数量变动百分比 （%）	弹性
20	24	480	0.67	0.18	0.27
40	20	800	0.40	0.22	0.55
60	16	960	0.29	0.29	1.00
80	12	960	0.22	0.40	1.82
100	8	800	0.18	0.67	3.72
120	4	480			

    a. 80—120 美元；降低其价格。

    b. 20—60 美元；提高其价格。

    c. 60—80 美元；降价或提价都没有关系。因为在这些价格时，价格变动与需求量变动是同比例的，以至于总收益不变。

4. a. (10/25)/(10 000 美元/55 000 美元) = 2.2

   b. (10/13)/(10 000 美元/55 000 美元) = 4.2

   c. 正常物品，因为需求收入弹性是正的。

   d. 奢侈品，因为需求收入弹性大（大于1）。在这种情况下，收入增加18%引起需求量大幅增加。

5. a. 电视机，因为电视机价格上升可以引起电视机生产增加，而海滨地产的数量是固定的。

   b. 明年的原油，因为在明年增加石油生产会比在下周增加石油生产更容易。

   c. 凡·高油画的印刷品，因为价格上升就可以更多地印刷，而原作的数量是固定的。

5.2.2 简答题

1. 物品是必需品还是奢侈品，相近替代品的可获得性，市场的定义如何，以及衡量需求的时间范围。
2. 将增加总收益；因为如果需求缺乏弹性，与价格大幅度上升相伴的是需求量小幅减少。
3. 零，因此需求可以被认为完全无弹性。
4. 无限大，因此需求可以被认为完全有弹性。
5. $-0.10/0.20 = -1/2$。鸡蛋是低档物品。
6. 富有弹性，因为价格的小幅度上升引起企业生产的大量增加。
7. 缺乏弹性（接近垂直），因为一旦捕到了鱼，销售量就是固定的，而且，无论价格如何，在腐烂之前都必须卖出去。
8. 不是。上半部分倾向于富有弹性，而下半部分倾向于缺乏弹性。这是因为在上半部分，举例来说，价格变动1单位时变动的百分比小，而数量变动1单位则变动的百分比大。在需求曲线下半部分，这种效应正好相反。
9. $\dfrac{(30-25)/[(25+30)/2]}{(3-2)/[(2+3)/2]} = 0.45$，因此，供给缺乏弹性。
10. $0.06/0.20 = 0.30$，苹果和橙子是替代品，因为交叉价格弹性是正的（苹果价格上升，橙子的需求量增加）。

5.3.1 判断正误题

1. 错误;需求富有价格弹性。
2. 正确。
3. 正确。
4. 错误;考虑的时间越长,需求曲线就越富有价格弹性,因为消费者有机会替代或改变自己的行为。
5. 错误;需求价格弹性的定义为一种物品需求量变动的百分比除以该物品价格变动的百分比。
6. 错误;这两种物品可能是替代品。
7. 正确。
8. 错误;必需品的需求是缺乏弹性的。
9. 错误;在其上半部分富有价格弹性,而在其下半部分缺乏价格弹性。
10. 正确。
11. 正确。
12. 正确。
13. 正确。
14. 错误;只有在需求富有价格弹性时,它才能增加总收益。
15. 正确。

5.3.2 单项选择题

1. b   2. c   3. a   4. b   5. d   6. d   7. c   8. a   9. a   10. d
11. c   12. b   13. a   14. b   15. b   16. d   17. b   18. c   19. c   20. d

5.4 进阶思考题

1. 缺乏弹性。
2. 不一定正确。在长期中需求总是更富有弹性。就香烟的情况而言,一些消费者可以用雪茄与烟斗替代;另一些消费者也许会放弃香烟或不再吸烟。
3. 不正确。香烟(宽泛的市场定义)的需求可能是缺乏弹性的,但任何一种品牌的香烟(狭义的市场定义)的需求弹性可能大得多,因为消费者可以用另一种价格低的品牌来替代。

第6章
供给、需求与政府政策

目　标

在本章中你将
- 考察政府实行价格上限政策的影响
- 考察政府实行价格下限政策的影响
- 思考对一种物品征税如何影响它的价格和销售量
- 学习对买者征税和对卖者征税的结果是相同的
- 理解税收负担如何在买者与卖者之间分摊

效　果

在实现这些目标之后，你应该能
- 描述价格上限成为限制性约束的必要条件
- 解释为什么限制性价格下限会引起过剩
- 说明为什么对一种物品征税通常减少了该物品的销售量
- 说明为什么对一种物品的买者和卖者征税的结果是相同的
- 说明当一种物品的需求缺乏弹性而供给富有弹性时是买者还是卖者承担税收负担

6.1 本章概述

6.1.1 本章复习

在第4章和第5章中,我们是作为科学家来研究问题,因为我们建立供求模型来描述世界是什么。在第6章中,我们将作为政策顾问来分析问题,因为我们会分析如何运用政府政策去努力改善世界。我们将分析两种政策——价格控制和税收。有时这些政策会产生意外结果。

1. 价格控制

有两种类型的价格控制:价格上限和价格下限。**价格上限**确定了一种物品可以销售的法定最高价格。**价格下限**确定了一种物品可以销售的法定最低价格。

(1) **价格上限**。假定政府被买者说服,确定了一个价格上限。如果确定的价格上限高于均衡价格,它就没有限制性。这就是说,它对市场没有影响,因为价格可以不受限制地变动到均衡位置。如果确定的价格上限低于均衡价格,它就是一种限制性约束,因为它不允许市场达到均衡。限制性价格上限引起需求量大于供给量,或者短缺。由于存在短缺,就要想办法在大量买者中配给少量供给。愿意为得到物品而排队等待的买者可能会得到该物品,或者卖者可以只卖给其朋友、家人或者同一种族的人。排队是无效率的,歧视既无效率又不公平。自由市场应该是非人格化的,并以价格配给物品。

价格上限在汽油和公寓市场上普遍存在。当1973年石油输出国组织限制石油量时,石油的供给量减少,而且均衡价格高于价格上限,价格上限就变得有限制性。这引起汽油短缺和加油站外的长队。相应地,价格上限后来被取消。公寓的价格上限通常被称为租金控制。限制性租金控制引起住房短缺。短期中住房的需求和供给都是缺乏弹性的,因此最初的短缺并不大。但是,长期中,住房的供给和需求变得更富有弹性,于是,短缺更显而易见了。这引起排队等待公寓、贿赂房东、建筑物不清洁而且不安全,以及住房质量降低。租金控制一旦实施,在政治上就很难被消除。

(2) **价格下限**。假定政府被卖者说服,确定了一个价格下限。如果确定的价格下限低于均衡价格,它就没有限制性。这就是说,它对市场没有影响,因为价格可以不受限制地变动到均衡位置。如果确定的价格下限高于均衡价格,它就是限制性约束,因为它不允许市场达到均衡。限制性价格下限引起供给量大于需求量,或者过剩。为了消除过剩,卖者会要求买者关照,并卖给家人、朋友或者同一种族的人。自由市场应该是非人格化的,并以价格配给物品。

价格下限的一个重要例子是最低工资。最低工资是年轻和不熟练工人市场上的一种限制性约束。当确定的最低工资高于市场均衡工资时,劳动的供给量大于需求量,后果是引起失业。研究表明,最低工资上升10%使青少年工人的就业减少1%—3%。最低工资还引起青少年找工作并退学。

价格控制往往伤害了那些政策本想给予帮助的人——通常是穷人。最低工资可能帮助了那些在最低工资上找到工作的人,但伤害了那些由于最低工资而失业的人。租金控制降低了住房质量和住房的可获得性。

2. 税收

政府用税收筹集收入。一种物品的税收将影响销售量以及买者支付的价格与卖者得到的价格。如果向卖者征税，供给曲线向上移动每单位税收的大小。由于供给减少，销售量减少，买者支付的价格上升，而卖者得到的价格下降。如果向买者征税，需求曲线向下移动每单位税收的大小。由于需求减少，销售量减少，买者支付的价格上升，而卖者得到的价格下降。因此，向买者征税和向卖者征税具有同样的影响。在对一种物品征税之后，买者所支付的和卖者所得到的之间的差额是每单位的税收，被称为**税收楔子**。总之：

- 税收阻碍市场活动。这就是说，销售量减少了。
- 买者和卖者共同分摊税收负担，因为买者支付的价格上升了，而卖者得到的价格下降了。
- 向买者征税的影响与向卖者征税的影响一样。
- 政府不能规定买者和卖者之间的相对税收负担。相对税收负担由那个市场上的供给弹性和需求弹性决定。

税收归宿是在市场参与者之间分摊税收负担的方式，也就是税收负担的分布。当在买者和卖者之间打入税收楔子时，税收负担更多地落在缺乏弹性的市场一方。这就是说，税收负担更多地落在当价格变得不利时更不愿意离开市场的一方身上。例如，在香烟市场上，由于吸烟者有瘾，需求可能比供给更缺乏弹性。因此，香烟的税收往往使买者支付的价格上升得比卖者得到的价格下降得多，结果，香烟的税收负担更多地落在香烟买者的身上。就工薪税（社会保障和医疗税）而言，由于劳动供给的弹性小于劳动需求的弹性，大部分税收负担由工人承担，而不是像立法者规定的那样由企业和工人五五平分。

6.1.2 有益的提示

（1）价格上限和价格下限只在它们是限制性约束时才有意义。价格上限并没有自发地引起短缺。只有确定的价格上限低于均衡价格时才会引起短缺。同样，只有确定的价格下限高于均衡价格才会引起过剩。

（2）将税收看作需求曲线与供给曲线的垂直移动是有益的。由于需求是买者愿意为每种数量支付的最大量，因此，向市场上的买者征税使卖者所面临的需求正好减少或向下移动每单位税收的大小。这就是说，现在买者向卖者支付的数量正好减少了每单位税收的大小。另一方面，由于供给是卖者对每种数量愿意接受的最小量，因此，向市场上的卖者征税使买者所面临的供给减少或向上移动每单位税收的大小。这是因为卖者现在向买者索取的增加量正好是每单位税收的大小。

6.1.3 术语与定义

为每个关键术语选择一个定义。

关键术语	定　义
_____ 价格上限	1. 税收负担在市场参与者之间进行分配的方式
_____ 价格下限	2. 出售一种物品的法定最高价格
_____ 税收归宿	3. 在征税之后买者支付的和卖者得到的之间的差额
_____ 税收楔子	4. 出售一种物品的法定最低价格

6.2 应用题与简答题

6.2.1 应用题

1. 根据以下自行车的供求表回答问题。

价格(美元)	需求量	供给量
300	60	30
400	55	40
500	50	50
600	45	60
700	40	70
800	35	80

a. 由于自行车骑车者协会的游说,国会确定了自行车的价格上限为700美元。这对自行车市场有什么影响?为什么?

b. 由于自行车骑车者协会的游说,国会确定了自行车的价格上限为400美元。用以上提供的信息在图6-1中画出自行车的供给和需求曲线。标出价格上限。实行400美元的价格上限会产生什么结果?

c. 自行车价格上限为400美元使所有自行车买者的状况都变好了吗?为什么?

d. 假设相反,由于自行车制造商协会的游说,国会规定自行车的价格下限为700美元。用以上提供的信息在图6-2中画出自行车的供给和需求曲线。实行700美元的价格下限会产生什么结果?

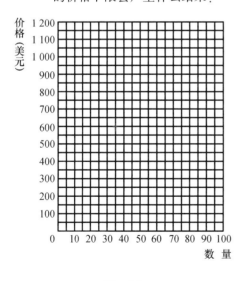

图 6-1

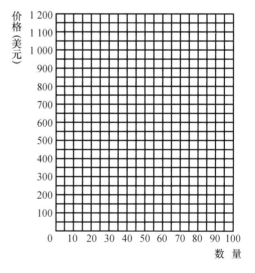

图 6-2

2. 根据以下自行车的供求表回答问题。

价格（美元）	需求量	供给量
300	60	30
400	55	40
500	50	50
600	45	60
700	40	70
800	35	80

a. 在图6-3中画出自行车的供给与需求曲线。在该图上表示出对每辆自行车向卖者征收300美元税收。在征税之后，与自由市场均衡时相比，买者支付的价格、卖者得到的价格以及销售量各发生了什么变动？

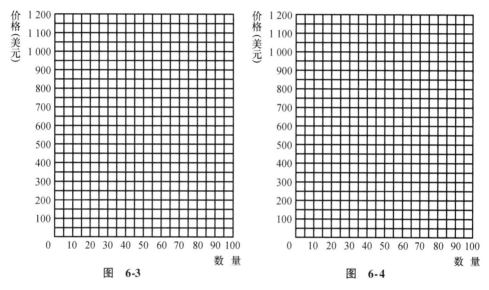

图 6-3　　　　　　　　　　　图 6-4

b. 再在图6-4中画出自行车的供给与需求曲线。在该图上表示出对每辆自行车向买者征收300美元税收。在征税之后，与自由市场均衡相比，买者支付的价格、卖者得到的价格以及销售量各发生了什么变动？

c. 比较你对以上a题和b题的答案。从这个比较中你得出了什么结论？

d. 谁承担了更大比例的税收负担？是买者还是卖者？为什么？

6.2.2　简答题

1. 如果价格上限确定为高于均衡价格，那么对市场价格和数量有什么影响呢？为什么？
2. 如果价格上限确定为低于均衡价格，那么对市场价格和数量有什么影响呢？
3. 限制性价格上限引起了什么问题？
4. 限制性价格上限的影响是在短期中比较大，还是在长期中比较大？为什么？
5. 如果价格下限确定为低于均衡价格，那么对市场价格和数量有什么影响呢？为什么？
6. 如果价格下限确定为高于均衡价格，那么对市场价格和数量有什么影响呢？
7. 当我们用供求模型分析向卖者征收的税时，我们向哪个方向移动供给曲线？为什么？
8. 当我们用供求模型分析向买者征收的税时，我们向哪个方向移动需求曲线？为什么？

9. 为什么向买者征税和向卖者征税的效果是等同的?
10. 假定向豪华轿车征收汽油消耗税。谁的税收负担可能更大?是豪华车的买者还是卖者?为什么?

6.3 自我测试题

6.3.1 判断正误题

_____ 1. 如果每加仑汽油的均衡价格是3美元,而且政府把每加仑汽油的价格上限定为4美元,那么将导致汽油短缺。
_____ 2. 低于均衡价格的价格上限将引起过剩。
_____ 3. 高于均衡价格的价格下限是一种限制性约束。
_____ 4. 与短期相比,限制性租金控制引起的住房短缺在长期中可能更为严重。
_____ 5. 最低工资有助于所有青少年,因为他们得到的工资高于没有最低工资时得到的工资。
_____ 6. 最低工资增加10%,引起青少年的就业减少10%。
_____ 7. 如果未来需求增加并且将均衡价格提高到固定价格上限以上,那么现在没有限制性的价格上限可能会导致未来出现短缺。
_____ 8. 市场的价格下限总会引起该市场上的过剩。
_____ 9. 对棒球手套征税10美元总会使棒球手套的买者支付的价格高10美元。
_____ 10. 最终的税收负担会主要落在缺乏弹性的市场一方。
_____ 11. 如果药品是必需品,对药品征税的负担可能更多地落在药品买者的身上。
_____ 12. 当我们用供求模型分析向买者征的税时,我们把需求曲线向上移动税收的大小。
_____ 13. 向买者和向卖者征同样大小的税,影响是相同的。
_____ 14. 税收在买者和卖者之间打入了一个楔子。这就引起买者支付的价格上升,而卖者得到的价格下降,以及销售量减少。
_____ 15. 政府可以通过选择向买者征税而不向卖者征税而把税收负担加在市场的买者身上。

6.3.2 单项选择题

1. 为了使价格上限成为一种对市场的限制性约束,政府应该使它_____。
   a. 高于均衡价格
   b. 低于均衡价格
   c. 正好在均衡价格上
   d. 在任何一种价格上都可以,因为所有价格上限都是限制性约束
2. 限制性价格上限引起_____。
   a. 短缺
   b. 过剩
   c. 均衡
   d. 短缺或过剩取决于确定的价格上限在均衡价格之上还是之下
3. 假设公寓的均衡价格是每月800美元,而政府规定租金控制在500美元。由于租金控制,下列哪一种情况

是不可能发生的?
   a. 住房短缺。
   b. 房东可以对公寓租赁者实行歧视。
   c. 为了租到公寓要贿赂房东。
   d. 公寓的质量将提高。
   e. 等待租房的租赁者会排长队。
4. 价格下限_____。
   a. 确定了一种物品可以出售的法定最高价格
   b. 确定了一种物品可以出售的法定最低价格
   c. 总是决定一种物品必须出售的价格
   d. 如果高于均衡价格,则不是一种限制性约束
5. 下面哪一种关于限制性价格上限的表述是正确的?
   a. 价格上限引起的过剩在短期中大于长期。
   b. 价格上限引起的过剩在长期中大于短期。
   c. 价格上限引起的短缺在短期中大于长期。
   d. 价格上限引起的短缺在长期中大于短期。
6. 市场的哪一方更可能为价格下限而游说政府?
   a. 买者和卖者都不想要价格下限。
   b. 买者和卖者都想要价格下限。
   c. 卖者。
   d. 买者。
7. 在以下哪种情况下,限制性价格下限引起的过剩最大?
   a. 供给和需求都富有弹性。
   b. 供给和需求都缺乏弹性。
   c. 供给缺乏弹性,而需求富有弹性。
   d. 需求缺乏弹性,而供给富有弹性。
8. 下列哪一种情况是价格下限的例子?
   a. 租金控制。
   b. 当汽油的均衡价格是每加仑3美元时,把汽油的价格限制为每加仑2美元。
   c. 最低工资。
   d. 以上各项都是价格下限。
9. 如果政府规定汽油的价格上限是每加仑4美元,而均衡价格是每加仑3美元,下列哪一种说法是正确的?
   a. 存在汽油短缺。
   b. 存在汽油过剩。
   c. 汽油供给的大量增加会使价格上限成为一种限制性约束。
   d. 汽油需求的大量增加会使价格上限成为一种限制性约束。
10. 研究表明,最低工资增加10%,_____。
    a. 青少年的就业减少10%—15%
    b. 青少年的就业增加10%—15%
    c. 青少年的就业减少1%—3%
    d. 青少年的就业增加1%—3%
11. 在供求模型的范围内,向一种物品的买者征税会使_____。
    a. 需求曲线向上移动,移动幅度为每单位物品的税收
    b. 需求曲线向下移动,移动幅度为每单位物品的税收
    c. 供给曲线向上移动,移动幅度为每单位物品的税收
    d. 供给曲线向下移动,移动幅度为每单位物品的税收
12. 在供求模型的范围内,向一种物品的卖者征税会使_____。
    a. 需求曲线向上移动,移动幅度为每单位物品的税收
    b. 需求曲线向下移动,移动幅度为每单位物品的税收
    c. 供给曲线向上移动,移动幅度为每单位物品的税收
    d. 供给曲线向下移动,移动幅度为每单位物品的税收

13. 当对一种物品征税时,会发生以下哪一种情况?
    a. 买者支付的价格上升,卖者得到的价格下降,以及销售量减少。
    b. 买者支付的价格上升,卖者得到的价格下降,以及销售量增加。
    c. 买者支付的价格下降,卖者得到的价格上升,以及销售量减少。
    d. 买者支付的价格下降,卖者得到的价格上升,以及销售量增加。

14. 当向市场上的买者征税时,_____。
    a. 买者承担税收负担
    b. 卖者承担税收负担
    c. 买者与卖者的税收负担与向卖者征税时相同
    d. 税收负担主要落在买者身上

15. 对每加仑汽油征收 1 美元的税,_____。
    a. 将使买者支付的价格每加仑上升 1 美元
    b. 将使卖者得到的价格每加仑下降 1 美元
    c. 将使买者支付的价格正好上升 0.5 美元,卖者得到的价格正好下降 0.5 美元
    d. 将在买者支付的价格和卖者得到的价格之间打入一个 1 美元的税收楔子

16. 在下列哪种情况下,税收负担会更多地落在市场上的卖者身上?
    a. 需求缺乏弹性,而供给富有弹性。
    b. 需求富有弹性,而供给缺乏弹性。
    c. 供给和需求都富有弹性。
    d. 供给和需求都缺乏弹性。

17. 对一种消费者必需的物品征税,很可能使税收负担_____。
    a. 更多地落在买者身上
    b. 更多地落在卖者身上
    c. 在买者与卖者之间平等地分摊
    d. 完全落在卖者身上

18. 在下列哪种情况下,税收负担会更多地落在市场的买者身上?
    a. 需求缺乏弹性,而供给富有弹性。
    b. 需求富有弹性,而供给缺乏弹性。
    c. 供给和需求都富有弹性。
    d. 供给和需求都缺乏弹性。

19. 以下哪一种关于税收负担的表述是正确的?
    a. 对一种消费者认为是必需品的物品征税,其引起的税收负担主要落在这种物品的卖者身上。
    b. 税收负担主要落在当价格变得不利于自己时最愿意离开市场的一方(买者或卖者)身上。
    c. 税收负担落在纳税的市场一方(买者或卖者)身上。
    d. 税收负担的分摊由供给和需求的相对弹性决定而不由立法决定

20. 以下哪一种物品的税收负担更可能主要落在卖者身上?
    a. 食品。
    b. 娱乐项目。
    c. 服装。
    d. 住房。

6.4 进阶思考题

假设政府需要筹集税收收入。一个政治家建议政府对食物征税,因为每个人都必须吃饭,从而通过食物税可以筹集到大量税收收入。但是,因为穷人把其大部分收入用于食物,所以应该只向食物的卖者(杂货店)征税,而不向食物的买者征税。这个政治家认为,这种类型

的税收将把税收负担加在杂货店身上，而不是在贫穷的消费者身上。

1. 政府能通过立法规定使食物税的负担只落在食物的卖者身上吗？为什么？
2. 你认为食物税的负担会落在食物的卖者身上，还是食物的买者身上？为什么？

习 题 答 案

6.1.3 术语与定义

__2__ 价格上限　　　　　　　　　　　__1__ 税收归宿

__4__ 价格下限　　　　　　　　　　　__3__ 税收楔子

6.2.1 应用题

1. a. 它将不起作用。这时价格上限不是限制性的，因为均衡价格是 500 美元，而价格上限确定为 700 美元。

   b. 参看图 6-5。需求量增加到 55 单位，供给量减少为 40 单位，存在 15 单位短缺。

   c. 不是。它很可能使实际上买到自行车的那些买者的境况变好。但是，一些买者买不到自行车，必须要排队，或进行贿赂，或接受低质量自行车。

   d. 参看图 6-6。供给量上升到 70 单位，需求量减少为 40 单位，存在 30 单位过剩。

2. a. 参看图 6-7。买者支付的价格上升到 700 美元，卖者得到的价格下降到 400 美元，销售量减少到 40 辆。

   b. 参看图 6-8。买者支付的价格上升到 700 美元，卖者得到的价格下降到 400 美元，销售量减少到 40 辆。

   c. 向买者征税的影响与向卖者征税的影响一样。

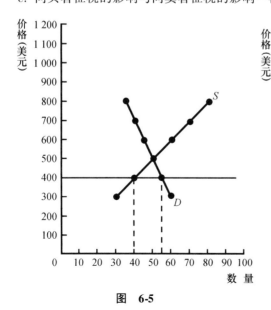

图　6-5

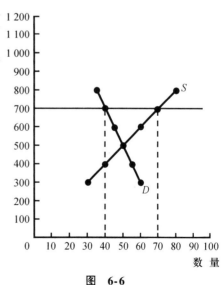

图　6-6

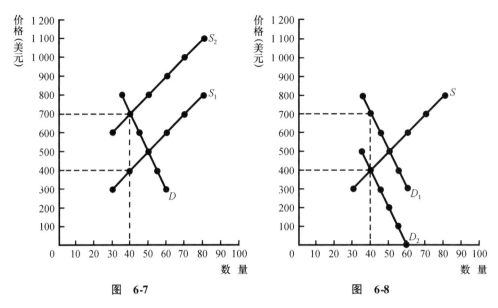

图 6-7　　　　　　　　　　　　　图 6-8

d. 更大的税收负担落在买者身上。自由市场的均衡价格是 500 美元。在征税以后，买者支付的价格增加了 200 美元，而卖者得到的价格减少了 100 美元。这是因为需求比供给缺乏弹性。

6.2.2　简答题

1. 没有影响，因为价格可以不受限制地变动到均衡位置。这就是说，价格上限不是一种限制性约束。
2. 供给量减少，需求量增加，引起短缺。
3. 将存在短缺。买者可能排队等待，卖者可能对买者实行歧视，物品质量会下降，也许还要贿赂卖者。
4. 在长期中影响大，因为供给和需求在长期中更富有弹性。结果，在长期中短缺变得更严重。
5. 没有影响，因为价格可以不受限制地变动到均衡位置。这就是说，价格下限不是限制性约束。
6. 供给量增加，需求量减少，引起过剩。
7. 供给曲线向上移动税收的大小，因为卖者向买者索要的量的增加正好是税收的大小。
8. 需求曲线向下移动税收的大小，因为买者愿意向卖者支付的量的减少正好是税收的大小。
9. 税收是打入买者所支付的和卖者所得到的之间的楔子。无论是买者还是卖者，实际上都把税交给政府，并不会有什么差别。
10. 卖者将承担更多税收负担，因为奢侈品的需求是非常富有弹性的。这就是说，当买者支付的价格由于税收而上升时，富有的买者可以轻而易举地转向购买其他东西，而生产者在他们得到的价格下降时不能很快地减少生产。负担落在市场上较为缺乏弹性的一方身上。

6.3.1 判断正误题

1. 错误;高于均衡价格的价格上限是没有限制性的。
2. 错误;它引起短缺。
3. 正确。
4. 正确。
5. 错误;一些人会得到帮助,但其他人成为失业者,还有一些人退学去赚取在青少年看来不菲的工资。
6. 错误;它引起就业减少1%—3%。
7. 正确。
8. 错误;只有确定的价格下限高于均衡价格时,才会引起过剩。
9. 错误;卖者得到的价格和买者支付的价格之间的差额是10美元,但卖者得到的价格通常会低一些,因此,买者支付的价格的上升小于10美元。
10. 正确。
11. 正确。
12. 错误;我们把需求曲线向下移动税收的大小。
13. 正确。
14. 正确。
15. 错误;税收负担由供给与需求的相对弹性决定。

6.3.2 单项选择题

1. b 2. a 3. d 4. b 5. d 6. c 7. a 8. c 9. d 10. c
11. b 12. c 13. a 14. c 15. d 16. b 17. a 18. a 19. d 20. b

6.4 进阶思考题

1. 不能。税收负担由供给与需求的相对弹性决定。税收负担主要落在缺乏弹性的市场一方。这就是说,税收负担落在当价格发生不利变动时,最不愿意离开市场的一方。
2. 无论向买者征税还是向卖者征税,税收负担都主要落在食物购买者身上。因为食物是必需品,所以食物需求较为缺乏弹性。当价格由于税收上升时,人们仍然需要吃饭。而当杂货店得到的价格由于税收而下降时,杂货店可以出售其他类别的物品。

第 3 篇　市场和福利

第 7 章
消费者、生产者与市场效率

目　标

在本章中你将
- 考察买者对一种物品的支付意愿与需求曲线之间的联系
- 学习如何定义并衡量消费者剩余
- 考察卖者生产一种物品的成本与供给曲线之间的联系
- 学习如何定义并衡量生产者剩余
- 理解供给与需求均衡使市场的总剩余最大化

效　果

在实现这些目标之后，你应该能
- 从一组单个买者的支付意愿表中推导出需求曲线
- 在供求图上确定消费者剩余的位置
- 从一组单个卖者的生产成本表中推导出供给曲线
- 在供求图上确定生产者剩余的位置
- 说明为什么除均衡数量以外的所有其他数量都不能使市场的总剩余最大化

7.1 本章概述

7.1.1 本章复习

在本章中我们分析**福利经济学**——研究资源配置如何影响经济福利。我们衡量买者和卖者从参与市场中得到的利益，并发现市场的均衡价格和数量使买者和卖者得到的利益最大化。

1. 消费者剩余

消费者剩余衡量买者从参与市场中得到的利益。市场上每个潜在买者对一种物品都有某种**支付意愿**。这种支付意愿是买者愿意为某种物品支付的最高价格。如果我们（在价格和数量图上）画出为第一单位支付的最大意愿值，再画出为第二单位支付的次大意愿值，以此类推，我们就得到了物品的市场需求曲线。这就是说，需求曲线的高度衡量边际买者的支付意愿。由于一些买者对一种物品的评价高于另一些买者，因此，需求曲线向右下方倾斜。

消费者剩余是买者的支付意愿减去其实际支付的量。例如，如果你愿意为你所喜爱的音乐家的一张新 CD 支付 20 美元，而你仅用 15 美元就买到了它，那么你在那张 CD 上就获得了 5 美元的消费者剩余。一般来说，由于需求曲线的高度用买者对此物品的支付意愿衡量了他们对物品的评价，因此，市场上的消费者剩余是需求曲线以下和价格以上的面积。

当一种物品价格下降时，消费者剩余由于两个原因而增加：第一，现有的买者由于他们可以减少的支付量而得到了更多剩余；第二，新的买者由于现在的价格低于他们的支付意愿而进入市场。

要注意，由于需求曲线的高度是用支付意愿衡量买者对一种物品的评价，消费者剩余衡量买者自己感觉到的利益。因此，如果决策者尊重买者的偏好，消费者剩余就是买者利益的一种恰当衡量。经济学家普遍认为，除了吸毒等例外情况，买者通常是理性的，而且买者的偏好应该受到尊重。

2. 生产者剩余

生产者剩余衡量卖者从参与市场中得到的利益。市场上每个潜在卖者都有某种生产成本。这种成本是生产者为了生产一种物品所必须放弃的所有东西的价值，并应该解释为生产者生产的机会成本——钱包里的实际支出加生产者的时间价值。生产成本是卖者为了生产物品所愿意接受的最低价格。如果我们（在价格和数量图上）画出最低成本生产者生产第一单位物品的成本，再画出次低成本生产者生产第二单位物品的成本，以此类推，我们就得到了物品的市场供给曲线。这就是说，供给曲线的高度衡量边际卖者的生产成本。由于一些卖者的成本比另一些卖者低，供给曲线向右上方倾斜。

生产者剩余是卖者出售一种物品得到的量减去其生产成本。例如，一个音乐家可以以 10 美元的成本生产一张 CD，并以 15 美元出售，音乐家就从那张 CD 中得到了 5 美元的生产者剩余。一般来说，由于供给曲线的高度衡量卖者的成本，因此，市场上的生产者剩余是价格以下和供给曲线以上的面积。

当一种物品价格上升时,生产者剩余由于两个原因而增加:第一,现有的卖者由于可以将现有量卖到更高价格而得到了更多剩余;第二,新的卖者由于现在的价格高于他们的成本而进入市场。

3. 市场效率

我们用总剩余——消费者剩余和生产者剩余之和——来衡量经济福利。

$$总剩余 = (买者的评价 - 买者支付的量) + (卖者得到的量 - 卖者的成本)$$
$$总剩余 = 买者的评价 - 卖者的成本$$

从图形上看,总剩余是需求曲线以下和供给曲线以上的面积。如果资源配置使所有社会成员得到的总剩余最大化,就可以说这种资源配置表现出**效率**。自由市场均衡有效率就是因为它使总剩余最大。我们可以用以下的发现来证明这种效率:

- 自由市场把物品的供给配置给对其评价最高的买者——那些支付意愿大于或等于均衡价格的买者。因此,无法通过把消费从现在的买者转给其他非买者来增加消费者剩余。
- 自由市场把物品的需求配置给能以最低成本生产的卖者——那些以低于或等于均衡价格的成本生产的卖者。因此,无法通过把生产从现在的卖者转给其他非卖者来增加生产者剩余。
- 自由市场生产出使消费者剩余和生产者剩余之和或总剩余最大化的物品量。如果生产的数量小于均衡数量,我们就不能生产出边际买者评价大于边际卖者成本的所有单位;如果生产的数量大于均衡数量,我们就生产了一些边际卖者成本大于边际买者评价的单位。

经济学家普遍支持自由市场是因为它是有效率的。由于市场是有效率的,许多人认为,政府的政策应该是自由放任,其含义是"让人们自由行事吧"。在市场中,亚当·斯密所说的"看不见的手"指引买者与卖者达到使总剩余最大化的资源配置。有效率的结果无法通过一个仁慈的社会计划者得到改善。除效率外,决策者也许还关心**平等**——福利在社会成员中分配的公平性。

4. 结论:市场效率与市场失灵

自由市场无效率的可能原因主要有两个:

- 市场是不完全竞争的。如果个别买者或卖者(或者他们中的一小群人)可以影响价格,那么他们就有**市场势力**,而且他们也许可以使价格和数量背离均衡位置。
- 市场会引起副作用,或外部性,这会影响那些根本没有参与市场的人。市场上的买者和卖者没有考虑污染之类的副作用,所以,从整个社会的角度来看,市场均衡可能是无效率的。

市场势力和外部性是**市场失灵**——某些无管制的市场不能有效地配置资源——的两种类型。

7.1.2 有益的提示

(1)为了更好地理解买者的"支付意愿"和卖者的"成本",我们可以"回头"看看需求和供给。这就是说,我们可以从数量轴到价格轴来理解需求和供给。当我们从数量到价格看需求时,我们发现,第一单位的潜在买者有极高的支付意愿,因为买者对该物品评价极高。当我们一直沿着数量轴移动时,这些数量的买者的支付意愿低了一些,从而需求曲线向右下方倾斜。当我们从数量到价格看供给时,我们发现,第一单位的潜在卖者极有效率,从而生产成本极低。当我们一直沿着数量轴移动时,这些数量的卖者的成本高了一些,从而供给曲线向右上方倾斜。在供给与需求达到均衡时,只有引起买者评价高于生产者成本的数量被生产出来。

（2）存在消费者剩余的部分原因是在竞争市场上只有一种价格,而且所有参与者都是价格接受者。当许多买者和卖者相互作用决定唯一的市场价格时,个别买者的支付意愿会高于价格,结果一些买者就得到了消费者剩余。但是,如果卖者认识到买者的支付意愿并且实行价格歧视,这就是说,向每个买者收取其愿意支付的价格,那么就没有消费者剩余。每个买者都被迫按照他们的个人支付意愿进行支付。这个问题将在本书后面的章节中论述。

7.1.3 术语与定义

为每个关键术语选择一个定义。

关键术语	定　　义
_____福利经济学	1. 买者愿意为一种物品支付的量减去其为此实际支付的量
_____支付意愿	2. 资源配置使社会所有成员得到的总剩余最大化的性质
_____消费者剩余	3. 研究资源配置如何影响经济福利的一门学问
_____成本	4. 一些不受管制的市场不能有效率地配置资源
_____生产者剩余	5. 在社会成员中平均地分配经济成果的性质
_____效率	6. 卖者出售一种物品得到的量减去其生产成本
_____平等	7. 买者愿意为某种物品支付的最高量
_____市场失灵	8. 卖者为了生产一种物品而必须放弃的所有东西的价值

7.2　应用题与简答题

7.2.1　应用题

1. 下面的信息反映了房东 Lori 对粉刷她五套公寓房的评价。她对粉刷每套公寓房评价的不同取决于需要粉刷的房子状况差到什么程度。

对新粉刷第一套公寓房的评价	5 000 美元
对新粉刷第二套公寓房的评价	4 000 美元
对新粉刷第三套公寓房的评价	3 000 美元
对新粉刷第四套公寓房的评价	2 000 美元
对新粉刷第五套公寓房的评价	1 000 美元

    a. 在图 7-1 中画出房东 Lori 的支付意愿。
    b. 如果粉刷她公寓房的价格是每套 5 000 美元,Lori 将粉刷多少套？她的消费者剩余值是多少？

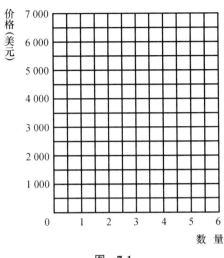

图 7-1

c. 假设粉刷她公寓房的价格下降到每套 2 000 美元, Lori 将选择粉刷多少套? 她的消费者剩余值是多少?

d. 当粉刷她公寓房的价格下降时, Lori 的消费者剩余值会发生什么变动? 为什么?

2. 以下信息表示粉刷工 Peter 在粉刷公寓房时发生的成本。由于粉刷房子是一件力气活,他粉刷得越多,花在止疼和按摩上的成本就越高。

粉刷第一套公寓房的成本	1 000 美元
粉刷第二套公寓房的成本	2 000 美元
粉刷第三套公寓房的成本	3 000 美元
粉刷第四套公寓房的成本	4 000 美元
粉刷第五套公寓房的成本	5 000 美元

a. 在图 7-2 中画出粉刷工 Peter 的成本。

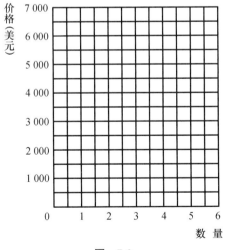

图 7-2

b. 如果粉刷公寓房的价格是每套2 000美元，Peter将粉刷多少套？他的生产者剩余是多少？

c. 假设粉刷公寓房的价格上升到每套4 000美元。Peter将选择粉刷多少套？他的生产者剩余是多少？

d. 当粉刷公寓房的价格上升时，Peter的生产者剩余会发生什么变动？为什么？

3. 用以上两题关于支付意愿和成本的信息回答以下问题。

a. 如果仁慈的社会计划者把粉刷公寓房的价格确定为5 000美元，消费者剩余值是多少？生产者剩余值是多少？总剩余值是多少？

b. 如果仁慈的社会计划者把粉刷公寓房的价格确定为1 000美元，消费者剩余值是多少？生产者剩余值是多少？总剩余值是多少？

c. 如果允许粉刷公寓房的价格变动到其自由市场的均衡价格3 000美元，那么消费者剩余、生产者剩余和总剩余的值各是多少？与社会计划者创造的总剩余值相比，自由市场的总剩余值如何？

4. 在图7-3中，画出第1题和第2题中隐含的粉刷公寓房的线性供给和需求曲线（画出这两条线，使之与纵轴相交）。说明自由市场均衡价格与数量下的消费者剩余和生产者剩余。这种资源配置有效率吗？为什么？

5. 假设房东Lori难以把她破损的公寓租出去，以至于她对粉刷每套公寓房的支付意愿增加了2 000美元。在图7-4中同时画出Peter的成本和Lori的新支付意愿。如果均衡价格上升到4 000美元，消费者剩余、生产者剩余和总剩余的值各是多少？在图中说明消费者剩余和生产者剩余。比较你对本题的答案与第3题中c的答案。

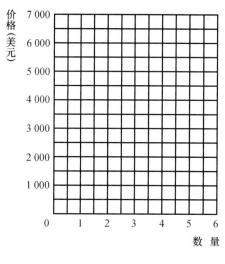

图 7-3

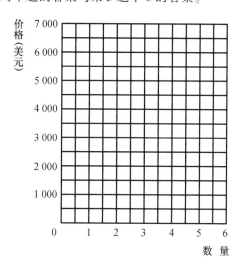

图 7-4

7.2.2 简答题

1. 买者对一种物品的支付意愿与该物品的需求曲线有什么关系？
2. 什么是消费者剩余？如何衡量？
3. 边际买者的消费者剩余值是多少？为什么？

4. Moe 修剪草坪的成本是 5 美元,Larry 修剪草坪的成本是 7 美元,而 Curly 修剪草坪的成本是 9 美元。如果每个人都修剪草坪,而且修剪草坪的价格是 10 美元,那么他们的生产者剩余值是多少?
5. 卖者生产一种物品的成本与该物品的供给曲线有什么关系?
6. 什么是生产者剩余?如何衡量?
7. 当一种物品价格上升时,生产者剩余会发生什么变动?为什么?
8. 仁慈的社会计划者能否选择生产量使得比竞争市场中产生的均衡数量所提供的经济福利更大?为什么?
9. 经济学家说的"效率"是什么意思?
10. 竞争市场有效率吗?为什么?
11. 竞争市场如何选择由哪一个生产者生产并销售一种物品?

7.3 自我测试题

7.3.1 判断正误题

_____ 1. 消费者剩余是买者的支付意愿减去卖者的生产成本。
_____ 2. 如果一个市场上的需求曲线是不变的,那么当该市场价格上升时,消费者剩余减少。
_____ 3. 如果你对一个汉堡包的支付意愿是 3 美元,而汉堡包的价格是 2 美元,那么你的消费者剩余是 5 美元。
_____ 4. 生产者剩余衡量市场上供给者未售出的存货。
_____ 5. 如果买者是理性的,消费者剩余就是对买者收益的一种良好衡量。
_____ 6. 卖者的成本包括卖者时间的机会成本。
_____ 7. 供给曲线的高度是边际卖者的成本。
_____ 8. 总剩余是卖者的成本减去买者的评价。
_____ 9. 自由市场是有效的,因为它把物品配置给支付意愿低于价格的买者。
_____ 10. 生产者剩余是供给曲线以上和价格以下的面积。
_____ 11. 允许自由市场配置资源的主要优点是配置的结果有效率。
_____ 12. 竞争市场上的均衡使总剩余最大化。
_____ 13. 市场失灵的两个主要类型是市场势力和外部性。
_____ 14. 外部性是市场上买者和卖者没有考虑到的副作用,如污染。
_____ 15. 生产更多的物品总会增加总剩余。

7.3.2 单项选择题

1. 消费者剩余是_____。
   a. 在供给曲线以上和价格以下的面积
   b. 在供给曲线以下和价格以上的面积
   c. 在需求曲线以上和价格以下的面积
   d. 在需求曲线以下和价格以上的面积
   e. 在需求曲线以下和供给曲线以上

的面积

2. 买者的支付意愿是_____。
   a. 买者的消费者剩余
   b. 买者的生产者剩余
   c. 买者愿意为一种物品支付的最大量
   d. 买者愿意为一种物品支付的最小量
   e. 以上各项都不对

3. 如果一个买者对一辆新本田汽车的支付意愿是 30 000 美元，而她实际以 28 000 美元的价格买到了这辆车，那么她的消费者剩余是_____。
   a. 0 美元
   b. 2 000 美元
   c. 28 000 美元
   d. 30 000 美元
   e. 58 000 美元

4. 一种物品的价格沿着一条不变的需求曲线上升将_____。
   a. 增加消费者剩余
   b. 减少消费者剩余
   c. 增加买者的物质福利
   d. 提高市场效率

5. 假设有三个相同的花瓶可供购买。买者 1 愿意为一个花瓶支付 30 美元，买者 2 愿意为一个花瓶支付 25 美元，买者 3 愿意为一个花瓶支付 20 美元。如果一个花瓶的价格是 25 美元，那么将卖出多少花瓶？这个市场上的消费者剩余值是多少？
   a. 将卖出一个花瓶，消费者剩余值为 30 美元。
   b. 将卖出一个花瓶，消费者剩余值为 5 美元。
   c. 将卖出两个花瓶，消费者剩余值为 5 美元。
   d. 将卖出三个花瓶，消费者剩余值为 0 美元。
   e. 将卖出三个花瓶，消费者剩余值为 80 美元。

6. 生产者剩余是_____。
   a. 在供给曲线以上和价格以下的面积
   b. 在供给曲线以下和价格以上的面积
   c. 在需求曲线以上和价格以下的面积
   d. 在需求曲线以下和价格以上的面积
   e. 在需求曲线以下和供给曲线以上的面积

7. 如果仁慈的社会计划者选择的生产量低于一种物品的均衡数量，那么_____。
   a. 生产者剩余最大化
   b. 消费者剩余最大化
   c. 总剩余最大化
   d. 买者对生产的最后一单位的评价大于生产成本
   e. 最后一单位的生产成本大于买者对它的评价

8. 如果仁慈的社会计划者选择的生产量高于一种物品的均衡数量，那么_____。
   a. 生产者剩余最大化
   b. 消费者剩余最大化
   c. 总剩余最大化
   d. 买者对生产的最后一单位的评价大于生产成本
   e. 最后一单位的生产成本大于买者对它的评价

9. 卖者的生产成本是_____。
   a. 卖者的消费者剩余
   b. 卖者的生产者剩余
   c. 卖者愿意为一种物品接受的最高价格
   d. 卖者愿意为一种物品接受的最低价格
   e. 以上各项都不对

10. 总剩余是_____。
    a. 在供给曲线以上和价格以下的

面积

b. 在供给曲线以下和价格以上的面积

c. 在需求曲线以上和价格以下的面积

d. 在需求曲线以下和价格以上的面积

e. 在需求曲线以下和供给曲线以上的面积

11. 一种物品的价格沿着一条不变的供给曲线上升将_____。

a. 增加生产者剩余

b. 减少生产者剩余

c. 促进市场平等

d. 以上各项都对

12. 亚当·斯密"看不见的手"的概念表明,竞争市场的结果_____。

a. 使总剩余最小化

b. 使总剩余最大化

c. 引起社会成员的平等

d. b 和 c 都对

13. 一般来说,仁慈的社会计划者若想使市场上买者和卖者得到的总收益最大化,计划者就应该_____。

a. 选择高于市场均衡价格的价格

b. 选择低于市场均衡价格的价格

c. 允许市场自己寻找均衡

d. 选择任何一种计划者想要的价格,因为卖者(买者)从价格的任何变动中产生的亏损都正好由买者(卖者)得到的收益抵消了

14. 如果买者是理性的,而且没有市场失灵,那么_____。

a. 自由市场的解是有效率的

b. 自由市场的解是平等的

c. 自由市场的解使总剩余最大化

d. 以上各项都对

e. a 和 c 是正确的

15. 如果生产者有市场势力(可以影响市场上物品的价格),那么,自由市场的解_____。

a. 是平等的

b. 是有效率的

c. 是无效率的

d. 使消费者剩余最大化

16. 如果市场是有效率的,那么_____。

a. 市场把产量配置给了对它评价最高的买者

b. 市场把买者配置给了能以最低成本生产物品的生产者

c. 市场生产的量使消费者和生产者剩余之和最大

d. 以上各项都对

e. 以上各项都不对

17. 如果市场引起了副作用或外部性,那么,自由市场的解_____。

a. 是平等的

b. 是有效率的

c. 是无效率的

d. 使生产者剩余最大化

18. 医疗显然延长了人的寿命。因此,我们的医疗消费应该一直增加到_____。

a. 每个人想要多少就有多少

b. 买者从医疗中得到的收益等于生产它的成本

c. 再增加一单位医疗,买者不会获得收益

d. 我们必须减少其他物品的消费

19. Joe 有 10 副棒球手套,而 Sue 没有。生产棒球手套的成本为 50 美元。如果 Joe 对增加一副棒球手套的评价是 100 美元,而 Sue 对一副棒球手套的评价是 40 美元,那么,为了_____。

a. 使效率最大化,Joe 应该得到手套

b. 使效率最大化,Sue 应该得到手套

c. 使消费者剩余最大化,双方都应该得到一副手套

d. 使平等最大化,Joe 应该得到手套

20. 假设一辆新自行车的价格是 300 美元。Sue 对一辆新自行车的评价是

400美元。卖者生产一辆新自行车的成本是200美元。如果Sue购买一辆新自行车,总剩余值是_____。

a. 100美元
b. 200美元
c. 300美元
d. 400美元
e. 500美元

7.4 进阶思考题

假设你与你的室友争论联邦政府是否应该补贴食物生产。你的室友认为,由于食物肯定是一种好东西(与酒、枪支和毒品这些会被一些社会成员本能地认为是罪恶的东西不同),显然我们不能说拥有的食物太多了。这就是说,由于食物显然是好的,所以拥有更多的食物总会增加我们的经济福利。

1. 你认为"不会过多拥有一种好东西"这种观点正确吗?相反,过多地生产食物、服装、住房这类确定无疑的好东西可能吗?为什么?
2. 在图7-5中,用食物的供求图说明你对第1题的答案,说明生产量超过均衡数量对经济福利的影响。

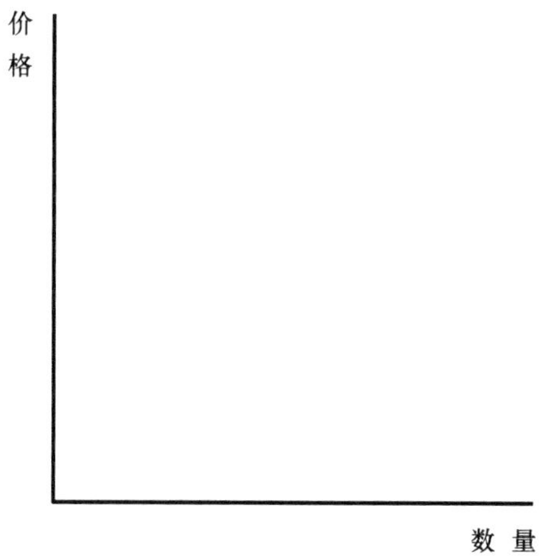

图 7-5

习 题 答 案

7.1.3 术语与定义

__3__ 福利经济学	__6__ 生产者剩余
__7__ 支付意愿	__2__ 效率
__1__ 消费者剩余	__5__ 平等
__8__ 成本	__4__ 市场失灵

7.2.1 应用题

1. a. 参看图7-6。
   b. 粉刷一套公寓房。消费者剩余=5 000美元-5 000美元=0,因此,她没有消费者剩余。
   c. 粉刷四套公寓房。消费者剩余=(5 000美元-2 000美元)+(4 000美元-2 000美元)+(3 000美元-2 000美元)+(2 000美元-2 000美元)=6 000美元。
   d. 她的消费者剩余增加,因为她从按原来价格已经购买的单位中获得一部分剩余,还从她由于价格下降而新购买的单位中获得另一部分剩余。
2. a. 参看图7-7。
   b. 两套公寓房。生产者剩余=(2 000美元-1 000美元)+(2 000美元-2 000美元)=1 000美元。

c. 四套公寓房。生产者剩余 = (4 000 美元 - 1 000 美元) + (4 000 美元 - 2 000 美元) + (4 000 美元 - 3 000 美元) + (4 000 美元 - 4 000 美元) = 6 000 美元。

d. 他的生产者剩余增加,因为他从已经粉刷的公寓中获得了更多的生产者剩余,再加上现在由于价格上升他去粉刷更多的公寓而获得另一部分生产者剩余。

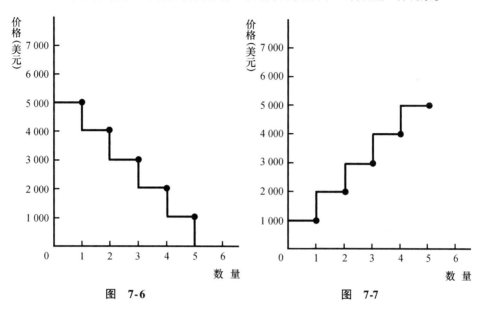

图 7-6　　　　　　　　　　　　　　　图 7-7

3. a. 只购买一单位,因此,消费者剩余 = 5 000 美元 - 5 000 美元 = 0,生产者剩余 = 5 000 美元 - 1 000 美元 = 4 000 美元,总剩余 = 0 + 4 000 美元 = 4 000 美元。

b. 只生产一单位,因此,消费者剩余 = 5 000 美元 - 1 000 美元 = 4 000 美元,生产者剩余 = 1 000 美元 - 1 000 美元 = 0,总剩余 = 0 + 4 000 美元 = 4 000 美元。

c. 消费者剩余 = (5 000 美元 - 3 000 美元) + (4 000 美元 - 3 000 美元) + (3 000 美元 - 3 000 美元) = 3 000 美元。生产者剩余 = (3 000 美元 - 1 000 美元) + (3 000 美元 - 2 000 美元) + (3 000 美元 - 3 000 美元) = 3 000 美元。总剩余 = 3 000 美元 + 3 000 美元 = 6 000 美元。自由市场的总剩余大于社会计划者的总剩余。

4. 参看图 7-8。是的,它有效率是因为在小于均衡数量的数量时,我们不能生产出买者评价高于成本的所有单位。在大于均衡数量的数量时,我们生产了一些成本低于买者对物品评价的单位。在均衡时,我们生产了买者评价高于成本的所有可能单位,这使总剩余最大化。

5. 参看图 7-9。消费者剩余 = 3 000 美元 + 2 000 美元 + 1 000 美元 + 0 = 6 000 美元。
生产者剩余 = 3 000 美元 + 2 000 美元 + 1 000 美元 + 0 = 6 000 美元。
总剩余 = 6 000 美元 + 6 000 美元 = 12 000 美元。
消费者剩余、生产者剩余和总剩余都增加了。

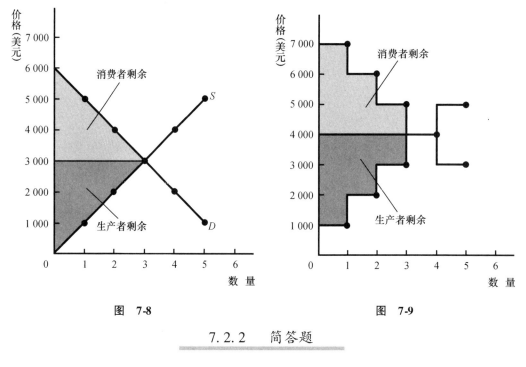

图 7-8　　　　　　　　　　　　　　图 7-9

7.2.2　简答题

1. 在任何一种数量上，需求曲线的高度是边际买者的支付意愿。因此，画出买者对每种数量的支付意愿就得到了需求曲线。
2. 消费者剩余是买者的支付意愿减去买者实际支付的量。它用需求曲线以下和价格以上的面积来衡量。
3. 0，因为边际买者是价格稍有提高就会离开市场的买者，所以他们实际支付的价格就是其支付意愿，并没有得到剩余。
4. (10美元－5美元)＋(10美元－7美元)＋(10美元－9美元)＝9美元。
5. 在任何一种数量上，供给曲线的高度是边际卖者的成本。因此，画出卖者每种数量的成本就得到了供给曲线。
6. 生产者剩余是卖者从一种物品中得到的量减去卖者的成本。它用价格以下和供给曲线以上的面积来衡量。
7. 生产者剩余增加，因为现有的卖者从要出售的单位中得到的剩余增加了，而且有新的卖者进入市场，因为现在的价格高于其成本。
8. 一般来说不能。在任何一种低于均衡数量的数量上，市场不能生产出买者评价大于成本的数量。在任何一种高于均衡数量的数量上，市场生产了成本大于买者评价的数量。
9. 它是指使所有社会成员总剩余最大化的资源配置。
10. 是的，因为它使需求曲线以下和供给曲线以上的面积最大化，或总剩余最大化。
11. 只有那些成本等于或低于市场价格的生产者才能生产并出售这种物品。

7.3.1 判断正误题

1. 错误;消费者剩余是买者的支付意愿减去买者实际支付的量。
2. 正确。
3. 错误;3 美元 – 2 美元 = 1 美元。
4. 错误;它衡量市场上卖者参与市场的收益。
5. 正确。
6. 正确。
7. 正确。
8. 错误;总剩余是买者的评价减去卖者的成本。
9. 错误;自由市场把物品配置给那些支付意愿高于价格的买者。
10. 正确。
11. 正确。
12. 正确。
13. 正确。
14. 正确。
15. 错误;生产高于均衡数量的物品会减少总剩余,因为该部分物品的成本高于买者的评价。

7.3.2 单项选择题

1. d 2. c 3. b 4. b 5. c 6. a 7. d 8. e 9. d 10. e
11. a 12. b 13. c 14. e 15. c 16. d 17. c 18. b 19. a 20. b

7.4 进阶思考题

1. 你可以拥有过多的好东西。是的,任何有正的成本和消费者支付意愿递减的东西都可能被过度生产。这是因为在某个生产点上,每单位的成本将大于买者的评价,而且过度生产将会带来总剩余损失。

2. 参看图 7-10。

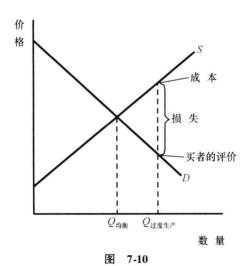

图 7-10

第8章
应用:税收的代价

目　标

在本章中你将

- 考察税收如何减少消费者剩余和生产者剩余
- 学习税收无谓损失的含义和原因
- 思考为什么一些税收的无谓损失大于另一些税收的无谓损失
- 考察税收收入和无谓损失如何随税收的规模而变动

效　果

在实现这些目标之后,你应该能

- 把税收楔子表示在供求图中,并确定税收收入、消费者剩余与生产者剩余的水平
- 把税收楔子表示在供求图中,并确定无谓损失的值
- 说明为什么一种既定的税收在供给和需求富有弹性时比缺乏弹性时将引起更大的无谓损失
- 说明为什么某些非常高的税收只带来很少的税收收入,却引起很大的无谓损失

8.1 本章概述

8.1.1 本章复习

税收提高了买者支付的价格,降低了卖者得到的价格,并减少了交易量。显然,买者和卖者的福利减少了,而政府的福利增加了。但是,整体福利也减少了,因为税收给买者和卖者带来的成本大于政府筹集到的收入。

1. 税收的无谓损失

回想一下第 6 章,税收是嵌入买者所支付的量和卖者所得到的量之间的一个楔子,而且,无论是向买者收税还是向卖者收税,都会减少销售量。就福利而言,回想一下第 7 章,消费者剩余是买者的支付意愿减去他们实际支付的价格,而生产者剩余是卖者实际得到的价格减去他们的成本。政府从税收中得到的福利或利益就是其从税收中得到的收入,是对一种物品征税后的销售量乘以每单位物品的税收,这种利益实际上归于那些花费税收收入的人。

根据图 8-1,没有税收时,价格是 P_0,而数量是 Q_0。因此,消费者剩余是 $A+B+C$,生产者剩余是 $D+E+F$。税收收入是零。总剩余是 $A+B+C+D+E+F$。

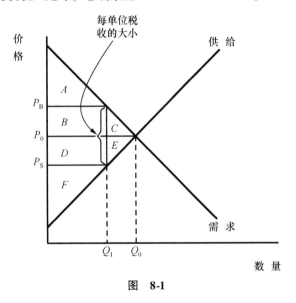

图 8-1

有税收时,买者支付的价格上升到 P_B,卖者得到的价格下降到 P_S,数量减少到 Q_1。消费者剩余现在是 A,生产者剩余现在是 F,税收收入是 $B+D$。总剩余现在是 $A+B+D+F$。消费者剩余和生产者剩余减少了,税收收入增加了。但是,消费者剩余和生产者剩余一共减少了 $B+C+D+E$,而政府收入只增加了 $B+D$。因此,买者和卖者的税收损失大于政府筹集到的税收收入。由税收引起的总剩余的减少称为**无谓损失**,在本例中等于 $C+E$。

税收引起无谓损失是因为税收使买者和卖者不能实现某些贸易的好处。这就是说,税收扭曲了激励,因为税收提高了买者支付的价格,减少了需求量,而且税收降低了卖者得到的价格,减少了供给量。市场规模缩减到其最优水平之下,而且卖者不能生产并销售买者的收益大于生产者成本的所有物品。无谓损失是贸易潜在好处的损失。

2. 决定无谓损失的因素

税收的无谓损失的大小取决于供给和需求的弹性。税收的无谓损失是由买者和卖者所面临的价格扭曲引起的。当对一种物品征税时，买者对物品价格的上升越敏感（富有弹性的需求），需求量减少得越多；卖者对物品价格的下降越敏感（富有弹性的供给），供给量减少得越多。市场上交易量减少得越多，引起的无谓损失就越大。因此，供给和需求的弹性越大，税收的无谓损失就越大。

在美国经济中，最重要的税收是劳动税——联邦和各州的收入所得税以及社会保障税。劳动税鼓励工人减少工作时间、家里的第二个赚钱者不工作、老年人早退休，以及一些不法分子从事地下经济活动。劳动的供给越富有弹性，税收的无谓损失越大，从而，任何一项依靠所得税收入提供资金的政府计划的成本就越大。经济学家和政治家在劳动的供给弹性有多大以及这些影响有多大等问题上存在争议。

3. 税收变动时的无谓损失和税收收入

随着税收的增加，无谓损失也在随之增加。实际上，无谓损失增加的比例高于税收增加的比例。无谓损失的增加是税收增加倍数的平方。例如，如果税收增加到 2 倍，那么无谓损失增加到 4 倍；如果税收增加到 3 倍，那么无谓损失增加到 9 倍；等等。

随着税收的增加，税收收入会先增加，然后再减少。这是因为：在开始阶段，税收的增加所带来的每单位物品税收收入的增加大于它引起的销售额减少，但是，在某一点时，由于一直增加的税收使市场规模（销售与征税的数量）收缩到政府只对少量物品征收高税收的水平，税收收入开始减少。

高税率使市场收缩得如此之大以至于会减少税收的思想由阿瑟·拉弗（Arthur Laffer）于 1974 年提出。**拉弗曲线**是一个表示随着一种物品税收规模的增加，收入先增加后减少的图形。其含义是，如果税率已经极高，那么降低税率可以增加税收。这属于供给学派经济学的一部分。证据表明，这对税率极高的个人可能是正确的，但对整个经济可能不太正确。可能的例外是 20 世纪 80 年代的瑞典，因为它对普通工人的边际税率达 80% 左右。

4. 结论

税收以两种方式给市场参与者带来成本：

- 资源从买者和卖者转向政府。
- 税收扭曲了激励，因此，生产和销售的物品少于没有税收时。这就是说，税收使社会失去了有效市场的一些利益。

8.1.2 有益的提示

（1）随着税收增加，它减少的市场规模越来越大。在某一点上，税收如此之高，以至于它大于或等于从第一单位物品中得到的潜在剩余。在那一点时，税收就成为禁止性税收，因为它连市场都消灭了。要注意，当一种税收成为禁止性税收时，政府根本无法从税收中得到收入，因为没有物品的销售。市场到了拉弗曲线上不利的一面。

（2）随着税收增加，无谓损失以递增的比率增加，因为无谓损失有两个来源，而且这两个来源都引起无谓损失随税收增加而增加。第一，税收增加减少了交易量，并增加了无谓损失。第二，随着交易量由于税收而减少，以后每一个未被生产并出售的单位都有与之相关的更高的总剩余。这进一步增加了税收的无谓损失。

8.1.3 术语与定义

为每个关键术语选择一个定义。

关键术语	定义
_____税收楔子	1. 税收引起的总剩余减少
_____无谓损失	2. 一个表示税收规模与所得到的税收收入之间关系的图形
_____拉弗曲线	3. 当在市场上征税时,买者支付的价格和卖者得到的价格之间的差额

8.2 应用题与简答题

8.2.1 应用题

1. 图 8-2 表示轮胎市场。假设对出售的每个轮胎征收 12 美元的道路使用税。
   a. 在图 8-2 中标出消费者剩余、生产者剩余、税收收入和无谓损失。
   b. 为什么在征税之后,轮胎市场上出现了无谓损失?
   c. 政府得到的税收收入是多少?为什么政府不能对所销售的 60 个轮胎(原来的均衡量)中的每一个征收 12 美元的税?
   d. 从买者得到的税收收入是多少?从卖者得到的税收收入是多少?税收负担更多地落到了买者身上还是卖者身上?为什么?
   e. 假设随着时间推移,轮胎的买者可以找到汽车轮胎的替代品(他们步行或骑自行车)。由于这个原因,他们对轮胎的需求变得更富有弹性。轮胎市场上无谓损失的大小会发生什么变动?为什么?

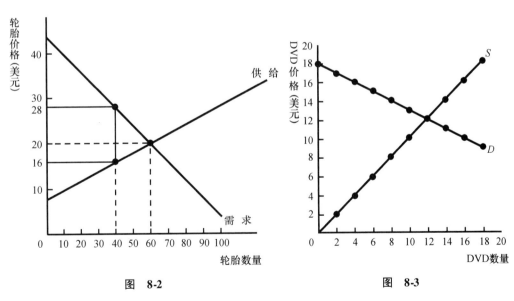

图 8-2　　　　　　　　　　图 8-3

2. 图 8-3 表示 DVD 市场,用其回答下列问题。
   a. 将下表填写完整(计算无谓损失时,注意三角形面积是 1/2 × 底 × 高)。

每单位的税收(美元)	筹集的税收收入(美元)	无谓损失(美元)
0	_____	_____
3	_____	_____
6	_____	_____
9	_____	_____
12	_____	_____
15	_____	_____
18	_____	_____

b. 随着每单位税收的增加，筹集的税收收入量发生了什么变动？为什么？
c. 在每张DVD的税收为18美元时，政府得到的税收收入是多少？为什么？
d. 如果政府想使税收收入最大化，每单位应该征收多少税？
e. 如果政府想使效率(总剩余)最大化，每单位应该征收多少税？
f. 随着税收增加，由税收引起的无谓损失会发生什么变动？为什么？

8.2.2 简答题

1. 为什么税收减少了消费者剩余？
2. 为什么税收减少了生产者剩余？
3. 为什么税收通常都产生了无谓损失？
4. 在什么条件下，税收不会产生无谓损失？
5. 当对一种物品征税时，政府得到的收入等于税收引起的总剩余损失吗？为什么？
6. 假设Rachel对粉刷她住房的评价为1 000美元。Paul粉刷住房的成本是700美元。在这个交易中，总剩余或从贸易中得到的好处是多少？使这个交易不会发生的税收规模是多少？这种税收的无谓损失是多少？你可以从这个练习题中得出什么一般性结论？
7. 你预期汽油税的无谓损失是在短期中更大，还是在长期中更大？为什么？
8. 假设石油的供给是相对无弹性的。汽油税会引起巨大的无谓损失吗？为什么？谁将承担这种税的负担，是石油的买者还是卖者？为什么？
9. 当一种物品的税收增加时，税收收入会发生什么变动？为什么？
10. 当一种物品的税收增加时，税收的无谓损失会发生什么变动？为什么？

8.3 自我测试题

8.3.1 判断正误题

_____ 1. 一般来说，税收提高了买者支付的价格，降低了卖者得到的价格，并减少了销售量。

_____ 2. 如果对一种物品征税，并减少了销售量，税收就必定有无谓损失。

_____ 3. 无谓损失是由税收引起的消费者剩余减少。

_____ 4. 当对一种物品征税时,政府得到的收入正好等于税收引起的消费者剩余和生产者剩余的损失。

_____ 5. 如果 John 对理发的评价为 20 美元,Mary 提供理发服务的成本是 10 美元,那么任何一种大于 10 美元的理发税都会消除贸易的好处,并引起总剩余 20 美元的损失。

_____ 6. 如果对市场上一种供给完全无弹性的物品征税,那么就没有无谓损失,而且卖者承担全部税收负担。

_____ 7. 香烟税引起的无谓损失可能大于豪华游艇税引起的无谓损失。

_____ 8. 如果供给和需求都缺乏弹性,那么税收引起的无谓损失就大。

_____ 9. 税收引起无谓损失是因为它消除了一些潜在的贸易好处。

_____ 10. 较高的税收总引起更多的税收收入。

_____ 11. 较高的税收总引起较大的无谓损失。

_____ 12. 如果所得税税率相当高,那么降低税率可以增加税收收入。

_____ 13. 向买者征税引起的无谓损失小于向卖者征税引起的无谓损失。

_____ 14. 如果税收翻一番,那么税收的无谓损失大于原来的两倍。

_____ 15. 当税收引起市场参与者不能生产并销售买者的收益大于卖者的成本的物品数量时,就产生了无谓损失。

8.3.2 单项选择题

用图 8-4 回答第 1—10 题。

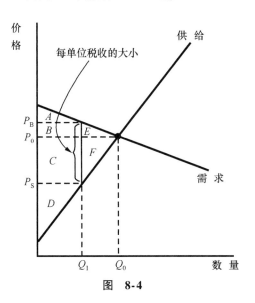

图 8-4

1. 如果不对这个市场上的物品征税,消费者剩余的面积是_____。
   a. $A+B+C$
   b. $D+C+B$
   c. $A+B+E$
   d. $C+D+F$
   e. A

2. 如果不对这个市场上的物品征税,生产者剩余的面积是_____。
   a. $A+B+C+D$
   b. $C+D+F$
   c. D
   d. $C+F$
   e. $A+B+E$

3. 如果对这个市场上的物品征税,消费者剩余的面积是_____。
   a. A
   b. $A+B$
   c. $A+B+E$
   d. $A+B+C+D$
   e. D

4. 如果对这个市场上的物品征税,生产者剩余的面积是_____。
   a. A

b. $A+B+E$
   c. $C+D+F$
   d. D
   e. $A+B+C+D$

5. 如果对这个市场上的物品征税,买者支付的税收收入的面积是_____。
   a. A
   b. B
   c. C
   d. $B+C$
   e. $B+C+E+F$

6. 如果对这个市场上的物品征税,卖者支付的税收收入的面积是_____。
   a. A
   b. B
   c. C
   d. $C+F$
   e. $B+C+E+F$

7. 如果不对这个市场上的物品征税,总剩余的面积是_____。
   a. $A+B+C+D$
   b. $A+B+C+D+E+F$
   c. $B+C+E+F$
   d. $E+F$
   e. $A+D+E+F$

8. 如果对这个市场上的物品征税,总剩余的面积是_____。
   a. $A+B+C+D$
   b. $A+B+C+D+E+F$
   c. $B+C+E+F$
   d. $E+F$
   e. $A+D$

9. 如果对这个市场上的物品征税,无谓损失的面积是_____。
   a. $B+C$
   b. $B+C+E+F$
   c. $A+B+C+D$
   d. $E+F$
   e. $A+D$

10. 关于图8-4中的税收负担,以下哪一种说法是正确的?
    a. 买者支付了更大部分的税收,因为需求比供给缺乏弹性。
    b. 买者支付了更大部分的税收,因为需求比供给富有弹性。
    c. 卖者支付了更大部分的税收,因为供给比需求富有弹性。
    d. 卖者支付了更大部分的税收,因为供给比需求缺乏弹性。

11. 下列哪一种税会引起最大的无谓损失?
    a. 香烟税。
    b. 盐税。
    c. 邮轮票税。
    d. 汽油税。

12. 汽油税很可能_____。
    a. 与短期相比,在长期中引起更大的无谓损失
    b. 与长期相比,在短期中引起更大的无谓损失
    c. 引起的无谓损失不受所考虑的时间长短的影响
    d. 以上各项都不对

13. 在下列哪种情况下,无谓损失最大?
    a. 供给和需求都相对缺乏弹性时。
    b. 供给和需求都相对富有弹性时。
    c. 供给富有弹性,而需求完全无弹性时。
    d. 需求富有弹性,而供给完全无弹性时。

14. 假设钻石的供给是相对无弹性的。对钻石征税将会产生_____。
    a. 很大的无谓损失,而且税收负担将落在钻石的购买者身上
    b. 很小的无谓损失,而且税收负担将落在钻石的购买者身上
    c. 很大的无谓损失,而且税收负担将落在钻石的销售者身上
    d. 很小的无谓损失,而且税收负担将落在钻石的销售者身上

15. 劳动所得税往往会鼓励_____。
    a. 工人工作时间更短
    b. 第二个赚钱者留在家里
    c. 老年人提前退休
    d. 不法分子从事地下经济活动
    e. 以上各项都对

16. 当一种物品税开始较低并逐渐增加时,税收入将_____。
    a. 增加
    b. 减少
    c. 先增加后减少
    d. 先减少后增加
    e. 以上各项都不对

17. 表示税收规模和政府得到的税收收入之间关系的图形被称为_____。
    a. 无谓损失曲线
    b. 税收收入曲线
    c. 拉弗曲线
    d. 里根曲线
    e. 以上各项都不对

18. 如果对一种物品的税收翻一番,那么税收的无谓损失_____。
    a. 仍然不变
    b. 翻一番
    c. 增加到四倍
    d. 可能增加或减少

19. 税收减少_____。
    a. 可以增加税收收入,如果之前税收极高
    b. 总会减少税收收入,无论以前税收规模如何
    c. 对税收收入没有影响
    d. 使市场变得更无效率

20. 当税收扭曲了买者和卖者的激励,以致生产和销售的物品少于没有税收时的数量,税收就会_____。
    a. 提高效率
    b. 降低买者支付的价格
    c. 导致没有税收收入
    d. 引起无谓损失

8.4 进阶思考题

你与你的室友正在看地方台的新闻报道。新闻主持人报道说,本州预算有1亿美元的赤字。由于该州现在从其5%的销售税中正好得到1亿美元,因此,你的室友就说:"我可以告诉他们如何消除这个赤字。他们应该简单地把销售税翻一番,提高到10%。这样就可以使税收收入翻一番,从1亿美元增加到2亿美元,从而提供所需要的1亿美元。"

1. 税收翻一番,税收收入也总会翻一番正确吗?为什么?
2. 销售税翻一番对所有市场的税收收入和无谓损失的影响程度都相同吗?解释之。

习 题 答 案

8.1.3 术语与定义

____3____ 税收楔子　　　　____2____ 拉弗曲线

____1____ 无谓损失

8.2.1 应用题

1. a. 参看图 8-5。

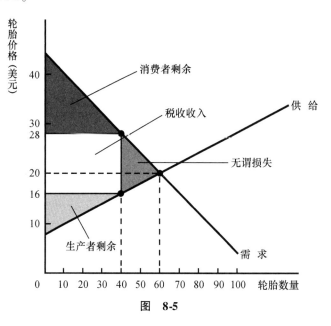

图 8-5

b. 税收提高了买者支付的价格,并降低了卖者得到的价格,这就使他们减少了需求量和供给量。因此,他们不能生产并交易买者评价大于卖者成本的单位。

c. 12 美元 × 40 = 480 美元。税收扭曲了买者和卖者的价格,因此,有税收时的供给量和需求量从 60 单位减少为 40 单位。

d. 从买者得到的税收收入 = 8 美元 × 40 = 320 美元。从卖者得到的税收收入 = 4 美元 × 40 = 160 美元。负担更多地落到买者身上,因为轮胎的需求比轮胎的供给缺乏弹性。

e. 无谓损失将增加,因为当买者对(由于税收引起的)价格上升更敏感时,他们减少的需求量更大,而且市场的收缩也更大。这样,更少的买者评价大于卖者成本的单位将被售出。

2. a.

每单位的税收(美元)	筹集的税收收入(美元)	无谓损失(美元)
0	0	0
3	30	$(3 \times 2)/2 = 3$
6	48	$(6 \times 4)/2 = 12$
9	54	$(9 \times 6)/2 = 27$
12	48	$(12 \times 8)/2 = 48$
15	30	$(15 \times 10)/2 = 75$
18	0	$(18 \times 12)/2 = 108$

b. 它先增加,然后减少。在开始时,随着税收增加,税收收入增加。达到某一点时,税

收使市场规模缩小到政府只能对少量物品征收高税收的水平,这使税收入开始减少。

c. 得不到税收收入,因为税收与第一单位物品的总剩余相等。因此,即使生产与消费一单位物品的激励都不存在,整个市场消除了。

d. 每单位9美元。

e. 每单位0美元,这使市场回到自由市场均衡。

f. 无谓损失将增加。实际上,它以递增的比率增加。这是因为,随着税收增加,税收所导致的交易量减少带来了更大的潜在剩余。

8.2.2 简答题

1. 消费者剩余是买者购买一种物品愿意支付的价格减去买者实际支付的价格,而税收提高了买者实际支付的价格。

2. 生产者剩余是卖者出售一种物品愿意接受的价格减去卖者的成本,而税收降低了卖者从一种物品上得到的价格。

3. 税收提高了买者支付的价格,并降低了卖者得到的价格。这种价格扭曲减少了需求量和供给量,因此,我们不能生产并消费买者的收益大于卖者的成本的数量。

4. 如果供给和需求都是完全无弹性的(对价格变动不敏感),那么税收就不会减少交易量,而且市场不会收缩,此时不会产生无谓损失。

5. 不等于。税收扭曲了买者和卖者的价格,并减少了他们的需求量与供给量。只能对征税后所销售的物品数量征税。那些不再生产并销售的单位没有税收收入,但这些单位本可以增加总剩余,因为买者对它们的评价大于卖者的成本。总剩余的减少是无谓损失。

6. 总剩余为300美元。任何一种税收规模大于300美元的税都可以消除这一贸易。无谓损失将是300美元。大于潜在贸易好处的税收将消除这种贸易,并引起与失去的贸易好处相等的无谓损失。

7. 长期中的无谓损失更大。这是因为长期中消费者和生产者可以在价格向不利方向变动时用替代品替代进而离开该市场,所以需求和供给更富有弹性。因此在长期中税收引起的市场收缩越大,无谓损失也越大。

8. 不会。因为石油的供给是非常缺乏弹性的,所以供给量不会对卖者得到的价格下降做出反应。由于同样的原因——石油的供给非常缺乏弹性,卖者将承担税收负担。

9. 税收收入先增加。当税收达到某一点时,由于买者和卖者的价格扭曲引起市场收缩,只能从少量的交易物品中征收高税收,从而税收收入减少。

10. 随着税收增加,税收引起的价格扭曲使得市场一直收缩,因此无谓损失一直增加。所以,我们不能生产越来越多的买者收益大于卖者成本的东西。

8.3.1 判断正误题

1. 正确。
2. 正确。
3. 错误;无谓损失是税收引起的总剩余的减少。
4. 错误;生产者剩余和消费者剩余的损失大于税收收入。差额是无谓损失。
5. 错误;总剩余的损失是买者的评价减

卖者的成本,或者 20 美元 - 10 美元 = 10 美元。

6. 正确。
7. 错误;需求曲线越有弹性,无谓损失越大,而香烟(必需品)的需求应该比豪华游艇(奢侈品)更为缺乏弹性。
8. 错误;当供给和需求更富有弹性时,税收引起更大的无谓损失。
9. 正确。
10. 错误;随着税收增加,税收收入先增加,而后开始下降,因为最终税收使市场收缩到所有贸易都被消除而税收收入为零的一点。
11. 正确。
12. 正确。
13. 错误;向买者或卖者征税是相同的。这就是经济学家为什么在分析税收时简单地使用税收楔子从而完全回避了这个问题。
14. 正确。
15. 正确。

8.3.2 单项选择题

1. c   2. b   3. a   4. d   5. b   6. c   7. b   8. a   9. d   10. d
11. c   12. a   13. b   14. d   15. e   16. c   17. c   18. c   19. a   20. d

8.4 进阶思考题

1. 不正确。通常来说,税收增加将减少市场规模,因为税收提高了买者付出的价格,这使他们减少了需求量,而且税收降低了卖者得到的价格,这使他们减少了供给量。当税收翻一番时,政府从少得多的单位中得到了每单位双倍的税收。因此,税收收入不会增加到原来的两倍,在某些极端情况下,税收收入甚至减少。

2. 不相同。一些市场的供给曲线和需求曲线可能极其富有弹性。在这些市场上,税收增加引起市场参与者离开市场,此时税收增加带来的税收收入增加很少,但无谓损失增加了很多。另一些市场的供给曲线和需求曲线可能缺乏弹性。在这些市场上,税收增加不会引起市场参与者离开市场,从而会使税收收入大量增加,但无谓损失却几乎不增加。

第 9 章
应用:国际贸易

目　标

在本章中你将

- 思考一国是进口还是出口一种物品由什么决定
- 考察在国际贸易中谁获利谁受损
- 了解国际贸易中赢家的好处大于输家的损失
- 分析关税的福利影响
- 考察人们用来支持贸易限制的各种观点

效　果

在实现这些目标之后,你应该能

- 决定如果世界价格高于贸易前的国内价格,一国是进口还是出口一种物品
- 说明当一国进口一种物品时消费者获益而生产者受损
- 用消费者剩余与生产者剩余说明,当一国进口一种物品时消费者的好处大于生产者的损失
- 说明与关税相关的无谓损失
- 驳斥支持贸易限制的观点

9.1 本章概述

9.1.1 本章复习

本章运用福利经济学来分析以下问题：
- 国际贸易如何影响经济福利？
- 谁从自由国际贸易中获益？谁受损？
- 如何比较贸易的好处与贸易的损失？

1. 决定贸易的因素

在没有国际贸易时，市场产生了使国内供给量与国内需求量相等的国内价格。**世界价格**是一种物品在世界市场上通行的价格。价格代表机会成本。因此，比较贸易前一种物品的世界价格和国内价格可以分析一国是否有较低的机会成本，即是本国在该物品的生产上有比较优势，还是其他国家在该物品的生产上有比较优势。

- 如果一种物品的世界价格高于国内价格，那么该国生产该物品有比较优势，而且如果允许贸易，则应该出口该物品。
- 如果一种物品的世界价格低于国内价格，那么外国生产该物品有比较优势，而且如果允许贸易，则应该进口该物品。

2. 贸易的赢家和输家

假定所分析的国家是一个小国，那么其在世界市场上是一个**价格接受者**。这意味着，该国只能接受既定的世界价格，并不能影响世界价格。

图 9-1 描述了世界价格高于贸易前国内价格的状况。这个国家在这种物品的生产上有比较优势。如果允许自由贸易，国内价格将上升到世界价格，并出口国内供给量与国内需求量之间的差额。

就贸易对出口国的好处与损失而言，贸易前消费者剩余是 $A+B$，生产者剩余是 C，因此，总剩余是 $A+B+C$。在贸易之后，消费者剩余是 A，生产者剩余是 $B+C+D$（价格以下和供给曲线以上的面积）。由于贸易好处的面积是 D，总剩余现在是 $A+B+C+D$。这种分析得出了两个结论：

- 当一国允许贸易并成为一种物品的出口国时，国内该物品生产者的状况变好，而国内该物品消费者的状况变坏。
- 从赢家收益超过了输家损失的意义上说，贸易使一国的经济福利增加了。

图 9-2 描述了世界价格低于贸易前国内价格时的状况。其他国家在这种物品的生产上有比较优势。如果允许自由贸易，国内价格将下降到世界价格，并进口国内供给量与国内需求量之间的差额。

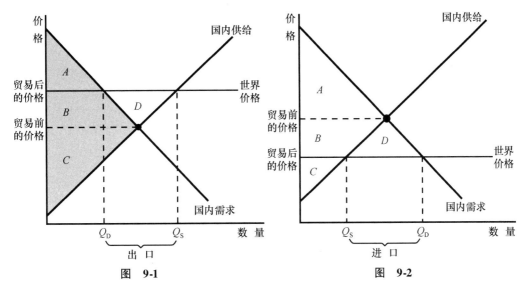

图 9-1　　　　　　　　　图 9-2

就贸易对进口国的好处与损失而言，贸易前消费者剩余是 A，生产者剩余是 B + C，因此，总剩余是 A + B + C。在贸易之后，消费者剩余是 A + B + D（需求曲线以下和价格以上的面积），生产者剩余是 C。由于贸易好处的面积是 D，总剩余现在是 A + B + C + D。这种分析得出了两个结论：

- 当一国允许贸易并成为一种物品的进口国时，国内该物品消费者状况变好，而国内该物品生产者状况变坏。
- 从赢家收益超过了输家损失的意义上说，贸易使一国的经济福利增加了。

如果赢家补偿输家，贸易就可以使每一个人的状况都变好。但赢家很少支付补偿，因此，输家会为实行贸易限制，比如关税，而进行游说。

关税限制了国际贸易。**关税**是对在国外生产并在国内销售的物品征收的税。因此，只有当一国是某物品的进口国时才对该物品征收关税。关税提高了物品的价格，减少了国内需求量，增加了国内供给量，从而减少了进口量。关税使市场接近于无贸易时的均衡。

关税增加了生产者剩余，增加了政府收入，但其所减少的消费者剩余量大于生产者剩余和政府收入的增加。因此，关税由于减少了总剩余而引起了无谓损失。无谓损失产生于两个来源：关税引起的价格上升导致生产者生产其成本高于世界价格的单位（过度生产），并且导致消费者不能消费其评价高于世界价格的单位（消费不足）。

进口配额确定了在国外生产并在国内销售的一种物品的数量限额。为了实现这一点，一个政府可以分配数量有限的进口许可证。与关税一样，进口配额减少了进口量，提高了该物品的国内价格，减少了国内消费者的福利，增加了国内生产者的福利，产生了无谓损失。它使市场变动到接近于没有贸易时的均衡。

要注意，关税与进口配额的结果几乎是一样的，唯一的区别是政府能从关税中获益。如果进口许可证被免费发放，那么许可证持有者将从低于国内价格的世界价格中获得剩余。如果政府出售最大可能量的进口许可证，那么它得到的收入将等于关税收入，从而关税和配额的作用就完全相同。如果配额是由出口国"自愿"实行的，那么配额的收入就归外国企业或政府所有。

关税引起无谓损失。因此,如果经济效率是政策的目标,那么国家就应该允许自由贸易,并避免使用关税。

自由贸易还提供了除效率外的好处。自由贸易增加了消费者可选择物品的多样性,使企业可以利用规模经济,使市场更具竞争性,并且有利于技术扩散。

3. 各种限制贸易的观点

自由贸易的反对者(往往是受到自由贸易损害的生产者)提出以下支持贸易限制的观点:

(1) **工作岗位论**。自由贸易的反对者认为,贸易摧毁了国内的工作岗位。但是,当自由贸易摧毁了进口部门无效率的工作岗位时,它也在一国有比较优势的出口部门和行业创造了更有效率的工作岗位。这个理由总是正确的,因为每个国家总在某些东西的生产上有比较优势。

(2) **国家安全论**。一些行业认为,它们的物品对国家安全至关重要,因此,应该受到避免国际竞争的保护。这种观点的危险是,它可能存在被过度使用的风险,尤其是当这种观点是出自行业代表而非国防机构时。

(3) **幼稚产业论**。一些新产业认为它们需要避开国际竞争的暂时保护,直至成熟得足以进行竞争。但是,选择哪一个新产业来给予保护是一个问题,而且,一旦受到保护,这种暂时保护往往就会成为持久的保护。此外,政府真正预期未来能有竞争力的产业其实并不需要保护,因为所有者能承受短期亏损。

(4) **不公平竞争论**。自由贸易的反对者认为,其他国家为自己的行业提供了一些不公平的优势,例如补贴、税收减免,以及较松的环境限制。但是,进口国消费者的好处将大于该国生产者的损失,而且,当进口有补贴的物品时,进口国将获益。

(5) **作为讨价还价筹码的保护论**。自由贸易的反对者认为,贸易限制的威胁会使其他国家降低其贸易限制。但是,如果这种策略不起作用,做出威胁的国家就必须让步或减少贸易——其中任何一种都是不合意的。

当各国选择降低贸易限制时,可以采用单边的方法,自己取消贸易限制。此外,它们也可以采用多边的方法,与其他国家共同减少贸易限制。多边方法的例子是北美自由贸易协定(NAFTA)和关税及贸易总协定(GATT)。关贸总协定的规则由世界贸易组织(WTO)实施。多边方法的优点在于,许多国家一起这样做时,会带来总体上更自由的贸易,并且有时在政治上更容易实现。但是,如果各国的谈判破裂,它也会失败。许多经济学家建议使用单边方法,因为这样可以使一国的国内经济获益,而且也会促使其他国家加以仿效。

4. 结论

绝大多数经济学家支持自由贸易。美国各州之间的自由贸易通过允许不同地区专门从事自己有比较优势的物品的生产而增加了福利。同样,各国之间的自由贸易也使各国可以享受比较优势的收益,并从贸易中获益。

9.1.2 有益的提示

(1) 限制自由贸易的国家通常限制进口,而不限制出口。这是因为生产者从进口中受损,而从出口中获益,而且生产者更容易组织起来游说政府保护他们的利益。例如,当一国进口一种物品时,消费者获益,而生产者受损。消费者不太可能像受影响的生产者那样组织起来游说政府,因此,进口可能会受到限制。当一国出口一种物品时,生产者获益,而消费者受损。但是,消费者又不大可能组织起来游说政府去限制出口,因此,出口很少受到限制。

(2)绝大多数经济学家发现,反对自由贸易的经济学观点都是站不住脚的。唯一无法用经济学反驳的反对自由贸易的观点是"国家安全论"。这是因为它是唯一不基于经济学而基于其他战略目标的反对自由贸易的观点。

(3)禁止性关税或进口配额是如此具有限制性,以至于使市场回到原来没有贸易时的均衡。如果关税大于或等于世界价格与无贸易时国内价格之间的差额,或者进口配额确定为零,就会出现这种情况。

9.1.3 术语与定义

为每个关键术语选择一个定义。

关键术语	定义
_____ 世界价格	1. 不能影响价格,因此把价格作为既定价格的市场参与者
_____ 价格接受者	2. 一种物品在世界市场上通行的价格
_____ 关税	3. 对在国外生产而在国内销售的物品征收的一种税

9.2 应用题与简答题

9.2.1 应用题

1. 用图9-3回答以下问题。

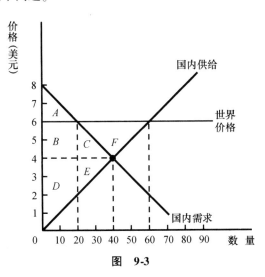

图 9-3

a. 如果不允许贸易,这个市场的均衡价格和数量是多少?

b. 如果允许贸易,这个国家是进口还是出口这种商品?为什么?
   c. 如果允许贸易,物品的销售价格、国内供给量与需求量,以及进口量或出口量各是多少?
   d. 如果不允许贸易,与消费者剩余相对应的面积是什么?
   e. 如果允许贸易,与消费者剩余相对应的面积是什么?
   f. 如果不允许贸易,与生产者剩余相对应的面积是什么?
   g. 如果允许贸易,与生产者剩余相对应的面积是什么?
   h. 如果允许自由贸易,消费者和生产者谁获益?谁受损?与他们获益或受损相对应的面积是什么?
   i. 与贸易好处相对应的面积是什么?

2. 用图9-4回答下列问题。

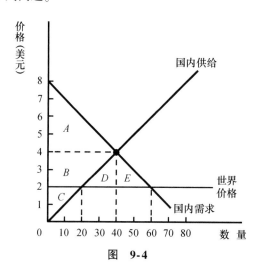

图 9-4

   a. 如果不允许贸易,这个市场的均衡价格和数量是多少?
   b. 如果允许贸易,这个国家是进口还是出口这种商品?为什么?
   c. 如果允许贸易,物品的销售价格、国内供给量和需求量,以及进口量或出口量各是多少?
   d. 如果不允许贸易,与消费者剩余相对应的面积是什么?
   e. 如果允许贸易,与消费者剩余相对应的面积是什么?
   f. 如果不允许贸易,与生产者剩余相对应的面积是什么?
   g. 如果允许贸易,与生产者剩余相对应的面积是什么?
   h. 如果允许自由贸易,消费者和生产者谁获益?谁受损?与他们受益或受损相对应的面积是什么?
   i. 与贸易好处相对应的面积是什么?

3. 用图9-5回答下列问题。
   a. 如果允许自由贸易,国内供给量、国内需求量和进口量各是多少?
   b. 如果对这种物品征收1美元关税,国内供给量、国内需求量和进口量各是多少?

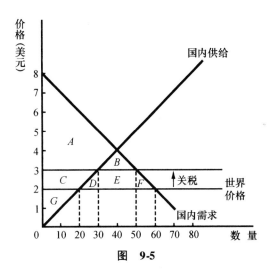

图 9-5

c. 在实施关税之前,与消费者剩余和生产者剩余相对应的面积是什么?
d. 在实施关税之后,与消费者剩余、生产者剩余以及政府收入相对应的面积是什么?
e. 与关税带来的无谓损失相对应的面积是什么?
f. 用文字描述关税带来的无谓损失的来源。
g. 完全取消贸易(即使市场回到没有贸易时的国内解)的关税是多少?

9.2.2 简答题

下表表明了 Partyland 国和 Laborland 国每个工人每小时可以生产的产量。

	啤酒	比萨饼
Partyland 国	2	4
Laborland 国	4	12

1. 如果允许自由贸易,两个国家将互相出口哪一种物品?为什么?(根据每个国家生产的机会成本解释。)
2. 如果一种物品的世界价格高于一国贸易前的国内价格,这个国家将进口还是出口这种物品?为什么?
3. 如果允许一国居民进口一种物品,与贸易前的均衡相比,生产者和消费者谁将获益?谁将受损?为什么?
4. 用文字描述一个出口国从贸易中获得的好处(增加的总剩余)的来源。
5. 用文字描述一个进口国从贸易中获得的好处(增加的总剩余)的来源。
6. 用文字描述限制贸易引起的无谓损失的来源。
7. 对于每一种关税,都存在一个可以引起类似结果的进口配额。与关税相比,使用进口配额限制贸易的缺点是什么?
8. 有哪些支持贸易限制的观点?
9. 从支持自由贸易的立场,对以下观点做出回应:应该限制一国国家安全所需物品的进口。
10. 如果关税减少了总剩余,从而减少了经济福利,为什么政府还要这样做?

11. 除了我们用标准分析提出的自由贸易的好处,列出自由贸易的其他好处。

9.3 自我测试题

9.3.1 判断正误题

_____ 1. 如果一种物品的世界价格高于一国贸易前该物品的国内价格,该国应该进口该物品。
_____ 2. 各国应该进口它们在生产中有比较优势的物品。
_____ 3. 如果巴西每个工人每小时可以生产6个橙子或2个苹果,而墨西哥每个工人每小时可以生产2个橙子或1个苹果,那么,巴西就应该出口橙子,而墨西哥应该出口苹果。
_____ 4. 如果允许自由贸易,而且一国进口小麦,那么与贸易前的国内均衡相比,国内面包买者的状况会变好,而国内农民的状况会变坏。
_____ 5. 如果允许自由贸易,而且一国出口一种物品,那么与贸易前的国内均衡相比,国内该物品生产者的状况会变坏,而国内该物品消费者的状况会变好。
_____ 6. 如果允许自由贸易,而且一国出口一种物品,那么国内生产者的好处大于国内消费者的损失,总剩余增加。
_____ 7. 贸易使每一个人的状况都变好。
_____ 8. 如果贸易的赢家补偿贸易的输家,那么贸易可以使每一个人的状况都变好。
_____ 9. 贸易增加了一国的经济福利,因为赢家的好处大于输家的损失。
_____ 10. 关税往往会有利于消费者。
_____ 11. 关税提高了一种物品的价格,减少了国内需求量,增加了国内供给量,并增加了进口量。
_____ 12. 即使政府免费发放进口许可证,进口配额所增加的政府收入也与对进口有同样程度限制的等量关税一样。
_____ 13. 自由贸易的反对者往往认为,自由贸易减少了国内的工作岗位。
_____ 14. 如果外国补贴出口行业,那么它的纳税人将为提高进口国消费者福利而付钱。
_____ 15. 关税引起无谓损失是因为进口物品价格上升,并引起进口国该物品的过度生产和消费不足。

9.3.2 单项选择题

1. 如果允许自由贸易,一国将在一种物品的世界价格为何种情况时出口该物品?
   a. 低于贸易前该物品的国内价格。
   b. 高于贸易前该物品的国内价格。
   c. 等于贸易前该物品的国内价格。
   d. 以上各项都不对。

2. 假定世界价格低于贸易前一种物品的国内价格。如果一国允许这种物品的自由贸易,_____。
   a. 消费者将受益,而生产者将受损
   b. 生产者将受益,而消费者将受损
   c. 生产者和消费者都受益
   d. 生产者和消费者都受损

下表表示美国和加拿大一个工人每小时可以生产的产量。

	钢笔	铅笔
美国	8	4
加拿大	8	2

3. 下列哪一个关于美国和加拿大之间自由贸易的表述是正确的？
   a. 美国将出口铅笔,但钢笔没有贸易,因为没有一个国家在钢笔的生产上有比较优势。
   b. 美国将出口钢笔,而加拿大将出口铅笔。
   c. 美国将出口铅笔,而加拿大将出口钢笔。
   d. 美国既出口钢笔,又出口铅笔。

4. 如果一种物品的世界价格高于贸易前该物品的国内价格,那么,该国就应该_____。
   a. 在生产该物品上具有绝对优势。
   b. 在生产该物品上具有绝对劣势。
   c. 在生产该物品上具有比较优势。
   d. 在生产该物品上具有比较劣势。

参看图9-6,回答第5—9题。

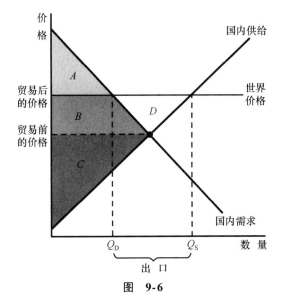

图 9-6

5. 如果不允许贸易,消费者剩余的面积是_____。
   a. A
   b. $A + B$
   c. $A + B + C$
   d. $A + B + D$
   e. $A + B + C + D$

6. 如果允许自由贸易,消费者剩余的面积是_____。
   a. A
   b. $A + B$
   c. $A + B + C$
   d. $A + B + D$
   e. $A + B + C + D$

7. 如果不允许贸易,生产者剩余的面积是_____。
   a. C
   b. $B + C$
   c. $B + C + D$
   d. $A + B + C$
   e. $A + B + C + D$

8. 如果允许自由贸易,生产者剩余的面积是_____。
   a. C
   b. $B + C$
   c. $B + C + D$
   d. $A + B + C$
   e. $A + B + C + D$

9. 与贸易收益相对应的面积是_____。
   a. A
   b. B
   c. C
   d. D
   e. $B + D$

10. 当一国允许贸易并出口一种物品时,_____。
    a. 国内消费者状况变好,国内生产者状况变坏,而且,一国由于输家的损失大于赢家的好处而状况变坏了

b. 国内消费者状况变好,国内生产者状况变坏,而且,一国由于赢家的好处大于输家的损失而状况变好了

c. 国内生产者状况变好,国内消费者状况变坏,而且,一国由于输家的损失大于赢家的好处而状况变坏了

d. 国内生产者状况变好,国内消费者状况变坏,而且,一国由于赢家的好处大于输家的损失而状况变好了

参看图9-7,回答第11—15题。

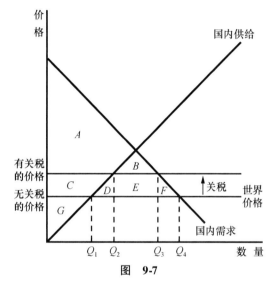

图 9-7

11. 如果允许贸易,消费者剩余的面积是_____。
   a. A
   b. $A+B$
   c. $A+B+C$
   d. $A+B+C+D+E+F$
   e. $A+B+C+D+E+F+G$

12. 如果对这种物品征收关税,消费者剩余的面积是_____。
   a. A
   b. $A+B$
   c. $A+B+C$
   d. $A+B+C+D+E+F$
   e. $A+B+C+D+E+F+G$

13. 政府关税收入的面积是_____。
   a. $C+D+E+F$
   b. $D+E+F$
   c. $D+F$
   d. G
   e. E

14. 如果对这种物品征收关税,生产者剩余的面积是_____。
   a. G
   b. $G+C$
   c. $G+C+D+E+F$
   d. $G+C+D+E+F+B$
   e. $G+C+E$

15. 关税的无谓损失的面积是_____。
   a. $B+D+E+F$
   b. B
   c. $D+E+F$
   d. $D+F$
   e. E

16. 当政治家认为戴尔电脑公司向印度外包技术支持会有损美国经济时,他们运用了以下哪种限制贸易的观点?
   a. 幼稚产业论。
   b. 工作岗位论。
   c. 国家安全论。
   d. 无谓损失论。

17. 以下哪一种关于关税的表述是正确的?
   a. 关税增加了生产者剩余,减少了消费者剩余,增加了政府收入,并减少了总剩余。
   b. 关税增加了消费者剩余,减少了生产者剩余,增加了政府收入,并减少了总剩余。
   c. 关税增加了生产者剩余,减少了消费者剩余,增加了政府收入,并增加了总剩余。
   d. 关税增加了消费者剩余,减少了

生产者剩余,增加了政府收入,并增加了总剩余。

18. 以下哪一种关于进口配额的表述是正确的?
    a. 进口配额优于关税,因为它们使政府收入增加得更多。
    b. 出口国确定的自愿配额不会对进口国造成无谓损失。
    c. 对每一种关税,都存在一种可以引起相似结果的进口配额。
    d. 进口配额降低了对国内消费者的价格。
19. 以下哪一种观点没有被用来支持贸易限制?
    a. 自由贸易摧毁了国内工作岗位。
    b. 如果至关重要的物品是进口的,那么自由贸易就有损于国家安全。
    c. 如果外国补贴它们的出口行业,自由贸易就不利于进口国。
    d. 自由贸易既损害了国内生产者,又损害了国内消费者,因此减少了总剩余。
    e. 自由贸易损害了进口国的幼稚产业。
20. 由于生产者能比消费者更好地组织起来,因此,我们预期存在引起_____的政治压力。
    a. 自由贸易
    b. 进口限制
    c. 出口限制
    d. 以上各项都不对

9.4 进阶思考题

你正在看晚间新闻。一位政治候选人在接受采访时解释说:"我支持自由贸易,但必须是公平的贸易。如果我们的国外竞争对手不提高环境管制,不减少对其出口行业的补贴,不降低他们进口我们物品的关税,我们就应该通过对他们的物品征收关税和实施进口限额进行报复,以告诉他们,我们不是傻瓜!"

1. 如果外国通过放松环境管制和直接补贴人为地降低了其生产者的生产成本,然后向我们出口物品,那么在我们国家,生产者和消费者谁获益? 谁受损?
2. 接着上题回答,我们国家获益还是受损? 为什么?
3. 如果外国对一种向我国出口的物品的生产提供补贴,那么谁来承担他们的错误政策?
4. 如果我们对补贴其出口行业的国家进行贸易限制,我们的整体经济福利会发生什么变动? 解释之。
5. 我们是以生产成本还是以补贴的价格进口一种物品有区别吗? 为什么?
6. 为了使外国政府减少其贸易限制而以贸易限制相威胁是一种好政策吗? 解释之。

习 题 答 案

9.1.3 术语与定义

__2__ 世界价格　　　　　　　　　__3__ 关税
__1__ 价格接受者

9.2.1 应用题

1. a. 价格 = 4 美元,数量 = 40 单位。
   b. 出口,因为世界价格高于国内价格,意味着这个国家在这种物品的生产上有比较优势。
   c. 价格 = 6 美元,供给量 = 60 单位,需求量 = 20 单位,出口量 = 40 单位。
   d. $A + B + C$。
   e. A。
   f. $D + E$。
   g. $B + C + D + E + F$。
   h. 消费者损失 $B + C$,生产者获益 $B + C + F$。
   i. F。

2. a. 价格 = 4 美元,数量 = 40 单位。
   b. 进口,因为世界价格低于国内价格,这表明其他国家在这种物品的生产上有比较优势。
   c. 价格 = 2 美元,供给量 = 20 单位,需求量 = 60 单位,进口量 = 40 单位。
   d. A。
   e. $A + B + D + E$。
   f. $B + C$。
   g. C。
   h. 消费者获益 $B + D + E$,生产者损失 B。
   i. $D + E$。

3. a. 供给量 = 20 单位,需求量 = 60 单位,进口量 = 40 单位。
   b. 供给量 = 30 单位,需求量 = 50 单位,进口量 = 20 单位。
   c. 消费者剩余 = $A + B + C + D + E + F$,生产者剩余 = G。
   d. 消费者剩余 = $A + B$,生产者剩余 = $C + G$,政府收入 = E。
   e. $D + F$。
   f. 第一,关税带来的价格上升引起过度生产,因为生产出来的单位的成本高于世界价格。第二,价格上升引起消费不足,因为消费者不能消费其评价高于世界价格的单位。
   g. 2 美元关税将使价格上升到 4 美元(无贸易时的国内价格),并消除贸易。

9.2.2 简答题

1. 在 Partyland 国,1 瓶啤酒的机会成本是 2 个比萨饼。在 Laborland 国,1 瓶啤酒的机会成本是 3 个比萨饼。Partyland 国啤酒的机会成本较低,从而在啤酒生产中有比较优势,并出口啤酒。在 Laborland 国,1 个比萨饼的机会成本是 1/3 瓶啤酒。在 Partyland 国,1 个比萨饼的机会成本是 1/2 瓶啤酒。Laborland 国比萨饼的机会成本较低,从而在比萨饼生产中有比较优势,并出口比萨饼。Laborland 国在两种物品上都更有效率的事实是不相关的。

2. 出口,因为国内生产的机会成本低于其他国家生产的机会成本。
3. 消费者获益而生产者受损,因为如果允许贸易,国内价格将下降到世界价格。
4. 好处的来源是世界其他国家买者对出口物品的评价大于国内生产成本的部分。
5. 好处的来源是国内买者对进口物品的评价大于世界其他国家生产成本的部分。
6. 限制贸易带来的价格上升引起物品过度生产(生产这些物品的成本大于世界价格),以及该物品消费不足(消费者没有得到其评价高于世界价格的数量)。
7. 除非国内政府出售最大可能量的进口许可证,否则进口配额的收益将归于进口许可证持有者,或者外国企业与政府。
8. 自由贸易将减少国内工作岗位,降低国家安全,损害幼稚产业,迫使国内生产者与有不公平优势的外国公司竞争,而且,在本国不进行贸易限制时使其他国家可以进行贸易限制。
9. 国家安全论的危险是,几乎任何一种物品(远远超过了标准的军事物品)都可以被行业代表认为是国家安全所必需的。
10. 关税损害了国内消费者,而帮助了国内生产者。但生产者可以比消费者更好地组织起来,从而他们可以为自己的利益游说政府。
11. 自由贸易增加了可消费物品的品种,使企业可以利用规模经济,使市场更具竞争性,并有利于技术扩散。

9.3.1 判断正误题

1. 错误;该国应该出口那种物品。
2. 错误;各国应该出口自己在生产中有比较优势的物品。
3. 正确。
4. 正确。
5. 错误;生产者获益,消费者受损。
6. 正确。
7. 错误;有人获益,有人受损,但赢家的收益大于输家的损失。
8. 正确。
9. 正确。
10. 错误;关税有利于生产者。
11. 错误;关税减少了进口。
12. 错误;如果政府以最大可能量(世界价格与国内价格之间的差额)出售进口许可证,那么配额最多可以筹集同样的收入。
13. 正确。
14. 正确。
15. 正确。

9.3.2 单项选择题

1. b 2. a 3. c 4. c 5. b 6. a 7. a 8. c 9. d 10. d
11. d 12. b 13. e 14. b 15. d 16. b 17. a 18. c 19. d 20. b

9.4 进阶思考题

1. 消费者获益,生产者受损。
2. 本国获益,因为消费者的好处大于生产者的损失。
3. 外国纳税人。
4. 生产者获益,消费者受损,但消费者的损失大于生产者的收益,因此,总剩余减少,并产生无谓损失。其结果与当外国生产者没有不公平优势时我们限制贸易的结果没有什么不同。
5. 没有区别。在这两种情况下,世界价格都低于贸易前的国内价格,这使消费者从贸易中获益,而生产者受损。此外,无论物品的生产有没有补贴,对贸易进行限制所引起的消费者的损失都大于生产者的收益。
6. 通常不是一种好政策。如果其他国家没有把威胁当回事,威胁国就不得不在让步和减少贸易之间做出选择——这两种情况都不合意。

第4篇 公共部门经济学

第 10 章
外 部 性

目　标

在本章中你将

- 学习什么是外部性
- 理解为什么外部性会使市场结果无效率
- 考察旨在解决外部性问题的各种政府政策
- 考察人们有时如何自己解决外部性问题
- 思考为什么外部性的私人解决方法有时不起作用

效　果

在实现这些目标之后，你应该能

- 区分正负外部性
- 说明为什么当存在外部性时最优数量往往会不同于市场数量
- 说明矫正税和污染许可证的潜在相等性
- 定义科斯定理
- 解释交易成本会如何阻碍外部性的私人解决

10.1 本章概述

10.1.1 本章复习

外部性是一个人的行为对旁观者福利的无补偿的影响。如果这种影响是有利的,就称为**正外部性**。如果这种影响是不利的,就称为**负外部性**。市场使市场上买者与卖者的总剩余最大化,而且市场通常是有效率的。但是,如果市场引起了外部性,市场均衡就可能无法使整个社会的总利益最大化,从而市场是无效率的。政府政策可能提高效率。负外部性的例子有能耗和噪声的污染。正外部性的例子有对历史建筑的修复和对新技术的研究。

1. 外部性和市场无效率

需求曲线的高度衡量边际消费者对物品的评价。供给曲线的高度衡量边际生产者的成本。如果没有政府干预,价格会自发调整,使供求达到平衡。生产的数量使消费者剩余和生产者剩余最大化。如果没有外部性,则市场解是有效率的,因为它使市场上买者和卖者的福利最大化,而且他们的福利就是全部相关的。然而,如果有外部性,而且旁观者受这个市场的影响,则市场就不能使整个社会的总利益最大化,因为除了市场上的买者与卖者,市场之外的人也受到了影响。

外部性有两种类型:

- 负外部性:例如,当生产一种物品产生了污染时,它给社会带来的成本超过了生产企业的成本。因此,污染的**社会成本**大于私人生产成本。从图形上看,社会成本曲线在供给曲线(私人成本曲线)之上。总剩余是消费者的评价减去生产的真实社会成本。因此,使总剩余最大化的最优数量小于市场产生的均衡数量。

- 正外部性:例如,教育这类物品给人们带来的利益大于仅仅给教育买者带来的利益。因此,教育的社会价值大于私人价值。从图形上看,社会价值曲线在需求曲线(私人价值曲线)之上。总剩余是真实社会价值减去生产者的成本。因此,使总剩余最大化的最优数量大于市场产生的均衡数量。

外部性内在化是改变激励,以使人们考虑到自己行为的外部效应。为了使外部性内在化,政府可以使用税收和补贴,以使供给曲线和需求曲线分别一直移动到真实社会成本曲线与社会价值曲线的位置。这将使均衡数量与最优数量相同,并使市场变得有效率。负外部性可以用税收内在化,而正外部性可以用补贴内在化。

高技术生产(机器人等)对其他生产者引起的正外部性称为技术溢出。一些经济学家认为这种溢出效应如此普遍,以至于他们相信政府应该制定产业政策——以政府干预来促进行业技术进步。另一些经济学家对此持怀疑态度。目前,美国政府以专利保护的形式为新发明提供产权保护,为用于研究和开发的支出提供特殊的税收减免。

2. 针对外部性的公共政策

政府有时可以用以下两种方式之一来改善结果:命令与控制政策或以市场为基础的政策。

- 命令与控制政策是要求或禁止(或限制)特定行为的管制。这里的问题是,管制者为了建立有效的规则,必须了解一个行业的所有细节以及可供选择的技术。如果某种污染的成本特别高,那么最好的方法是完全禁止这种行为。
- 以市场为基础的政策是使个人激励与社会效率一致。有两种以市场为基础的政策:矫正税与补贴、可交易的污染许可证。

用于纠正负外部性效应的税称为**矫正税**或庇古税。一种理想的矫正税与补贴应该等于有外部性的活动所引起的外部成本或外部收益。矫正税可以以低于管制的成本减少负外部性,因为税收在本质上是为某种负外部性(比如污染)制定了一个价格。那些可以以最低成本减少自己污染的企业会大量减少污染,而另一些减少污染成本较高的企业减少的污染很少。当用税收和管制两种手段所减少的污染总量相等时,前者的成本更低。此外,税收还使企业有开发更清洁技术的激励,从而减少的污染还会多于管制所规定的。与其他的税不同,矫正税提高了效率,而不是降低了效率。例如,汽油税是一种矫正税,因为它不会引起无谓损失,而是使交通不太拥挤,道路更安全,以及环境更清洁。但是,汽油税在政治上并不受欢迎。

可交易的污染许可证允许许可证的持有者有一定的污染量。那些减少污染成本较高的企业愿意为许可证支付高价格,而那些可以以低成本减少污染的企业将出售它们的许可证,并减少自己的污染。许可证在不同行业之间的最初配置并不影响有效率的结果。这种方法类似于矫正税。矫正税确定污染的价格(税收),可交易的污染许可证确定允许污染的量。在污染市场上,上述两种方法都可以实现有效率的结果。可交易的污染许可证的效果可能更好,因为管制者不需要为了把污染限制在某个数量上而了解污染的需求。美国环境保护署(EPA)正越来越多并且成功地用污染许可证来减少污染。现在,为减少碳排放量,缓解全球变暖,美国将针对碳排放推出类似于碳排放税的碳排放总量管制与交易系统。

一些人反对关于污染的经济学分析。他们感到,任何一种污染都太多了,而且给污染定价是不道德的。由于所有经济活动都会引起某种程度的污染,而且所有活动都涉及权衡取舍,因此,经济学家对这种观点不敢苟同。生产率高的富国需要清洁的环境,而且以市场为基础的政策以低于其他方式的成本减少了污染,这就进一步增加了对清洁环境的需求。

3. 外部性的私人解决方法

解决外部性问题并不总需要政府行为。一些外部性的私人解决方法是:
- 道德规范和社会约束:人们"做正确的事",并不扔垃圾。
- 慈善行为:人们把免税的捐款捐给环保组织、私人学院与大学。
- 利用利己并引起有效合并的私人市场:养蜂人与苹果园合并,并使企业生产更多苹果和更多蜂蜜。
- 利用利己并创造受影响各方合约的私人市场:苹果园和养蜂人可以就共同生产的最优苹果量和蜂蜜量达成协议。

科斯定理是认为如果私人各方可以无成本地就资源配置进行谈判,他们就可以自己解决外部性问题的命题。换句话说,无论最初的权利如何分配,利益各方总可以达成一个使每个人状况都变好而且结果有效率的协议。例如,如果和平与安静的价值高于拥有一只爱叫的狗的价值,希望安静的一方就会向狗的主人购买安静的权利,并使狗的主人放弃狗,或者狗的主人就无法向安静空间的所有者购买制造噪声的权利以拥有一只爱叫的狗。无论是一方有安静的权利还是另一方有制造噪声的权利,都没有爱叫的狗了,在这种情况下,这是有效率的。反之,如果拥有一只爱叫的狗的价值大于和平与安静的价值,结果就正好相反,而且也是有效率的。

但是，私人各方往往由于**交易成本**的存在而不能达成有效的协议。交易成本是各方在达成与遵守协议的过程中所发生的成本。如果交易成本大于协议潜在的收益，就不会有私人解决方法。高交易成本的一些来源是：

- 起草协议的律师费；
- 实施协议的费用；
- 当存在一个有效率的价格范围时，谈判很容易破裂；
- 利益各方人数众多。

4. 结论

市场使市场上买者与卖者的总剩余最大化，而且这通常是有效率的。但是，如果市场引起了外部性，市场均衡就不能使整个社会的总利益最大化，从而市场是无效率的。科斯定理认为，人们可以自己谈判，并达到有效率的解决方法。但是，如果交易成本很高，就需要政府政策来提高效率。矫正税和污染许可证优于命令与控制政策，因为它们以较低的成本减少了污染，从而增加了清洁环境的需求量。

10.1.2 有益的提示

（1）为什么我们用"外部性"这个词来指一个人的行为对旁观者福利的无补偿影响？一种简单的方法是，回忆一下就可以知道，外部性这个词指一种市场交易的"外部效应"，或者加在处于"市场之外"的旁观者身上的成本与收益。

（2）负外部性使一种物品的社会最优数量小于市场生产的数量。正外部性使一种物品的社会最优数量大于市场生产的数量。为了解决这个问题，政府可以对有负外部性的物品征收等于外部成本的税，并对有正外部性的物品给予等于外部收益的补贴。

10.1.3 术语与定义

为每个关键术语选择一个定义。

关键术语	定 义
＿＿＿外部性	1. 认为如果私人各方可以无成本地就资源配置进行协商，那么，他们就可以自己解决外部性问题的观点
＿＿＿正外部性	2. 各方在达成协议与遵守协议过程中所发生的成本
＿＿＿负外部性	3. 当一个人的行为对旁观者有不利影响时的情况
＿＿＿社会成本	4. 旨在引导私人决策者考虑负外部性引起的社会成本的税收
＿＿＿外部性内在化	5. 一个人的行为对旁观者福利的无补偿的影响
＿＿＿矫正税	6. 改变激励，以使人们考虑到自己行为的外部效应
＿＿＿科斯定理	7. 私人成本和外部成本之和
＿＿＿交易成本	8. 当一个人的行为对旁观者有有利影响时的情况

10.2 应用题与简答题

10.2.1 应用题

1. 以下信息提供了一个假设的汽车防冻液市场上的价格和数量。

价格(美元/加仑)	需求量(加仑)	供给量(加仑)
1	700	300
2	600	400
3	500	500
4	400	600
5	300	700
6	200	800
7	100	900
8	0	1 000

a. 在图 10-1 中画出防冻液的供给和需求曲线。

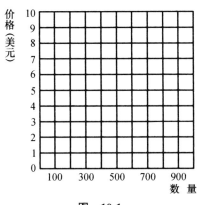

图 10-1

b. 市场上由买者和卖者产生的均衡价格和数量是多少？
c. 假设防冻液的生产会以化学成分溢出的形式产生污染，而且，每生产一加仑防冻液，其污染都会增加 2 美元社会成本。在图 10-1 中画出社会成本曲线。
d. 防冻液最优的生产量是多少？防冻液市场是存在过度生产，还是生产不足？
e. 如果政府为了使这个市场有效率而进行干预，应该征收矫正税还是给予补贴？适当的税收或补贴值是多少？

2. 假设生活在首都机场附近的市民对安静的评价是 30 亿美元。
   a. 如果民航公司使飞机减轻噪声的成本是 40 亿美元(民航公司对噪声的评价为 40 亿美元)，政府规定飞机必须消除噪声是有效率的吗？为什么？
   b. 如果民航公司使飞机减轻噪声的成本是 20 亿美元，政府规定飞机必须消除噪声是有效率的吗？为什么？
   c. 假设没有交易成本，再假设人们有权要求安静。如果民航公司使其飞机减轻噪声的成本是 20 亿美元，私人解决这个问题的方法是什么？
   d. 假设没有交易成本，再假设民航公司有权想制造多少噪声就制造多少噪声。如果民航公司使其飞机减轻噪声的成本是 20 亿美元，私人解决这个问题的方法是什么？
   e. 比较你对 c 和 d 的答案。有什么相似和不同之处吗？你能从这种比较中得出什么一般性规律？

f. 假设民航公司使其飞机减轻噪声的成本是 20 亿美元。如果用私人方法解决噪声问题要增加 20 亿美元交易成本(由于法律费用、受影响各方人数多以及实施成本等所产生),可以用私人方法解决这个问题吗?为什么?

3. 假设有 4 个企业,每个企业都希望把 1 桶化学废物倒入河中。企业 1 生产的物品的社会评价高,并以高价格出售,它愿意为倒 1 桶废物支付 800 万美元。企业 2 生产的物品价值略低一些,只愿意为倒 1 桶废物支付 600 万美元。类似地,假设企业 3 愿意为倒 1 桶废物支付 400 万美元,企业 4 只愿意为倒 1 桶废物支付 200 万美元。

   a. 在图 10-2 中画出污染权的需求。

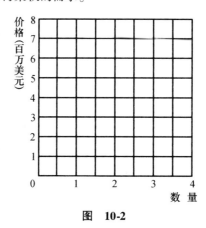

图 10-2

   b. 假设美国环境保护署估算出河流中安全的污染水平是 3 桶废物。它应该把矫正税定为多少?

   c. 假设美国环境保护署估算出河流中安全的污染水平是 3 桶废物。它应该配置多少可交易的污染许可证?许可证将以多高的价格被交易?

   d. 比较你对 b 和 c 的答案。在两种情况下各倾倒多少桶废物?为污染支付的价格各是多少?在外部性内在化的问题上,其中一种方法比另外一种方法更有优势吗?

10.2.2 简答题

用下列信息回答第 1—3 题。

假设一个商业性苹果园在苹果生产中使用杀虫剂。在这个过程中,有害的气味飘向附近的居民区。

1. 这是正外部性还是负外部性的例子?解释之。
2. 如果这种外部性没有内在化,市场是过度生产苹果,还是苹果生产不足?一种物品的过度生产或生产不足是什么意思?
3. 为了把这种外部性内在化,政府应该对苹果征税还是补贴?为什么?
4. 应对外部性的两种公共政策是什么?描述这些政策。经济学家偏爱哪一种?为什么?
5. 矫正税降低还是提高了效率?为什么?
6. 为什么可以认为在减少污染中可交易的污染许可证优于矫正税?

7. 假设一个人非常喜欢草坪护理和园艺。他用杀虫剂控制病虫害,有害的残留物会殃及邻居。他对使用杀虫剂的评价为 1 万美元,邻居对清洁空气的评价为 1.5 万美元。利用科斯定理分析可能出现的结果。
8. 在第 7 题中,为了保证找不到这个问题的私人解决方法,需要多大的交易成本?
9. 当受影响各方努力消除外部性时,交易成本的来源是什么?
10. 解决外部性的私人方法有哪些类型?

10.3 自我测试题

10.3.1 判断正误题

_____ 1. 正外部性是市场中买者产生的外部收益,而负外部性是市场中卖者产生的外部成本。
_____ 2. 如果一个市场引起负外部性,那么社会成本曲线在供给曲线(私人成本曲线)之上。
_____ 3. 如果一个市场引起正外部性,那么社会价值曲线在需求曲线(私人价值曲线)之上。
_____ 4. 未将负外部性内在化的市场产生的均衡数量小于最优数量。
_____ 5. 如果市场引起负外部性,那么矫正税就将使市场向更有效率的结果变动。
_____ 6. 根据科斯定理,外部性总是要求政府为了使外部性内在化而进行干预。
_____ 7. 为了减少一定数量的污染,最有效率的办法是让每个污染企业都等量地减少其污染。
_____ 8. 当斯莫基熊(Smokey the Bear)说"只有你能防止森林火灾"时,社会是在努力用道德规范与社会约束把与野营时用火相关的外部性内在化。
_____ 9. 税收总使市场更无效率。
_____ 10. 如果 Bob 对在餐馆吸烟的评价是 10 美元,而 Sue 对她吃饭时清洁空气的评价是 15 美元,根据科斯定理,只有 Sue 拥有清洁空气的权利,Bob 才会不在餐馆吸烟。
_____ 11. 如果交易成本大于受影响各方对外部性达成协议的潜在收益,就没有解决外部性的私人方法。
_____ 12. 矫正税确定了污染的价格,而可交易的污染许可证确定了污染量。
_____ 13. 用可交易的污染许可证减少污染的好处是管制者不需要了解污染权的需求。
_____ 14. 大多数经济学家不喜欢给污染环境定价这个想法。
_____ 15. 在任何一种既定的污染需求曲线下,管制者可以用矫正税或发放可交易的污染许可证达到同样的污染水平。

10.3.2 单项选择题

1. 外部性是_____。
   a. 归市场上买者的收益
   b. 归市场上卖者的成本
   c. 一个人的行为对旁观者福利无补

偿的影响

d. 对企业外部顾问支付的报酬

e. 以上各项都不对

2. 负外部性引起_____。

a. 一种物品的社会成本曲线高于供给曲线(私人成本曲线)

b. 一种物品的社会成本曲线低于供给曲线(私人成本曲线)

c. 一种物品的社会价值曲线高于需求曲线(私人价值曲线)

d. 以上各项都不对

3. 正外部性引起_____。

a. 一种物品的社会成本曲线高于供给曲线(私人成本曲线)

b. 一种物品的社会价值曲线高于需求曲线(私人价值曲线)

c. 一种物品的社会价值曲线低于需求曲线(私人价值曲线)

d. 以上各项都不对

4. (没有内在化的)负外部性引起_____。

a. 最优数量大于均衡数量

b. 均衡数量大于最优数量

c. 均衡数量等于最优数量

d. 均衡数量大于或小于最优数量

5. (没有内在化的)正外部性引起_____。

a. 最优数量大于均衡数量

b. 均衡数量大于最优数量

c. 均衡数量等于最优数量

d. 均衡数量大于或小于最优数量

6. 为了使负外部性内在化,适当的公共政策的反应将是_____。

a. 禁止所有引起负外部性的物品的生产

b. 政府控制引起外部性的物品的生产

c. 补贴这种物品

d. 对这种物品征税

7. 政府实行产业政策是_____。

a. 为了使与工业污染相关的负外部性内在化

b. 为了使与技术进步行业相关的正外部性内在化

c. 为了有助于刺激解决技术外部性的私人方法

d. 通过向高技术行业发放可交易的技术许可证

8. 当一个人在一个拥挤的城区买了一辆汽车时,这就引起了_____。

a. 有效率的市场结果

b. 技术溢出

c. 正外部性

d. 负外部性

9. 最有效率的污染控制系统应该确保_____。

a. 每个污染者等量地减少其污染

b. 减少污染成本最低的污染者减少的污染量最多

c. 对环境的任何污染都不能被容忍

d. 管制者决定每个污染者应该减少多少污染

10. 根据科斯定理,在以下哪种情况下私人可以自己解决外部性问题?

a. 受影响的各方在谈判中有相等的力量。

b. 受外部性影响的一方有不受影响的初始产权。

c. 没有交易成本。

d. 政府要求他们相互谈判。

e. 有大量受影响的各方。

11. 为了使正外部性内在化,适当的公共政策的反应应该是_____。

a. 禁止生产引起外部性的物品

b. 政府生产物品直至增加一单位的价值为零

c. 补贴这些物品

d. 对这些物品征税

12. 以下哪一种情况不是在消除污染外部性的谈判过程中各方引起的交易成本?

a. 减少污染引起的成本。

b. 由律师费引起的成本。

c. 实施协议引起的成本。

d. 由受外部性影响的各方人数太多引起的成本。

e. 以上各项都可以作为交易成本。

13. Bob 和 Tom 住在同一间大学宿舍里。Bob 对大声放音乐的评价为 100 美元，Tom 对安静的评价为 150 美元。以下哪一种表述是正确的？

    a. Bob 继续大声放音乐是有效率的。

    b. 只要 Tom 有安静的产权，Bob 停止大声放音乐就是有效率的。

    c. 只要 Bob 有大声放音乐的产权，Bob 停止大声放音乐就是有效率的。

    d. 无论谁有关于声音大小的产权，Bob 停止大声放音乐都是有效率的。

14. Bob 和 Tom 住在同一间大学宿舍里。Bob 对大声放音乐的评价为 100 美元，Tom 对安静的评价是 150 美元。如果 Bob 有大声放音乐的权利，而且如果没有交易成本，下列哪一种关于这个外部性问题有效解决方案的表述是正确的？

    a. Bob 将支付 Tom 100 美元，Bob 将停止大声放音乐。

    b. Tom 将支付 Bob 100—150 美元，Bob 将停止大声放音乐。

    c. Bob 将支付 Tom 150 美元，Bob 继续大声放音乐。

    d. Tom 将支付 Bob 100—150 美元，Bob 将继续大声放音乐。

15. 以下哪一个关于可交易的污染许可证和矫正税的表述是正确的？

    a. 矫正税比可交易的污染许可证更能使污染减少到目标量。

    b. 只有把可交易的污染许可证最初分配给能以最低成本减少污染的企业，才可以有效率地减少污染。

    c. 为了用可交易的污染许可证确定污染量，管制者必须了解污染权需求的方方面面。

    d. 矫正税和可交易的污染许可证都创造了一个有效率的污染市场。

    e. 以上各项都正确。

16. 对行驶里程极短的新车征收汽油消耗税是以下哪一项的例子？

    a. 可交易的污染许可证。

    b. 科斯定理的应用。

    c. 试图把正外部性内在化。

    d. 试图把负外部性内在化。

17. 污染的矫正税_____。

    a. 确定了污染的价格

    b. 确定了污染量

    c. 决定了污染权的需求

    d. 削弱了进一步减少污染的技术创新的激励

18. 可交易的排污许可证_____。

    a. 确定了污染价格

    b. 确定了污染量

    c. 决定了污染权的需求

    d. 削弱了进一步减少污染的技术创新的激励

19. 富有的校友向母校提供了慈善捐助，以减少现在学生支付的学费。这是以下哪一项的例子？

    a. 试图把正外部性内在化。

    b. 试图把负外部性内在化。

    c. 矫正税。

    d. 命令与控制政策。

20. 假设一个行业产生了污染这类负外部性，而且可能把外部性内在化的方法包括命令与控制政策、矫正税和可交易的污染许可证。如果要经济学家根据效率、实施的容易程度以及对该行业在未来进一步减少污染的激励对这些负外部性内在化的方法排序，他们很可能按以下顺序给这些方

法排序(从最有利到最不利):

a. 矫正税,命令与控制政策,可交易的污染许可证。
b. 命令与控制政策,可交易的污染许可证,矫正税。
c. 可交易的污染许可证,矫正税,命令与控制政策。
d. 可交易的污染许可证,命令与控制政策,矫正税。
e. 所有方法排序相同,因为任何一种政策都可以达到同样的结果。

10.4 进阶思考题

你期中放假在家。你的父亲正在查看邮件。其中一封邮件是你父母的财产税单。在财产税单上,如果房产所有者对自己的房产做了任何美化工作,就会有一定的扣除。房产所有者所做的类似美化景观的任何一种支出都可以在计算财产税时扣除50%。例如,如果你父母在美化景观上花了2 000美元,他们的税单就可以减少0.5×2 000美元=1 000美元,这样,美化景观的真实成本只是1 000美元。你的父亲说:"这真令人气愤。如果哪个人想改善自己的住房,那也不是别人的事,而是他自己的事。我想起了在大学学到的一些经济学内容,而且我知道,税收和补贴总是无效率的。"

1. 市政府想用这种税收减免去补贴什么?
2. 这种补贴想把什么外部性内在化?
3. 税收和补贴通常都引起无效率,但税收和补贴总是无效率的吗?为什么?

习 题 答 案

10.1.3 术语与定义

5	外部性	6	外部性内在化
8	正外部性	4	矫正税
3	负外部性	1	科斯定理
7	社会成本	2	交易成本

10.2.1 应用题

1. a. 参看图10-3。
   b. 价格=3美元,数量=500单位。
   c. 参看图10-4。
   d. 400单位。市场过度生产,因为市场数量是500单位,而最优数量是400单位。
   e. 政府应该征收每单位2美元的矫正税。

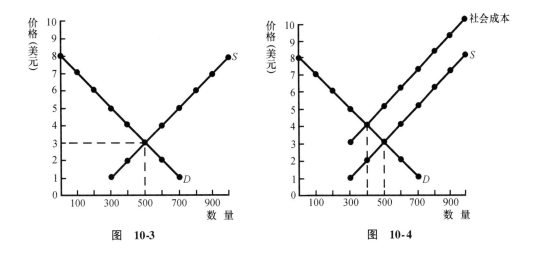

图 10-3　　　　　　　　　　　　图 10-4

2. a. 不是,因为纠正外部性的成本大于受影响各方对它的评价。
   b. 是的,因为对安静的评价大于消除飞机噪声的成本。
   c. 民航公司可以花 20 亿美元使飞机噪声减轻,或者用 30 亿美元购买制造噪声的权利,因此,民航公司将选择用 20 亿美元减轻飞机噪声。
   d. 受影响的市民必须至少支付 20 亿美元,而且其最高愿意支付 30 亿美元,以使民航公司减轻飞机的噪声。
   e. 相似之处:无论产权的初始配置状况如何,飞机必须减轻噪声,因为这是有效率的。不同之处:如果市民有安静权,公民受益,而民航公司受损。如果民航公司有制造噪声的权利,民航公司受益,而市民受损。
   f. 不可以,因为交易成本大于潜在的贸易好处。(潜在的好处是安静的价值 30 亿美元减去消除飞机噪声的成本 20 亿美元,即 10 亿美元。)
3. a. 参看图 10-5。

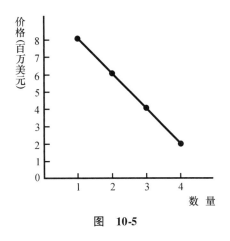

图 10-5

第 10 章　外部性　**135**

b. 每桶400万美元。
c. 应该出售三张许可证。许可证将以每张400万美元的价格被交易。
d. 3桶。每桶400万美元。是的,使用可交易的污染许可证更有优势,在该方法中,管制者不需要为了把污染目标定为3桶而了解这个市场上污染需求的方方面面,而且污染许可证的最初配置状况对有效率的解决方法并没有影响。

10.2.2 简答题

1. 负外部性,因为生产苹果的社会成本大于生产苹果的私人成本。
2. 过度生产。过度生产是生产了真实成本大于真实价值的单位。生产不足是无法生产出真实价值大于真实成本的单位。
3. 对苹果征税,因为要使这种外部性内在化,就要使苹果的供给曲线一直向上移动到等于真实社会成本曲线时为止。
4. 命令与控制政策是禁止特定行为的管制。以市场为基础的政策使私人激励与社会效率一致。经济学家偏爱以市场为基础的政策,因为这些政策更有效率,而且为进一步减少外部性,比如通过技术进步减少污染,提供了激励。
5. 矫正税通过把供给曲线或需求曲线移动到真实社会成本曲线或价值曲线来提高效率,从而使市场解决方案等于最优或有效率的解决方案。
6. 管制者并不需要为了达到所设定的污染目标而去了解有关污染需求的方方面面。
7. 无论个人拥有使用杀虫剂的权利,还是邻居拥有清洁空气的权利,结果都是不用杀虫剂,而且空气将是清洁的。个人将不能购买污染的权利,或者是邻居将对个人进行支付,使其不再污染空气。
8. 潜在收益是15 000美元 - 10 000美元 = 5 000美元。如果交易成本大于这个量,就没有私人解决方法。
9. 律师费,实施成本,当有效率的价格是一个区间时谈判破裂,以及利益方人数众多。
10. 道德规范和社会约束,慈善事业,受影响企业的合并,以及受影响企业之间的合同。

10.3.1 判断正误题

1. 错误;正外部性是归旁观者的收益,负外部性是归旁观者的成本。
2. 正确。
3. 正确。
4. 错误;均衡数量大于最优数量。
5. 正确。
6. 错误;科斯定理表明,如果没有交易费用,私人各方可以自己解决外部性问题。
7. 错误;可以以更低成本减少污染的企业减少污染的量应该多于要以更高成本减少污染的企业。
8. 正确。
9. 错误;矫正税可以使市场更有效率。
10. 错误;对空气产权的初始分配并不影响有效率的解决方案。
11. 正确。
12. 正确。
13. 正确。
14. 错误;经济学家普遍认为,一个针对污染的市场将最有效地减少污染。
15. 正确。

10.3.2 单项选择题

1. c 2. a 3. b 4. b 5. a 6. d 7. b 8. d 9. b 10. c
11. c 12. a 13. d 14. b 15. d 16. d 17. a 18. b 19. a 20. c

10.4 进阶思考题

1. 在改善住房方面的支出。
2. 当一个房屋得到很好的维护时,它提高了附近房产的价值(或者不使其价值减少)。房屋维护市场上的个别买者与卖者在选择维修住房的数量时,并不考虑这一点,从而最优数量大于均衡数量。
3. 不是。适当的矫正税和补贴使市场接近于有效率,因为开始时的市场均衡是无效率的。

第 11 章
公共物品和公共资源

目 标

在本章中你将

- 学习公共物品和公共资源的特征
- 考察为什么私人市场不能提供公共物品
- 思考我们经济中一些重要的公共物品
- 理解为什么公共物品的成本——收益分析既是必要的又是困难的
- 考察为什么人们往往会过多地使用公共资源
- 思考我们经济中的一些重要公共资源

效 果

在实现这些目标之后,你应该能

- 把物品归入公共物品、私人物品、公共资源或俱乐部物品的范畴之内
- 解释为什么公共物品的生产对私人行业是无利可图的
- 解释国防的公共物品性质
- 解释为什么通过调查来确定公共物品利益的评价方式不如私人物品价格准确
- 讲述"公地悲剧"的故事
- 解释为什么鱼和野生动物是公共资源

11.1 本章概述

11.1.1 本章复习

一些物品——海滩、湖泊、球场——对消费者是免费的。当物品免费时,正常配置资源的市场力量就不存在了。因此,免费物品(如球场和公园)的生产和消费数量可能并不是合适的。政府有可能解决这种市场失灵,并增进经济福利。

1. 不同类型的物品

在确定物品的类型时,物品的两个特征是有用的:

- **排他性**:可以阻止一个人使用一种物品的特征。如果卖者可以阻止不花钱的人使用一种物品,那么该物品就具有排他性(如杂货店中的食物)。如果卖者不能阻止不花钱的人使用一种物品,那么该物品就具有非排他性(如广播电视或无线电信号)。
- **消费中的竞争性**:一个人使用一种物品将减少其他人对该物品使用的特征。如果只有一个人可以消费某种物品(如食物),那么这种物品就具有消费中的竞争性。如果一种物品可以同时由一个以上的人消费(如路灯),那么这种物品就不具有消费中的竞争性。

根据这些特征,物品可以分为四类:

(1) **私人物品**:既有排他性又有消费中的竞争性的物品。像面包和牛仔裤这样的大多数物品都是私人物品,并由市场上的供求有效地进行配置。

(2) **公共物品**:既无排他性又无消费中的竞争性的物品。例如,国防和路灯。

(3) **公共资源**:有消费中的竞争性但无排他性的物品。例如,海洋中的鱼。

(4) **俱乐部物品**:有排他性但无消费中的竞争性的物品。例如,消防和有线电视。俱乐部物品是自然垄断的一种类型。

本章考察没有排他性且因此而免费的两类物品:公共物品与公共资源。

2. 公共物品

公共物品是私人市场难以提供的物品,因为存在搭便车者问题。**搭便车者**是得到了一种物品的利益但避免为此付费的人。由于公共物品没有排他性,企业不能阻止不付费的人消费这种物品,因而企业没有生产公共物品的激励。公共物品的结果类似于正外部性,由于一种物品的消费者不能把给他人带来的利益考虑在内而导致其不能消费有效率的数量。

例如,一个路灯附近有 10 个房主,他们每个人对路灯的评价都为 1 000 美元。如果成本是 5 000 美元,那么没有一个人会买路灯,因为没有一个人可以以每人 1 000 美元的价格把使用路灯的权利卖给邻居。这是因为在安装路灯之后,其邻居无论是否付费都可以消费灯光。尽管邻居对路灯的总评价为 10 000 美元,而路灯的成本只是 5 000 美元,但私人市场也无法提供路灯。公共物品与正外部性相关,因为每个邻居在决定是否购买路灯时忽视了向其他人提供的外部利益。政府通常会介入并提供路灯这类物品,这时收益大于成本,可用税收收入为之支付。在这种情况下,政府可以提供路灯,并向每个居民收取 500 美元的税收,而且每个人的状况都变好了。

一些重要的公共物品有国防、基础研究和反贫困计划。

一些物品可以在公共物品与私人物品之间转换,这取决于环境。如果灯塔的所有者无法向通过灯塔的每只船收费,灯塔就是公共物品。如果灯塔的所有者可以向船只经过的港口收费,灯塔就成了私人物品。

当一个私人市场不能生产一种公共物品时,政府必须决定是否生产这种物品。它的决策工具通常是**成本—收益分析**:比较提供一种公共物品的社会成本与社会收益的研究。成本—收益分析有两个问题:

- 使用问卷调查的结果把收益定量化是非常困难的。
- 回答者没有如实回答的激励。

当政府决定是否把钱用于增加路灯和路标这类安全措施的时候,它们必须考虑一个人生命的价值,因为这种支出的收益是挽救生命的概率乘以生命的价值。研究表明,一个人生命的价值约为1 000万美元。

3. 公共资源

公共资源没有排他性但有消费中的竞争性(如海洋中的鱼)。因此,公共资源是免费的,但当一个人使用它时,就减少了其他人对它的使用。公共资源的结果与负外部性类似,因为一种物品的消费者不考虑自己的消费对其他人的负面影响。结果是公共资源被过度使用。

公地悲剧是一个寓言,说明了从整个社会的角度看,为什么公共资源的使用大于合意的水平。城镇的公地(对放牧开放)会因被过度放牧而变得贫瘠,是因为既然它免费,私人激励表明每个人就应该尽可能多地放羊,但从社会的角度看,这是过度放牧。可能的解决方法是规定可放牧的羊的数量、对羊征税、拍卖放羊许可证,或者把土地分开并向每个养羊者出售,以使牧场成为私人物品。

一些重要的公共资源包括清洁的空气和水,拥挤的不收费道路,鱼、鲸和其他野生动物。私人决策者过多地使用公共资源,因此,政府应该管制这种行为或进行收费,以减少过度使用问题。例如,对拥堵路段征收通行费会缓解拥堵和缩短通行时间。

4. 结论:产权的重要性

在公共物品和公共资源的情况下,市场不能有效地配置资源,因为没有明确地界定产权。在私人市场上,没有人拥有清洁的空气,因此没有一个人能对污染空气的人收费。结果导致人们过度地污染(外部性的例子)或过度地使用清洁的空气(公共资源的例子)。此外,没有一个人可以向那些受到国防保护的人收费,以至于人们提供的国防太少(公共物品的例子)。

政府可以潜在地通过出售污染许可证、管制私人行为,或提供公共物品来解决这些问题。

11.1.2 有益的提示

(1) 一般来说,公共物品生产不足,而公共资源消费过度,这是因为它们是免费的。由于公共物品是免费的,生产它们(路灯和国防)就无利可图。由于公共资源是免费的,人们就过度消费它们(清洁的空气和海洋中的鱼)。

(2) 公共物品根据其特征定义,而不是根据谁提供它们来定义。路灯是一种公共物品,因为它既没有排他性,又没有消费中的竞争性。即使我作为个人选择买一个路灯并放在前院,这也是正确的。一旦我的前院安了路灯,我就不能由于你站在路灯附近而向你收费。而且,当你站在附近时,并不会减少我使用它的利益。因此,一个路灯,无论是我买还是市政府买,都是一种公共物品。此外,如果市政府建了一个食品店并出售热狗,即使热狗是由政府提供的,它也仍然是私人物品,因为热狗既有排他性又有消费中的竞争性。

(3) 当政府把成本—收益分析作为帮助其决定是否生产一种公共物品的工具时,我们要注意,收集人们从一种公共物品中得到的真实收益数据是困难的。这是因为,如果他们使用公共物品,就有夸大其收益的激励;如果他们并不打算充分使用这种公共物品,就有低估其收益的激励。这有时被称为说谎者问题。

11.1.3 术语与定义

为每个关键术语选择一个定义。

关键术语	定 义
_____排他性	1. 既有排他性又有消费中的竞争性的物品
_____消费中的竞争性	2. 一个人使用一种物品将减少其他人对该物品的使用的特性
_____私人物品	3. 得到一种物品的收益但避免为此付费的人
_____公共物品	4. 比较提供一种公共物品的社会成本与社会收益的研究
_____公共资源	5. 有消费中的竞争性但无排他性的物品
_____俱乐部物品	6. 一种物品具有的可以阻止一个人使用该物品的特性
_____搭便车者	7. 一个说明从整个社会的角度看,为什么公共资源的使用大于其合意水平的寓言
_____成本—收益分析	8. 既无排他性又无消费中的竞争性的物品
_____公地悲剧	9. 有排他性但无消费中的竞争性的物品

11.2 应用题与简答题

11.2.1 应用题

1. 考虑以下每一种物品消费中的竞争性和排他性。用这一信息确定这些物品是公共物品、私人物品、公共资源,还是俱乐部物品。解释之。
   a. 私人鱼塘中的鱼
   b. 海洋中的鱼
   c. 广播电视信号
   d. 有线电视信号
   e. 有关生活方式和胆固醇水平的基础研究
   f. 可以获得专利的降低胆固醇药物的特定研究
   g. 一条不拥挤的高速公路(不收费)
   h. 一条拥挤的高速公路(不收费)
   i. 一条不拥挤的收费道路
   j. 一个私人聚会上提供的热狗
   k. 在由市政府拥有的店中出售的热狗

2. 假设 Roadville 市正在争论是否修建一条从机场到市区的新高速公路。市政府对公民进行了民意调查并发现,100 万居民中,平均而言每个人对新高速公路的评价为 50 美元,而修建高速公路的成本是 4 000 万美元。

    a. 假设调查是准确的,修建这条新高速公路有效率吗?为什么?
    b. 在什么条件下私人企业会修建这条路?
    c. 私人企业有可能修建这条路吗?为什么?
    d. 市政府应该修建这条路吗?平均而言,每个居民的税会因这条公路增加多少?
    e. 可以肯定修建这条高速公路是有效率的吗?也就是说,如果把成本—收益分析作为决定是否提供一种公共物品的工具,那么与其相关的问题是什么?

11.2.2 简答题

1. 说一种物品具有排他性是什么意思?
2. 为什么私人企业提供公共物品是困难的?
3. 路灯(一种公共物品)如何与正外部性相关?
4. 假设一个人生命的价值是1 000万美元,而安全气囊使人在车祸时死亡的概率从0.2%下降到0.1%。再假设一生中使用安全气囊一般要耗费消费者12 000美元。如果这些数字是准确的,政府要求汽车要有安全气囊有效率吗?为什么?
5. 打猎与钓鱼许可证的目的是要减少哪一类问题?解释之。
6. 海洋中的鱼(一种公共资源)如何与负外部性相关?
7. 建立个人产权如何消除与公共资源相关的问题?
8. 对公众来说,食物比道路更重要,但政府向公众提供道路而很少提供食物。为什么?
9. 为什么野牛几乎绝种了,而奶牛(一种类似的动物)不可能绝种?
10. 猎杀野牛的人几乎使野牛绝种,这种行为是理性的吗?解释之。

11.3 自我测试题

11.3.1 判断正误题

    _____ 1. 公共物品既有消费中的竞争性又有排他性。
    _____ 2. 公共资源既无消费中的竞争性也无排他性。
    _____ 3. 在杂货店出售的苹果是一种私人物品。
    _____ 4. 俱乐部物品对该物品的消费者是免费的。
    _____ 5. 私人市场难以提供公共物品是由于搭便车者问题。
    _____ 6. 如果市政府在路边店中出售苹果,苹果就是公共物品,因为它们是由政府提供的。
    _____ 7. 公共物品与正外部性相关,是因为公共物品的潜在买者在做出是否购买公共物品的决策时忽视了这些物品向其他消费者提供的外部利益。
    _____ 8. 公共资源被过度使用是因为公共资源对消费者是免费的。
    _____ 9. 钓鱼许可证的社会最优价格是零。
    _____ 10. 政府应该不断通过增加支出来提高高速公路的安全性,直至没有因车祸引起的死亡为止。
    _____ 11. 公共资源与负外部性相关,是因为公共资源的消费者没有考虑到他们的消费对其他公共资源消费者的负面影响。

_____ 12. 如果某人拥有了清洁空气的产权,那么这个人就可以在清洁空气市场上对清洁空气收费,从而可以使空气的污染减少到最优水平。

_____ 13. 在私人娱乐公园表演的烟火是一种由自然垄断提供的物品。

_____ 14. 当政府用成本—收益分析决定是否提供一种公共物品时,很容易通过调查该公共物品的潜在消费者而确定该公共物品的潜在收益。

_____ 15. 国防是公共资源的一个经典例子。

11.3.2 单项选择题

1. 如果一个人消费一种物品减少了其他人对该物品的使用,可以说这种物品是_____。
   a. 公共资源
   b. 俱乐部物品
   c. 消费中竞争的
   d. 排他的

2. 公共物品_____。
   a. 既有消费中的竞争性又有排他性
   b. 既无消费中的竞争性又无排他性
   c. 有消费中的竞争性但无排他性
   d. 无消费中的竞争性但有排他性

3. 私人物品_____。
   a. 既有消费中的竞争性又有排他性
   b. 既无消费中的竞争性又无排他性
   c. 有消费中的竞争性但无排他性
   d. 无消费中的竞争性但有排他性

4. 俱乐部物品_____。
   a. 既有消费中的竞争性又有排他性
   b. 既无消费中的竞争性又无排他性
   c. 有消费中的竞争性但无排他性
   d. 无消费中的竞争性但有排他性

5. 公共资源_____。
   a. 既有消费中的竞争性又有排他性
   b. 既无消费中的竞争性又无排他性
   c. 有消费中的竞争性但无排他性
   d. 无消费中的竞争性但有排他性

6. 私人市场难以提供公共物品是由于_____。
   a. 公共物品问题
   b. 竞争性问题
   c. 公地悲剧
   d. 搭便车者问题

7. 假设一条路边的 20 户居民每户对修复道路的评价都是 3 000 美元。修复道路的成本是 40 000 美元。下列哪一种表述是正确的?
   a. 修复道路无效率。
   b. 每户居民花 3 000 美元修复自己家门前的那一段路是有效率的。
   c. 政府向每户居民征收 2 000 美元税并修复这条路是有效率的。
   d. 以上各项都不对。

8. 搭便车者是_____。
   a. 得到了一种物品的利益,但避免为此付费的人
   b. 生产一种物品,但没有得到对这种物品的支付的人
   c. 为一种物品付费,但没有从这种物品中得到任何利益的人
   d. 不生产物品但被允许消费物品的人

9. 以下哪一种情况是公共物品的例子?
   a. 海洋中的鲸鱼。
   b. 公园里树上的苹果。
   c. 野餐时的热狗。
   d. 国防。

10. 正外部性以类似于下列哪一种情况的方式影响市场效率?
    a. 私人物品。

b. 公共物品。
c. 公共资源。
d. 竞争性物品。

11. 假设摩托车驾驶员要戴头盔的规定使摩托车驾驶员的死亡概率在他们的一生中从0.3%下降到0.2%，而一生中头盔供给的成本是500美元。人的生命价值为多少时，政府规定驾驶时戴头盔才是有效率的？
    a. 100美元以上。
    b. 150美元以上。
    c. 500美元以上。
    d. 50 000美元以上。
    e. 500 000美元以上。

12. 负外部性以类似于下列哪一种情况的方式影响市场效率？
    a. 私人物品。
    b. 公共物品。
    c. 公共资源。
    d. 排他性物品。

13. 当政府用成本—收益分析来决定是否提供一种公共物品时，衡量收益是困难的，因为_____。
    a. 人的生命或环境的价值难以估计
    b. 回答者没有如实回答的激励
    c. 对公众没有收益，因为公共物品并不是排他的
    d. 收益无限大，因为公共物品没有消费中的竞争性，而且无数的人可以同时消费它

14. 以下哪一种情况是公共资源的例子？
    a. 国家公园。
    b. 烟火表演。
    c. 国防。
    d. 铁矿。

15. 公地悲剧是一个寓言，说明为什么_____。
    a. 公共物品生产不足
    b. 私人物品消费不足
    c. 公共资源被过度消费
    d. 俱乐部物品被过度消费。

16. 以下哪一种情况是解决空气污染问题的潜在方法？
    a. 拍卖污染许可证。
    b. 赋予公民清洁空气的权利，以使企业必须购买污染权。
    c. 规定企业可以排向空气中的污染量。
    d. 以上各项都对。

17. 当市场不能有效地配置资源时，问题的最终来源通常是_____。
    a. 价格不够高以致人们过度消费
    b. 价格不够低以致企业过度生产
    c. 没有很好地界定产权
    d. 政府管制

18. 如果可以阻止一个人使用一种物品，可以说这种物品是_____。
    a. 公共资源
    b. 公共物品
    c. 消费中竞争的
    d. 排他的

19. 一条拥挤的收费道路是_____。
    a. 私人物品
    b. 公共物品
    c. 公共资源
    d. 俱乐部产品

20. 一个经常看公共频道，但没有为公共频道筹资做出贡献的人称为_____。
    a. 公共搭车者
    b. 浪费的搭车者
    c. 搭便车者
    d. 不受欢迎的搭车者
    e. 行李超重

11.4 进阶思考题

电视和广播的信号可以被无数收听者接收而不会降低其他信号消费者的接收质量,但向任何一个信号消费者收费都是不可能的。

1. 电视或广播信号是哪一种物品(私人物品、公共物品、公共资源、俱乐部物品)?解释原因。
2. 这种类型的物品通常是由私人行业提供的吗?为什么?
3. 自从媒体发明以来,私人公司就会提供电视和广播。如果它们不向信号接收者收费,那么它们如何使自己有利可图?
4. 与传统商业电视和商业广播"最接近"的替代选择是什么?
5. 这种较新类型的电视和音乐节目属于哪种类型的物品(私人物品、公共物品、公共资源、俱乐部物品)?

习 题 答 案

11.1.3 术语与定义

6	排他性	9	俱乐部物品
2	消费中的竞争性	3	搭便车者
1	私人物品	4	成本—收益分析
8	公共物品	7	公地悲剧
5	公共资源		

11.2.1 应用题

1. a. 有消费中的竞争性和排他性,私人物品。只有一个人可以吃鱼。由于它是私人物品,不付费者就可以被排除在外。
   b. 有消费中的竞争性,但没有排他性,公共资源。只有一个人可以吃鱼,但海洋并不归私人所有,因此,无法排除不付费者。
   c. 没有消费中的竞争性,也没有排他性,公共物品。增加一个观众看电视并不减少其他消费者的利益,而且无法排除不付费者。
   d. 没有消费中的竞争性,但有排他性,俱乐部物品。把更多的房子接上电缆并不减少其他消费者的利益,但有线电视公司可以排除不付费者。
   e. 没有消费中的竞争性,也没有排他性,公共物品。一旦有新知识被发现,更多的人就可以从知识中获益,并不减少其他知识消费者的利益。而且,一旦公开内容,也无法排除不付费者。
   f. 没有消费中的竞争性,但有排他性,俱乐部物品。该知识的使用者增加并不减少其他消费者的利益,因此没有竞争性。如果可以获得专利,别人就不能生产降低胆固醇的药物,因此,它是有排他性的。

g. 没有消费中的竞争性,也没有排他性,公共物品。路上增加一辆汽车并不减少其他消费者的利益,而且也并不能强制增加的汽车交费。

h. 有消费中的竞争性,但没有排他性,公共资源。增加一辆汽车减少了现有使用者的利益,但无法迫使人们为使用高速公路交费。

i. 没有消费中的竞争性,但有排他性,俱乐部物品。增加一辆汽车并不减少现有使用者的利益,但如果他们不交费,就可以把他们排除在外。

j. 有消费中的竞争性,但没有排他性,公共资源。如果一个人吃了热狗,另一个人就吃不到了。但是,一旦提供了,聚会的参加者就不用为吃热狗而付费。

k. 有消费中的竞争性和排他性,私人物品。如果一个人吃了热狗,另一个人就吃不到了。尽管是由政府提供的,但它是被出售的,因此,可以排除不付费者。

2. a. 有效率,因为总收益是 50 美元 × 1 000 000 = 5 000 万美元,而成本是 4 000 万美元。

b. 如果这条路可以作为收费道路来修建,那么私人企业就可以使道路有排他性,并且是一个有利可图的项目。

c. 不可能。收费道路通常位于农村地区,并且可以作为限制进入的道路,从而有排他性。要使城区道路限制进入或具有排他性非常困难。

d. 应该修建。40 美元。

e. 不能肯定。用问卷调查的结果来定量分析收益是困难的,而且回答问卷的人没有如实回答的激励。因此,那些使用道路的人高估了他们的收益,而那些很少使用道路的人低估了他们的收益。

11.2.2 简答题

1. 这意味着可以排除那些不为物品付费的人消费该物品。
2. 因为公共物品没有排他性,所以搭便车者问题使私人企业生产公共物品无利可图。
3. 当人们考虑购买路灯时,他们没有考虑到路灯向其他人提供的外部利益,而只考虑了自己的个人利益。因此,公共物品和引起正外部性的物品都存在生产与消费不足。
4. 没有效率,因为安全气囊预期的收益是(0.002 − 0.001) × 10 000 000 美元 = 10 000 美元,而成本是 12 000 美元。
5. 公共资源的过度消费。由于公共资源是免费的,人们就会过度使用。出售有限量的打猎或钓鱼许可证就限制了使用者的数量。
6. 公共资源是免费的,因此被过度消费。每一个鱼的消费者都没有考虑他们的消费对其他人造成的负面影响,即从社会的角度看引起了过度使用资源。
7. 人们过度使用公共资源,因为他们的收益是正的,而成本是零。如果存在资源的所有权,就实现了有成本地使用资源,并会产生社会的最优价格。
8. 食物既有消费中的竞争性又有排他性,因此可以由私人市场有效率地提供。道路往往既无消费中的竞争性又无排他性,因此不能由私人市场提供,而由政府提供可能最有效率。
9. 野牛是公共资源,并被过度消费。奶牛是私人物品,而且以社会有效率的价格和数量生产并销售。

10. 不是,因为野牛是一种公共产权资源,是免费的。每个打猎者都追求自己的最大利益,但没有考虑他的行为对其他人的影响。

11.3.1 判断正误题

1. 错误;既无消费中的竞争性又无排他性。
2. 错误;有消费中的竞争性,但无排他性。
3. 正确。
4. 错误;它们有排他性,因此得到它们必须支付价格,但它们没有消费中的竞争性,因此可以有许多人同时享用它们。
5. 正确。
6. 错误;物品是根据其特征,而不是根据由谁提供来分类为公共物品或私人物品的。因此,无论由谁提供,卖给消费者的苹果都是私人物品。
7. 正确。
8. 正确。
9. 错误;正的价格是最优的,因为这种价格使鱼的需求量减少到社会最优水平。
10. 错误;在某一点时,提高安全性(降低高速公路上的死亡率)的成本大于生命的价值。
11. 正确。
12. 正确。
13. 正确。
14. 错误;定量分析收益是困难的,而且回答者没有讲真话的激励。
15. 错误;国防是一个公共物品的例子。

11.3.2 单项选择题

1. c   2. b   3. a   4. d   5. c   6. d   7. c   8. a   9. d   10. b
11. e   12. c   13. b   14. a   15. c   16. d   17. c   18. d   19. a   20. c

11.4 进阶思考题

1. 公共物品,因为广播信号既无消费中的竞争性又无排他性。
2. 不是,因为提供无法排除不付费者使用的物品是无利可图的。
3. 电台对在广播节目中插播的商业广告收费。这也是称之为商业电视或商业广播的原因。
4. 有线电视、付费电视、在线流媒体服务、DVD 上的电视节目、有线电视中包含的有线音乐以及卫星电台。
5. 俱乐部物品,因为它没有消费中的竞争性,但有排他性。

第 5 篇　企业行为与产业组织

第 12 章
生 产 成 本

目　标

在本章中你将

- 考察企业的生产成本中包括哪些项目
- 分析企业生产过程与其总成本之间的关系
- 学习平均总成本和边际成本的含义，以及它们如何相关
- 思考一个典型企业的成本曲线的形状
- 考察短期成本和长期成本之间的关系

效　果

在实现这些目标之后，你应该能

- 解释经济利润和会计利润之间的差别
- 利用生产函数推导出总成本曲线
- 解释为什么边际成本曲线与平均总成本曲线必定在平均总成本曲线的最低点相交
- 解释为什么生产函数会在产量水平低时表现出边际产量递增，而在产量水平高时表现出边际产量递减
- 解释为什么随着企业扩大其运营规模，它倾向于首先表现出规模经济，然后是规模收益不变，最后是规模不经济

12.1 本章概述

12.1.1 本章复习

在前几章中,我们从供给曲线开始,总结了企业的生产决策。虽然这可以解决许多问题,但是现在为了论述经济学中称为产业组织——研究企业关于价格和数量的决策如何取决于它们所面临的市场状况——的这一部分内容,我们必须论述构成供给曲线基础的成本。

1. 什么是成本

经济学家通常假设,企业的目的是**利润**最大化。

$$利润 = 总收益 - 总成本$$

总收益是企业生产的产量乘以其出售价格。**总成本**较为复杂。经济学家认为企业的生产成本包括生产其产出的所有机会成本。生产的总机会成本是显性和隐性生产成本之和。**显性成本**是需要企业支出货币的投入成本,例如,用于支付原材料、工人工资、租金等的货币流出。**隐性成本**是不需要企业支出货币的投入成本。隐性成本包括企业所有者放弃的为其他人工作所能赚到的收入加企业所有者投入企业的金融资本所放弃的利息。

会计师只关注企业的货币流出,因此他们只记录显性成本。经济学家关注企业的决策,因此他们关注总机会成本。总机会成本是显性成本和隐性成本之和。由于会计师和经济学家从不同的角度看成本,因此,他们也从不同的角度看利润:

- **经济利润** = 总收益 - (显性成本 + 隐性成本)
- **会计利润** = 总收益 - 显性成本

由于会计师忽略了隐性成本,因此会计利润大于经济利润。企业关于提供物品和服务的决策受经济利润驱动。

2. 生产与成本

为了以下的讨论,我们假设生产设备(工厂)的规模在短期中是固定的。因此,这种分析描述了短期生产决策。

企业的成本反映了其生产过程。**生产函数**表示用于生产一种物品的投入量(用横轴表示)与该物品产量(用纵轴表示)之间的关系。任何一种投入的**边际产量**是增加一单位那种投入所增加的产量。可以用生产函数的斜率或"向上量比向前量"来衡量一种投入的边际产量。生产函数表现出**边际产量递减**——随着一种投入量增加,这种投入的边际产量减少——的性质。因此,随着增加到生产过程中的投入量越来越多,生产函数的斜率越来越平坦。

总成本曲线表示生产的产量与总生产成本之间的关系。由于生产过程表现出边际产量递减,随着我们生产的产量越来越多,生产相同产量增量所需要的投入量增加。因此,随着产量增加,总成本曲线以递增的比率上升,或者说越来越陡峭。

3. 成本的各种衡量指标

可以从企业总成本的数据中得出成本的几种衡量指标。成本可以分为固定成本和可变成本。**固定成本**是不随产量变动而变动的成本——例如租金。**可变成本**是随产量变动而变动的成本——例如对原材料和临时工的支出。固定成本和可变成本之和等于总成本。

为了选择生产的最优产量,生产者需要知道典型一单位产量的成本,以及增加一单位产量的成本。典型一单位产量的成本用**平均总成本**来衡量,平均总成本是总成本除以产量,是**平均固定成本**(固定成本除以产量)和**平均可变成本**(可变成本除以产量)之和。**边际成本**是增加一单位产量所引起的成本。可以用增加一单位产量引起的总成本的增加来衡量边际成本。用符号来表示,如果 Q = 产量,TC = 总成本,ATC = 平均总成本,FC = 固定成本,AFC = 平均固定成本,VC = 可变成本,AVC = 平均可变成本,MC = 边际成本,就有:

$$ATC = TC/Q$$
$$AVC = VC/Q$$
$$AFC = FC/Q$$
$$MC = \Delta TC/\Delta Q$$

当在用纵轴表示成本、用横轴表示产量的图上画出这些成本曲线时,这些成本曲线将有可预期的形状。在生产水平低时,增加一个工人的边际产量高,因此,增加一单位产量的边际成本就低。在生产水平高时,增加一个工人的边际产量低,因此,增加一单位产量的边际成本就高。这样,由于边际产量递减,边际成本就递增,或边际成本曲线向右上方倾斜。平均总成本曲线是 U 形的,因为在产量水平低时,固定成本高,所以平均固定成本高。随着产量增加,平均总成本由于固定成本分摊到增加的产量中而下降。但是在某一点上,收益递减开始使平均可变成本又增加,从而使平均成本增加。企业的有效规模是使平均总成本最小的产量。只要边际成本小于平均总成本,平均总成本就下降;只要边际成本大于平均总成本,平均总成本就上升。因此,边际成本曲线与平均总成本曲线相交于有效规模点。

到现在为止,我们假设生产函数在各种产量水平都表现出边际产量递减,从而在各种产量水平表现出边际成本递增。但是,在产量非常低时,由于工人的增加使技能专业化成为可能,因此生产往往首先表现出边际产量递增和边际成本递减。在产量水平高时,收益递减最终引起边际成本开始增加,使得我们之前所描述的所有成本曲线关系继续保持下去。特别是:

- 随着产量增加,边际成本最终要上升。
- 平均总成本曲线是 U 形的。
- 边际成本曲线与平均总成本曲线在平均总成本曲线的最低点相交。

4. 短期成本与长期成本

固定成本与可变成本之间的区别取决于时间范围。在短期中,工厂的规模是固定的,而且,对许多企业来说,变动产量的唯一方法就是雇用或解雇工人。在长期中,企业可以改变工厂的规模,而且所有成本都是可变的。长期平均总成本曲线尽管比短期平均总成本曲线平坦,但仍然是 U 形的。对每一种特定的工厂规模而言,短期平均总成本曲线都在长期平均总成本曲线上或以上。在长期中,企业可以选择自己想要的短期曲线。但在短期中,企业必须在它过去选择的短期曲线上经营。一些企业比另一些企业更快地达到了长期状态,因为它们可以较容易地改变工厂规模。

在产量水平低时,企业往往有**规模经济**——长期平均总成本随产量增加而减少的性质。在产量水平高时,企业往往有**规模不经济**——长期平均总成本随产量增加而增加的性质。在中间产量水平时,企业往往有**规模收益不变**——长期平均总成本随产量增加而保持不变的性质。随着工厂规模变大,可能由于工人的专业化程度提高而出现规模经济,也可能由于极大型组织中固有的协调问题而出现规模不经济。两百多年前,亚当·斯密就认识到,使工人可以专门从事某种工作的大工厂是有效率的。

5．结论

本章提出了一个典型企业的成本曲线。在以下各章中,我们将用这些成本曲线来说明企业如何做出生产和定价决策。

12.1.2 有益的提示

(1) 由于会计师和经济学家从不同角度看成本,从而就从不同角度看利润。在会计师看来对企业有利可图的活动,在经济学家看来可能是无利可图的。例如,假设一个企业生产出了总收益为3万美元的产量,引起了2万美元的显性成本。根据会计师的看法,企业的利润是1万美元。但是,假设企业所有者或管理者在这一时期为另一个企业工作可以赚到1.5万美元。虽然会计师把企业的利润记为3万美元－2万美元＝1万美元,但经济学家认为,企业并未盈利,因为显性成本和隐性成本的总和是2万美元＋1.5万美元＝3.5万美元,这超过了3万美元的总收益。

(2) 在离散数字例子的情况下,边际值由变量的范围而不是由某一点决定。因此,当我们描出边际值时,我们总是画在所涉及变量范围两个端点的中间。例如,如果我们画从第5单位产量变动到第6单位产量时生产的边际成本,我们先计算从第5单位到第6单位时成本的变动,然后画出的这个边际成本大概是第5.5个单位的边际成本。注意你教科书中的边际成本曲线,每条边际成本曲线都是以这种方式画出来的。类似地,如果我们画从50单位产量变动到60单位产量时生产的边际成本,那么我们画出的这一生产的变动的边际成本大概是第55个单位的边际成本。

(3) 长期通常被定义为所有投入都可以变动所需要的时期。这就是说,长期是企业改变生产设备或工厂规模所需要的时期。要注意,这个时期在各个行业中并不相同。例如,铁路的全部投入都可变可能需要许多年,因为铁轨是极为持久的,而且得到修建新铁路所需要的路权也很难。但是,一个冰淇淋店只要几个月就可以增加它的生产设备。因此,铁路达到长期所需要的时间比冰淇淋店长得多。

12.1.3 术语与定义

为每个关键术语选择一个定义。

关键术语	定义
＿＿＿＿总收益	1. 不随着产量变动而变动的成本
＿＿＿＿总成本	2. 总收益减去总成本
＿＿＿＿利润	3. 额外一单位产量所引起的总成本的增加
＿＿＿＿显性成本	4. 长期平均总成本随产量增加而减少的特性
＿＿＿＿隐性成本	5. 长期平均总成本在产量变动时保持不变的特性
＿＿＿＿经济利润	6. 不需要企业支出货币的投入成本
＿＿＿＿会计利润	7. 增加一单位投入所带来的产量增加
＿＿＿＿生产函数	8. 企业用于生产的投入品的市场价值
＿＿＿＿边际产量	9. 长期平均总成本随产量增加而增加的特性

_____ 边际产量递减　　　　10. 固定成本除以产量
_____ 固定成本　　　　　　11. 随着产量变动而变动的成本
_____ 可变成本　　　　　　12. 使平均总成本最小的产量
_____ 平均总成本　　　　　13. 企业出售其产品所得到的货币量
_____ 平均固定成本　　　　14. 用于生产一种物品的投入量与该物品产量之间的关系
_____ 平均可变成本　　　　15. 可变成本除以产量
_____ 边际成本　　　　　　16. 总成本除以产量
_____ 有效规模　　　　　　17. 一种投入的边际产量随着投入量增加而减少的特征
_____ 规模经济　　　　　　18. 总收益减总成本,包括显性成本与隐性成本
_____ 规模不经济　　　　　19. 总收益减总显性成本
_____ 规模收益不变　　　　20. 需要企业支出货币的投入成本

12.2　应用题与简答题

12.2.1　应用题

1. Joe 经营一个小型造船厂。他每年可以制造 10 艘船,并以每艘 3.5 万美元的价格出售这些船。建造 10 艘船的原料(玻璃纤维、木头、油漆等)花费了 Joe 25 万美元。Joe 已经在生产船所必需的工厂和设备上投资了 50 万美元;其中 20 万美元来自他自己的储蓄,30 万美元是以 10% 的利息借入(假设 Joe 也可以以 10% 的利息把他的钱贷出去)。Joe 可以在与之竞争的船厂工作,每年收入 6 万美元。

   a. Joe 在一年中可以赚到的总收益是多少?
   b. 在生产 10 艘船时,Joe 引起的显性成本是多少?
   c. Joe 生产 10 艘船的总机会成本(显性成本加隐性成本)是多少?
   d. Joe 的会计利润值是多少?
   e. Joe 的经济利润值是多少?
   f. Joe 经营他的船厂真的有利可图吗?解释之。

2. a. 填写下面的表。它描述了一个路边小店生产汉堡包的产量和成本。所有数字按每小时衡量。

工人数量	产量	劳动的边际产量	工厂的成本(美元)	工人的成本(美元)	总成本(美元)
0	0		25	0	_____
1	6	_____	25	5	_____
2	11	_____	25	10	_____
3	15	_____	25	15	_____
4	18	_____	25	20	_____
5	20	_____	25	25	_____

b. 在图 12-1 中画出生产函数。

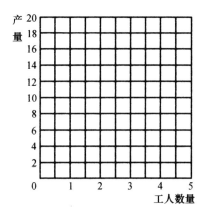

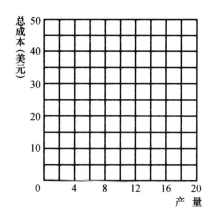

图 12-1

图 12-2

c. 随着使用生产设备的工人数量的增加,劳动的边际产量会发生什么变动?为什么?用这种关于劳动边际产量的信息解释你画出的生产函数的斜率。

d. 在图 12-2 中画出总成本曲线。

e. 解释总成本曲线的斜率。

3. a. 以下是 Barbara 牛仔裤制造厂的信息。所有数据都是每小时的数据。填写下表。要注意以下缩写:FC(固定成本)、VC(可变成本)、TC(总成本)、AFC(平均固定成本)、AVC(平均可变成本)、ATC(平均总成本)、MC(边际成本)。

产量	FC(美元)	VC(美元)	TC(美元)	AFC(美元)	AVC(美元)	ATC(美元)	MC(美元)
0	16	0	____	____	____	____	____
1	16	18	____	____	____	____	____
2	16	31	____	____	____	____	____
3	16	41	____	____	____	____	____
4	16	49	____	____	____	____	____
5	16	59	____	____	____	____	____
6	16	72	____	____	____	____	____
7	16	90	____	____	____	____	____
8	16	114	____	____	____	____	____
9	16	145	____	____	____	____	____
10	16	184	____	____	____	____	____

b. 在图 12-3 中画出 AFC、AVC、ATC 和 MC 曲线(注意:在画 MC 曲线之前先阅读第 154 页"有益的提示"第 2 条)。

c. 解释你在 b 中画出的每条曲线的形状。

d. 解释 ATC 与 MC 之间的关系。

e. 解释 ATC、AFC 和 AVC 之间的关系。

f. Barbara 的有效规模是多少?你如何找出有效规模?解释之。

12.2.2 简答题

1. 什么是利润?
2. 经济利润与会计利润有什么不同?
3. 假设你自己拥有并经营一个企业。再假设利率上升了,而且另一个企业向你提供了一份工作,其收入是你认为自己在劳动市场上价值的两倍。你的会计利润会发生什么变动?你的经济利润会发生什么变动?你更可能还是更不可能继续经营自己的企业?
4. 解释生产函数和总成本曲线之间的关系。
5. 企业管理人员的薪水是固定成本还是可变成本?为什么?
6. 企业的有效规模是什么?
7. 解释边际成本和平均总成本之间的关系。
8. 在典型的企业中,边际成本曲线的形状是什么样的?为什么是这样的形状?
9. 一个企业在规模收益不变的区域运营。如果企业扩大生产,短期中平均总成本会发生什么变动?为什么?长期中平均总成本会发生什么变动?为什么?
10. 当一个小企业扩大其经营规模时,为什么它首先经历规模收益递增?当同一个企业增长到极大时,为什么经营规模的继续扩大会引起规模收益递减?

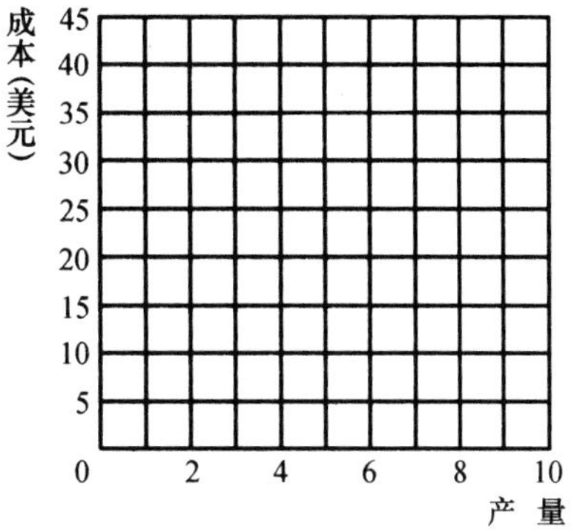

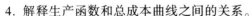

图 12-3

12.3 自我测试题

12.3.1 判断正误题

_____ 1. 总收益等于企业生产的物品数量乘以它出售其产品的价格。
_____ 2. 支付给工人的工资和薪水是生产的隐性成本的例子。
_____ 3. 如果总收益是 100 美元,显性成本是 50 美元,隐性成本是 30 美元,那么,会计利润等于 50 美元。
_____ 4. 如果有生产的隐性成本,会计利润将大于经济利润。
_____ 5. 当一个生产函数变得平坦时,边际产量增加。
_____ 6. 如果一个企业在同等规模的工厂内雇用更多工人,它最终会经历边际产量递减。
_____ 7. 如果一个企业的生产函数表现出边际产量递减,相应的企业总成本曲线将随产量扩大而变得平坦。
_____ 8. 固定成本加可变成本等于总成本。
_____ 9. 平均总成本是总成本除以边际成本。
_____ 10. 当边际成本低于平均总成本时,平均总成本必定下降。
_____ 11. 如果随着产量增加,生产函数首先表现出边际产量递增,而后表现出边际产量递减,那么相应的边际成本曲线将是 U 形的。

_____ 12. 平均总成本曲线与边际成本曲线相交于边际成本曲线的最低点。

_____ 13. 长期中平均总成本曲线比短期中平均总成本曲线更平坦。

_____ 14. 企业的有效规模是使边际成本最小的产量。

_____ 15. 在长期中,随着企业扩张其生产设备规模,它通常先经历规模不经济,然后是规模收益不变,最后是规模经济。

12.3.2 单项选择题

1. 会计利润等于总收益减_____。
   a. 隐性成本
   b. 显性成本
   c. 隐性成本与显性成本之和
   d. 边际成本
   e. 可变成本

2. 经济利润等于总收益减_____。
   a. 隐性成本
   b. 显性成本
   c. 隐性成本与显性成本之和
   d. 边际成本
   e. 可变成本

用以下信息回答第 3—4 题。Madelyn 拥有一个小陶器厂。她可以每年生产 1 000 件陶器,并以每件 100 美元出售这些陶器。Madelyn 生产 1 000 件陶器要耗用 2 万美元原料。她在她的工厂和设备上投资了 10 万美元:5 万美元来自她的储蓄,5 万美元是以 10%的利息借入(假设她也能以 10%的利息把她的钱贷出去)。Madelyn 可以在一个与之竞争的陶器厂中求得一份每年 4 万美元收入的工作。

3. Madelyn 陶器厂的会计利润是_____。
   a. 3 万美元
   b. 3.5 万美元
   c. 7 万美元
   d. 7.5 万美元
   e. 8 万美元

4. Madelyn 陶器厂的经济利润是_____。
   a. 3 万美元
   b. 3.5 万美元
   c. 7 万美元
   d. 7.5 万美元
   e. 8 万美元

5. 如果存在生产的隐性成本,_____。
   a. 经济利润将大于会计利润
   b. 会计利润将大于经济利润
   c. 经济利润与会计利润将相等
   d. 经济利润总是等于零
   e. 会计利润总是等于零

6. 如果生产函数表现出边际产量递减,它的斜率_____。
   a. 随着投入量增加变得平坦
   b. 随着投入量增加变得陡峭
   c. 是线性的(一条直线)
   d. 可以是以上任何一种

7. 如果生产函数表现出边际产量递减,相应的总成本曲线的斜率_____。
   a. 随着产量增加变得平坦
   b. 随着产量增加变得陡峭
   c. 是线性的(一条直线)
   d. 可以是以上任何一种

用以下信息回答第 8—9 题。

工人数量	产量
0	0
1	23
2	40
3	50

8. 随着生产从雇用一个工人变动到雇用两个工人,劳动的边际产量是_____。
   a. 0
   b. 10
   c. 17
   d. 23
   e. 40

9. 上述的生产过程表现出_____。
   a. 劳动的边际产量不变
   b. 劳动的边际产量递增
   c. 劳动的边际产量递减
   d. 规模收益递增
   e. 规模收益递减

10. 以下哪一项是短期中的可变成本？
    a. 向工厂工人支付的工资。
    b. 工厂设备的租金。
    c. 工厂的租金。
    d. 为借贷资本支付的利息。
    e. 向高层管理人员支付的薪水。

用以下信息回答第 11—14 题。

产量	固定成本（美元）	可变成本（美元）	总成本（美元）	边际成本（美元）
0	10	0		
1	10	5		
2	10	11		
3	10	18		
4	10	26		
5	10	36		

11. 生产 4 单位的平均固定成本是_____。
    a. 26 美元
    b. 10 美元
    c. 5 美元
    d. 2.5 美元
    e. 以上各项都不对

12. 生产 3 单位的平均总成本是_____。
    a. 3.33 美元
    b. 6 美元
    c. 9.33 美元
    d. 18 美元
    e. 28 美元

13. 从生产 3 单位变动到 4 单位的边际成本是_____。
    a. 5 美元
    b. 6 美元
    c. 7 美元

    d. 8 美元
    e. 9 美元

14. 生产的有效规模是_____。
    a. 1 单位
    b. 2 单位
    c. 3 单位
    d. 4 单位
    e. 5 单位

15. 当边际成本低于平均总成本时，_____。
    a. 平均固定成本增加
    b. 平均总成本减少
    c. 平均总成本增加
    d. 平均总成本最小

16. 如果边际成本等于平均总成本，_____。
    a. 平均总成本增加
    b. 平均总成本减少
    c. 平均总成本最小
    d. 平均总成本最大

17. 如果随着产量增加，生产函数首先表现出边际产量递增，然后表现出边际产量递减，那么，相应的边际成本曲线将_____。
    a. 向右上方倾斜
    b. 是 U 形的
    c. 向右下方倾斜
    d. 是平坦的（水平的）

18. 在长期中，如果非常小的工厂扩大其生产规模，最初它很可能经历_____。
    a. 规模经济
    b. 规模收益不变
    c. 规模不经济
    d. 平均总成本增加

19. 生产的有效规模是使以下哪一项最小的产量？
    a. 平均总成本。
    b. 边际成本。
    c. 平均固定成本。

d. 平均可变成本。
20. 以下哪一项表述是正确的？
    a. 在长期中所有成本都是固定的。
    b. 在长期中所有成本都是可变的。
    c. 在短期中所有成本都是固定的。
    d. 在短期中所有成本都是可变的。

12.4 进阶思考题

你的朋友拥有一个大花园并种植了新鲜的水果和蔬菜，以便在当地的农产品市场上出售。你的朋友评论说："我雇了一个休暑假的大学生在这个夏天帮助我，我的产量翻了一番还多。我想明年夏天我将雇两三个帮手，那样，我的产量就会增加三四倍还多。"

1. 如果所有生产过程最终都表现出可变投入的边际产量递减，你的朋友雇用一个帮手（工人数量翻一番），他的产量就翻一番还多，这可能是正确的吗？为什么？
2. 他雇用更多的工人并继续在产量上获得更大比例的增长，这可能吗？为什么？
3. 在长期中，如果你的朋友想继续雇用工人，并想使这些工人带来产量的同比例增长，那么他必须对自己大花园的经营规模做些什么改变？解释之。即使在长期中，你的朋友能永远扩大他的经营规模，并保持平均总成本最低吗？解释之。

习 题 答 案

12.1.3 术语与定义

_13_ 总收益	_1_ 固定成本
_8_ 总成本	_11_ 可变成本
_2_ 利润	_16_ 平均总成本
_20_ 显性成本	_10_ 平均固定成本
_6_ 隐性成本	_15_ 平均可变成本
_18_ 经济利润	_3_ 边际成本
_19_ 会计利润	_12_ 有效规模
_14_ 生产函数	_4_ 规模经济
_7_ 边际产量	_9_ 规模不经济
_17_ 边际产量递减	_5_ 规模收益不变

12.2.1 应用题

1. a. 10 × 3.5 万美元 = 35 万美元。
   b. 25 万美元 + (30 万美元 × 0.1) = 28 万美元。
   c. 25 万美元 + (50 万美元 × 0.1) + 6 万美元 = 36 万美元。
   d. 35 万美元 − 28 万美元 = 7 万美元。
   e. 35 万美元 − 36 万美元 = −1 万美元。
   f. 无利可图。Joe 如果到竞争对手的工厂工作而不经营自己的工厂，他可以赚到 6 万美元,加上他 20 万美元金融资本赚取的 10% 的利息,共计 8 万美元,而他的工厂每年只赚 7 万美元会计利润,因此他为经营自己的工厂要付出 1 万美元的代价(经济损失的规模)。

2. a

工人数量	产量	劳动的边际产量	工厂的成本(美元)	工人的成本(美元)	总成本(美元)
0	0		25	0	25
		6			
1	6		25	5	30
		5			
2	11		25	10	35
		4			
3	15		25	15	40
		3			
4	18		25	20	45
		2			
5	20		25	25	50

b. 参看图 12-4。

c. 边际产量递减,因为增加的工人要共同使用生产设备,而且工作区域更拥挤了。生产函数的斜率是投入量变动引起的产量变动,即劳动的边际产量。由于劳动的边际产量是递减的,生产函数的斜率随着所使用的投入量的增加而变得平坦。

d. 参看图 12-5。

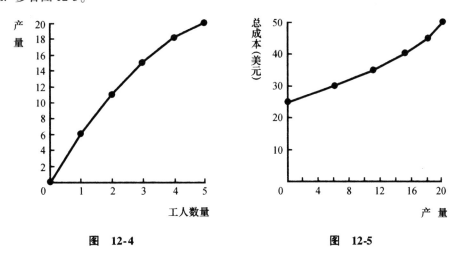

图 12-4   图 12-5

e. 由于劳动的边际产量递减,随着产量增加,总成本曲线越来越陡峭。这就是说,为了多生产同样单位的产出增量,企业必须使用越来越多的投入量,从而成本以递增的比率增加。

3. a.

产量	FC(美元)	VC(美元)	TC(美元)	AFC(美元)	AVC(美元)	ATC(美元)	MC(美元)
0	16	0	16	—	—	—	
1	16	18	34	16.00	18.00	34.00	18
2	16	31	47	8.00	15.50	23.50	13
3	16	41	57	5.33	13.67	19.00	10
4	16	49	65	4.00	12.25	16.25	8
5	16	59	75	3.20	11.80	15.00	10
6	16	72	88	2.67	12.00	14.67	13
7	16	90	106	2.29	12.86	15.14	18
8	16	114	130	2.00	14.25	16.25	24
9	16	145	161	1.78	16.11	17.89	31
10	16	184	200	1.60	18.40	20.00	39

b. 参看图 12-6。

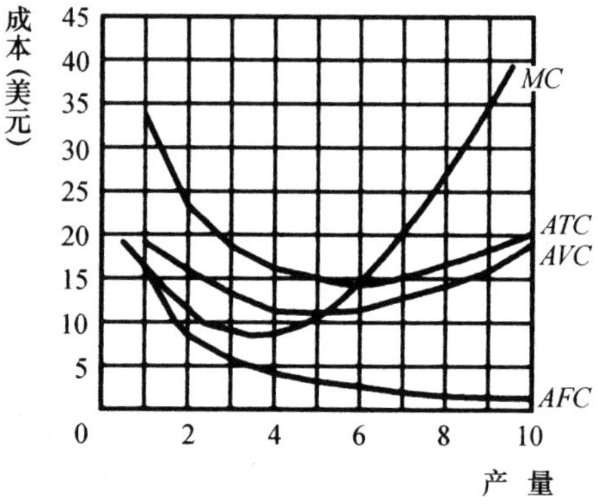

c. 随着产量增加，AFC 下降，因为固定成本分摊在更多的产量上。由于可变投入的边际产量递增，前 4 个单位的 MC 下降。此后，由于边际产量递减，MC 上升。由于同样的原因，AVC 和 MC 一样是 U 形的。由于 AFC 下降和边际产量递增，ATC 下降。由于边际产量递减，在较高的生产水平时，ATC 上升。

图 12-6

d. 当 MC 低于 ATC 时，ATC 必定下降。当 MC 高于 ATC 时，ATC 必定上升。因此，MC 曲线与 ATC 曲线相交于 ATC 曲线的最低点。

e. AFC 加 AVC 等于 ATC。

f. 6 条牛仔裤。有效规模是使 ATC 最小的产量，它也位于 MC 曲线与 ATC 曲线相交之处。

12.2.2 简答题

1. 利润 = 总收益 − 总成本。
2. 经济利润是总收益减显性成本和隐性成本。会计利润是总收益减显性成本。
3. 会计利润不变。经济利润减少，因为隐性成本增加了——你投资的货币的机会成本和你的时间的机会成本增加了。你将更不可能继续经营自己的企业，因为更加无利可图了。
4. 总成本曲线反映了生产函数。当一种投入表现出边际产量递减时，由于投入增加量增加的产量越来越少，生产函数越来越平坦。相应地，随着生产量增加，总成本曲线越来越陡峭。
5. 是固定成本，因为支付给管理人员的薪水不随产量变动而变动。
6. 是使平均总成本最小的生产量。
7. 当边际成本低于平均总成本时，平均总成本曲线必定下降。当边际成本高于平均总成本时,平均总成本曲线必定上升。因此,边际成本曲线与平均总成本曲线在平均总成本曲线的最低点相交。

8. 一般来说,边际成本曲线是 U 形的。在产量非常小时,由于允许工人专业化生产,企业往往会经历边际产量递增,因此,边际成本下降。在某一点时,企业将经历边际产量递减,而且边际成本曲线将开始上升。

9. 在短期中,生产设备的规模是固定的,因此,当增加工人时,企业将经历收益递减和平均总成本递增。在长期中,企业将同时扩大工厂规模和工人数量,而且,如果企业经历了规模收益不变,平均总成本就将在最低时保持不变。

10. 当一个小企业扩大其生产规模时,更高的生产水平可以使工人更加专业化,从而长期平均总成本下降。当一个庞大的企业继续扩大时,很可能产生协调问题,从而长期平均总成本开始增加。

12.3.1 判断正误题

1. 正确。
2. 错误;工资和薪水是生产的显性成本,因为企业有货币支出。
3. 正确。
4. 正确。
5. 错误;边际产量是生产函数的斜率,因此,当生产函数越来越平坦时,边际产量递减。
6. 正确。
7. 错误;边际产量递减意味着为了生产相同的产量增量,要求越来越多的投入量,因此,总成本以递增的比率增加。
8. 正确。
9. 错误;平均总成本是总成本除以产量。
10. 正确。
11. 正确。
12. 错误;边际成本曲线与平均总成本曲线在平均总成本曲线的最低点相交。
13. 正确。
14. 错误;有效规模使平均总成本最小。
15. 错误;随着生产规模扩大,企业通常经历规模经济、规模收益不变,以及规模不经济。

12.3.2 单项选择题

1. b 2. c 3. d 4. a 5. b 6. a 7. b 8. c 9. c 10. a
11. d 12. c 13. d 14. d 15. b 16. c 17. b 18. a 19. a 20. b

12.4 进阶思考题

1. 是的。许多生产过程首先表现出可变投入(在这种情况下是工人)的边际产量递增。这种结果可能是由于劳动专业化而导致。在雇用第二个工人之后,一个工人可以专门从事除草,而另一个工人可以专门从事浇水。

2. 不可能。如果某一种投入(比如说花园的规模)是固定的,那么在某一点时,企业将经历可变投入的边际产量递减。这就是说,在某一点时,花园将变得拥挤,从而增加工人所增加的产量越来越少。

3. 很可能因为花园不够大,以至于如果想通过扩大花园规模并雇用更多工人来扩大经营规模,你的朋友会经历规模经济。你的朋友不能无限地扩大他的经营规模,因为在某一点时,企业变得如此之大,以至于会产生协调问题,从而企业会经历规模不经济。

第13章
竞争市场上的企业

目 标

在本章中你将
- 学习竞争市场的特点是什么
- 考察竞争企业如何决定生产多少产量
- 考察竞争企业如何决定什么时候暂时停产
- 考察竞争企业如何决定是进入还是退出一个市场
- 理解企业行为如何决定市场短期和长期供给曲线

效 果

在实现这些目标之后,你应该能
- 列出成为竞争市场的三个条件
- 在竞争企业的成本曲线图上确定其供给曲线
- 说明为什么在企业物品价格低于平均可变成本时,企业就暂时停产
- 说明为什么如果企业物品价格低于平均总成本,企业就永远退出一个市场
- 说明为什么竞争市场上的长期供给曲线比短期供给曲线更富有弹性

13.1 本章概述

13.1.1 本章复习

在本章中,我们考察竞争企业——没有市场势力的企业——的行为。有市场势力的企业可以影响其出售的物品的市场价格。前一章中提出的成本曲线说明了竞争市场上供给曲线背后的决策。

1. 什么是竞争市场

竞争市场有两个主要特征:
- 市场上有许多买者与卖者。
- 可供出售的物品大体上相同。

这两种条件的结果是,每个买者和卖者都是**价格接受者**。有时也将下面第三个条件认为是完全竞争市场的特征:
- 企业可以自由进入或退出市场。

竞争市场上的企业努力使利润最大化,利润等于总收益减总成本。总收益(TR)是$P \times Q$。由于一个竞争企业和市场相比是微不足道的,它接受市场条件给定的价格。因此,总收益和销售的产量同比例变化——销售的产量翻一番,总收益也翻一番。

平均收益(AR)等于总收益(TR)除以产量(Q),或者$AR = TR/Q$。由于$TR = P \times Q$,因此,$AR = (P \times Q)/Q = P$。这就是说,对所有企业来说,平均收益等于物品的价格。

边际收益(MR)等于增加一单位销售量所引起的总收益变动,或者$MR = \Delta TR/\Delta Q$。当销售量Q增加一单位时,总收益增加的货币量为P。因此,对竞争企业来说,边际收益等于物品的价格。

2. 利润最大化与竞争企业的供给曲线

企业通过比较边际收益和边际成本使利润最大化。对于竞争企业来说,边际收益固定为一种物品的价格,而边际成本是随着产量上升而增加的。利润最大化有三个一般性规律:
- 如果边际收益大于边际成本,企业应该增加其产量以增加利润。
- 如果边际成本大于边际收益,企业应该减少其产量以增加利润。
- 在利润最大化的产量水平时,边际收益与边际成本正好相等。

假设有一个具有典型成本曲线的企业。从图上看,边际成本(MC)曲线向右上方倾斜,平均总成本(ATC)曲线是U形的,而且,MC曲线与ATC曲线相交于ATC曲线的最低点。如果在图中画出$P = AR = MR$这条线,我们就可以看出,企业将根据MR曲线和MC曲线的交点来选择使利润最大化的产量。这就是说,企业将选择生产$MR = MC$的产量。在任何一个低于最优量的数量时,$MR > MC$,如果增加产量,利润就增加;在任何一个高于最优量的数量时,$MC > MR$,如果减少产量,利润就增加。

如果价格上升,企业的反应就是把生产增加到新的更高的$P = AR = MR$与MC曲线相交的一点上。这就是说,企业向上移动其MC曲线,直至再一次达到$MR = MC$。因此,因为企业的边际成本曲线决定了企业在任何一种价格时愿意供给的物品数量,所以,边际成本曲线是竞争企业的供给曲线。

如果生产得到的收益小于生产的可变成本（VC），企业就暂时停止营业（什么也不生产）。暂时停业的例子有农民在一个季度让土地闲置，以及餐馆不供应午餐。就暂时停止营业而言，企业不考虑固定成本，因为它们被认为是**沉没成本**，或者无法收回的成本，因为企业无论是否生产物品，都必须支付这些成本。从数学上说，如果 $TR < VC$，两边同时除以 Q，并得出 $TR/Q < VC/Q$，即 $AR = MR = P < AVC$，企业就应该暂时停止营业。这就是说，如果 $P < AVC$，企业应该停止营业。因此，竞争企业的短期供给曲线是在其平均可变成本曲线以上的那一部分边际成本曲线。

一般来说，除竞争企业的例子外，所有理性决策者在做出经济决策时都考虑边际量而不考虑沉没成本。理性决策者从事边际收益大于边际成本的活动。

在长期中，如果从生产中得到的收益小于总成本，企业将退出市场（永久性地停止经营）。如果企业退出一个行业，它就可以节省固定成本和可变成本，或者总成本。从数学上说，如果 $TR < TC$，两边同时除以 Q，并得出 $TR/Q = TC/Q$，即 $AR = MR = P < ATC$，企业将退出市场。这就是说，如果 $P < ATC$，企业应该退出市场。因此，竞争企业的长期供给曲线是其平均总成本曲线之上的那部分边际成本曲线。

一个竞争企业的利润等于 $TR - TC$，除以 Q，并乘以 Q，得出利润为 $(TR/Q - TC/Q) \times Q$，或者利润等于 $(P - ATC) \times Q$。如果价格上升到 ATC 之上，企业有利润；如果价格在 ATC 之下，企业将亏损，并在长期中选择退出市场。

3. 竞争市场的供给曲线

在短期中，市场上企业的数量是固定的，因为企业不能迅速进入或退出市场。因此，在短期中，市场供给曲线是各个企业平均可变成本曲线之上的边际成本曲线的水平相加。这就是说，市场供给曲线只是每个价格时市场上每家企业供给量的简单加总。由于单个企业的边际成本曲线向右上方倾斜，因此，短期市场供给曲线也向右上方倾斜。

在长期中，企业可以进入和退出市场。假设所有企业都有同样的成本曲线。如果市场上的企业赚到利润，新企业就将进入市场，这增加了供给量，并引起价格一直下降到经济利润为零时为止；如果市场上的企业出现亏损，一些现有企业将退出市场，这减少了供给量，并引起价格一直上升到经济利润为零时为止。在长期中，仍留在市场上的企业必定赚到零经济利润。因为利润为 $(P - ATC) \times Q$，所以，只有当 $P = ATC$ 时，利润才等于零。由于对竞争企业来说，$P = MC$ 和 MC 曲线与 ATC 曲线相交于 ATC 曲线的最低点，因此，在可以自由进入与退出的竞争市场的长期均衡中，企业一定是在其有效规模上运营。此外，由于价格高于或低于最低的 ATC 时，企业进入或退出市场，因此，价格总是回到每个企业最小的 ATC，但市场总供给量会随企业数量而增加或减少。因此，只有一种价格与零利润一致，而且长期市场供给曲线在这个价格上一定是水平的（完全有弹性）。

竞争企业尽管在长期中赚到零经济利润，但仍然继续经营。回想一下，经济学家把总成本定义为包括企业的所有机会成本，因此，零利润均衡补偿了企业所有者的时间和货币投资。

在短期中，需求增加使一种物品价格上升，而且现有企业获得经济利润；在长期中，这就吸引新企业进入市场，引起相应的市场供给增加，这种供给的增加引起物品价格下降到与经济利润为零一致的原来的水平，但现在市场上的销售量增加了。因此，如果企业现在在竞争行业中赚到高利润，它们就会预期有新企业进入市场，未来价格和利润将会下降。

标准情况下,长期市场供给曲线完全有弹性,但长期市场供给曲线会由于两个原因而向右上方倾斜:

- 如果生产所需要的投入的供给是有限的,那么某一行业中企业数量增加将引起所有现有企业的成本随供给量增加而增加,从而价格上升。
- 如果企业有不同的成本(一些企业比另一些企业有效率),为了吸引新的、效率不高的企业进入市场,价格就应该增加到能弥补效率不高企业的成本的水平。在这种情况下,长期中,边际企业只赚到了零经济利润,而效率较高的企业赚到了利润。

无论如何,由于企业在长期中可以比短期中更容易地进入和退出市场,因此,长期市场供给曲线比短期市场供给曲线更富有弹性。

4. 结论:在供给曲线背后

供给决策基于边际分析。在竞争市场上供给物品的利润最大化企业会在边际成本等于价格并等于最低平均总成本时生产。

13.1.2 有益的提示

(1) 我们已经明确了,在短期中,只要价格等于或高于平均可变成本,企业就会生产 $P = MC$ 时的产量。明白这种行为逻辑的另一种方法是,认识到由于无论生产水平如何都必须支付固定成本,在任何时间,企业至少要弥补其可变成本,任何超过这种可变成本的额外收益都可以用于弥补其固定成本。因此,在短期中,如果在价格高于平均可变成本时停止营业,企业就会有亏损。结果,企业的短期供给曲线是在平均可变成本曲线以上的那一部分边际成本曲线。

(2) 回想一下理性决策者考虑边际量。任何一种行为的决策规则是,我们应该做边际收益大于边际成本的事,并一直坚持到边际收益等于边际成本时为止。将这个决策规则直接转换为企业的生产决策就是,企业的生产应该持续到其增加的产量使边际收益(企业的边际收益)等于边际成本时为止。

(3) 在本章中,我们推导出了利润 = $(P - ATC) \times Q$ 的利润方程式。用文字来说,这个公式说明,利润等于每单位的平均利润乘以销售量。记住这一点是有帮助的。即使在亏损的情况下,这一点也是正确的。如果价格小于平均总成本,利润就等于每单位的平均亏损乘以销售量。

13.1.3 术语与定义

为每个关键术语选择一个定义。

关键术语	定 义
_____ 价格接受者	1. 在某个时期内,由于现在市场状况引起的暂时停止生产的短期决策
_____ 竞争市场	2. 有许多交易相同产品的买者与卖者,以至于每一个买者和卖者都是价格接受者的市场
_____ 平均收益	3. 总收益除以销售量
_____ 边际收益	4. 已经发生而且无法收回的成本
_____ 停止营业	5. 增加一单位销售量引起的总收益变动

_____ 退出市场　　　　　　6. 竞争市场上必须接受市场决定的价格的买者和卖者

_____ 沉没成本　　　　　　7. 永久地停止生产并离开市场的长期决策

13.2　应用题与简答题

13.2.1　应用题

1. 以下市场可能是完全竞争的吗？解释之。
   a. 汽油市场
   b. 牛仔裤市场
   c. 玉米和大豆之类的农产品市场
   d. IBM 股票的市场
   e. 电力市场
   f. 有线电视市场

2. a. 下表包含了 Barry 棒球制造厂的收益和成本的信息。所有的数据都以每小时衡量。如果价格等于 3 美元，填写与 Barry 生产相应的第一栏的数字（TR = 总收益，TC = 总成本，MR = 边际收益，MC = 边际成本）。

Q	TR, $P=3$ 美元	TC	利润	MR	MC	TR, $P=2$ 美元	利润	MR
0	_____	1	_____	_____	_____	_____	_____	_____
1	_____	2	_____	_____	_____	_____	_____	_____
2	_____	4	_____	_____	_____	_____	_____	_____
3	_____	7	_____	_____	_____	_____	_____	_____
4	_____	11	_____	_____	_____	_____	_____	_____
5	_____	16	_____	_____	_____	_____	_____	_____

   b. 如果每个棒球的价格是 3 美元，Barry 的最优生产水平是多少？你用来确定最优生产水平的标准是什么？
   c. 棒球市场上的长期均衡价格是每个棒球 3 美元吗？解释之。棒球市场将发生什么调整？长期中价格会发生什么变动？
   d. 假设棒球价格下降到 2 美元。填写上表其余三列。当价格是每个棒球 2 美元时，利润最大化的产量水平是多少？当棒球价格是 2 美元时，Barry 棒球制造厂赚到了多少利润？
   e. 棒球市场上的长期均衡价格是每个棒球 2 美元吗？解释之。为什么 Barry 在这种利润水平时应该继续生产？
   f. 描述棒球市场上短期供给曲线的斜率。描述棒球市场上长期供给曲线的斜率。

3. a. 在图 13-1 中，画出一个有代表性的企业在长期均衡时的成本曲线，并画出与之相对应的具有完全弹性的长期市场供给曲线的整个行业的市场均衡。
   b. 假设这种物品的需求减少。在图 13-2 中，说明这种物品市场上需求的移动，以及在这一有代表性的企业的成本曲线上相应的利润或亏损。

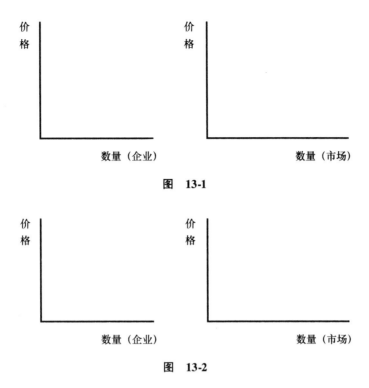

图 13-1

图 13-2

c. 在图 13-3 中,说明为了使市场和企业回到长期均衡而发生的调整。

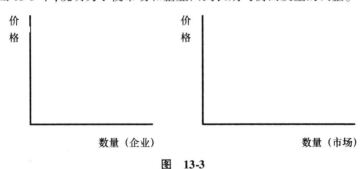

图 13-3

d. 在市场回到长期均衡之后,价格高了、低了,还是与原来的价格一样?在这个市场上生产的企业数量多了、少了,还是不变?

13.2.2 简答题

1. 描述竞争市场的三个条件是什么?
2. 考虑某个处于竞争市场中的企业。如果它的产量翻了一番,总收益会发生什么变动?为什么?
3. 如果一个企业在边际收益大于边际成本时生产,它可以通过增加产量、减少产量,还是保持产量不变来增加利润?为什么?
4. 竞争企业的短期供给曲线如何构成?解释之。
5. 竞争企业的长期供给曲线如何构成?解释之。

6. 你去了你们的校园书店,并看到印有你们大学校徽的咖啡杯。它的价格是 5 美元,而你的评价是 8 美元,因此你买了它。在你走回汽车的路上,你把这个杯子掉在地上摔成了碎片。你应该再买一个呢,还是回家呢(因为现在总支出为 10 美元,大于你对它的评价 8 美元)? 为什么?
7. 假设企业的物品价格高于生产的平均可变成本,但低于生产的平均总成本。在短期中企业将停止营业吗?解释之。在长期中企业将退出市场吗?解释之。
8. 为什么竞争市场(可以自由进入和退出)在长期均衡时必须使所有企业都以有效规模经营?
9. 为什么短期市场供给曲线向右上方倾斜,而标准的长期市场供给曲线是完全有弹性的?
10. 在什么条件之下,长期市场供给曲线向右上方倾斜?

13.3 自我测试题

13.3.1 判断正误题

_____ 1. 市场成为完全竞争的唯一要求是市场上有许多买者与卖者。
_____ 2. 对于竞争企业,边际收益等于物品的销售价格。
_____ 3. 如果竞争企业出售了三倍于原来的产量,它的总收益也增加到原来的三倍。
_____ 4. 当企业生产的产量达到边际成本等于边际收益时,这个企业的利润最大。
_____ 5. 如果在企业现在的产量水平时边际成本大于边际收益,那么企业提高其产量水平就可以增加利润。
_____ 6. 竞争企业的短期供给曲线是其位于平均总成本曲线之上的那一部分边际成本曲线。
_____ 7. 竞争企业的长期供给曲线是其位于平均可变成本曲线之上的那一部分边际成本曲线。
_____ 8. 在短期中,如果企业的物品价格高于其平均可变成本,但低于其生产的平均总成本,该企业将暂时停止营业。
_____ 9. 在竞争市场上,买者和卖者都是价格接受者。
_____ 10. 在长期中,如果企业物品得到的价格低于其生产的平均总成本,一些企业就将退出市场。
_____ 11. 在短期中,一种物品的市场供给曲线是每个企业在每种价格时的供给量之和。
_____ 12. 短期市场供给曲线比长期市场供给曲线富有弹性。
_____ 13. 在长期中,完全竞争企业赚到少量但可观的经济利润。
_____ 14. 在长期中,如果企业是相同的,而且自由进入与退出市场,那么市场上的所有企业都在其有效规模上经营。
_____ 15. 如果一种物品的价格上升到高于生产的最低平均总成本,正的经济利润就将引起新企业进入市场,这使价格回到生产的最低平均总成本。

13.3.2 单项选择题

1. 以下哪一项不是竞争市场的特征？
   a. 市场上有许多买者与卖者。
   b. 用于销售的物品大体上是相同的。
   c. 企业可以自由进入或退出市场。
   d. 企业在长期中产生少量正的经济利润。
   e. 以上都是竞争市场的特征。

2. 以下哪一个市场最接近于满足竞争市场的要求？
   a. 金块市场。
   b. 电力市场。
   c. 有线电视市场。
   d. 汽水市场。
   e. 以上各项都是竞争市场。

3. 如果竞争企业的产量翻了一番，它的总收益_____。
   a. 翻了一番还多
   b. 翻一番
   c. 翻了不到一番
   d. 不能确定，因为物品的价格可能上升或下降

4. 对于竞争企业，边际收益等于_____。
   a. 该物品的销售价格
   b. 平均收益除以销售量
   c. 总收益除以价格
   d. 所销售的物品量

5. 当竞争企业生产的产量达到以下哪一点时，它的利润最大？
   a. 边际成本等于总收益。
   b. 边际收益等于平均收益。
   c. 边际成本等于边际收益。
   d. 价格等于平均可变成本。

6. 如果竞争企业在边际收益超过边际成本时的水平上生产，那么企业_____就可以增加利润。
   a. 增加生产
   b. 减少生产
   c. 把生产维持在现有水平上

   d. 暂时停止营业

根据图 13-4 回答第 7—11 题。

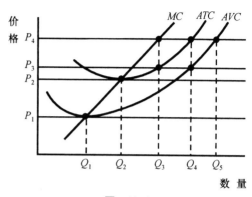

图 13-4

7. 如果价格是 P_4，产量为_____时，竞争企业就可以实现利润最大化。
   a. Q_1
   b. Q_2
   c. Q_3
   d. Q_4
   e. Q_5

8. 如果价格是 P_4，企业将得到的利润等于面积_____。
   a. $(P_2 - P_1) \times Q_2$
   b. $(P_3 - P_2) \times Q_3$
   c. $(P_4 - P_2) \times Q_4$
   d. $(P_4 - P_3) \times Q_3$
   e. 以上各项都不对

9. 在短期中，价格低于_____时，竞争企业就将暂时停止生产。
   a. P_1
   b. P_2
   c. P_3
   d. P_4

10. 在长期中，价格低于_____时，一些竞争企业就将退出市场。
    a. P_1
    b. P_2
    c. P_3

d. P_4

11. 在长期中,竞争均衡是_____。
    a. P_1, Q_1
    b. P_2, Q_2
    c. P_4, Q_3
    d. P_4, Q_4
    e. P_4, Q_5

12. 在短期中,竞争企业的供给曲线是_____。
    a. 整个边际成本曲线
    b. 在平均总成本曲线以上的那部分边际成本曲线
    c. 在平均可变成本曲线以上的那部分边际成本曲线
    d. 平均总成本曲线中向右上方倾斜的部分
    e. 平均可变成本曲线中向右上方倾斜的部分

13. 在长期中,竞争企业的供给曲线是_____。
    a. 整个边际成本曲线
    b. 在平均总成本曲线以上的那部分边际成本曲线
    c. 在平均可变成本曲线以上的那部分边际成本曲线
    d. 平均总成本曲线中向右上方倾斜的部分
    e. 平均可变成本曲线中向右上方倾斜的部分

14. 一个杂货店在以下哪种情况下应该在晚上关门?
    a. 仍然开业的总成本大于仍然开业带来的总收益。
    b. 仍然开业的总成本小于仍然开业带来的总收益。
    c. 仍然开业的可变成本大于仍然开业带来的总收益。
    d. 仍然开业的可变成本小于仍然开业带来的总收益。

15. 长期市场供给曲线_____。
    a. 总是比短期市场供给曲线富有弹性
    b. 总是比短期市场供给曲线缺乏弹性
    c. 与短期市场供给曲线有同样的弹性
    d. 总是完全有弹性的

16. 在长期中,如果用于销售的物品的价格低于_____,一些企业就将退出市场。
    a. 边际收益
    b. 边际成本
    c. 平均收益
    d. 平均总成本

17. 如果市场上所有企业都有相同的成本结构,而且市场上生产物品所用的投入容易得到,那么,该物品的长期市场供给曲线应该是_____。
    a. 完全有弹性的
    b. 向右下方倾斜的
    c. 向右上方倾斜的
    d. 完全无弹性的

18. 如果生产一种物品所需要的投入供给有限,以致该行业扩大引起市场上所有现有企业的成本增加,那么,该物品的长期市场供给曲线可能是_____。
    a. 完全有弹性的
    b. 向右下方倾斜的
    c. 向右上方倾斜的
    d. 完全无弹性的

19. 如果一种物品的长期市场供给曲线是完全有弹性的,在长期中,该物品需求增加将引起_____。
    a. 该物品价格上升和市场上企业数量增加
    b. 该物品价格上升,但市场上企业数量不增加
    c. 市场上企业数量增加,但该物品

价格不上升

　　d. 对物品价格和市场上企业数量都没有影响

20. 在竞争市场的长期均衡时,企业在以下哪一种状态经营?

　　a. 它们的平均总成本曲线的最低点。

　　b. 边际成本与边际收益相交的点。

　　c. 它们的有效规模。

　　d. 零经济利润。

　　e. 以上各项都对。

13.4　进阶思考题

在美国某些地区,沃尔玛商场和其他一些大型超市一年 365 天、一天 24 小时开业是普遍的。

1. 你在凌晨两点与朋友走进沃尔玛商场买一些 USB 闪存驱动器。你的朋友说:"我不敢相信这些商场整夜都开业。15 个结账口中只有 1 个是开放的。这个商场里的顾客不会超过 10 名。整夜开业对这家商场没有什么意义。"向你的朋友解释,为了使整夜开业对沃尔玛有利必须具备什么条件。
2. 当沃尔玛做出夜晚是否开业的决策时,租金、设备、货架的成本以及管理人员的工资等是相关的吗?为什么?
3. 如果沃尔玛白天的顾客人数和你观察到的夜晚顾客人数一样多,你认为它应该继续经营吗?解释之。

习　题　答　案

13.1.3　术语与定义

　__6__　价格接受者
　__2__　竞争市场
　__3__　平均收益
　__5__　边际收益

　__1__　停止营业
　__7__　退出市场
　__4__　沉没成本

13.2.1　应用题

1. a. 是的,有许多买者和卖者,而且不同卖者的物品几乎是相同的。
   b. 也许不是,有许多买者和卖者,但物品并不相同(如 Levi's 与 Lee),因此并不是每个卖者都是价格接受者。
   c. 是的,有许多买者和卖者,而且不同卖者的物品是相同的。
   d. 是的,有许多买者和卖者,而且不同卖者的物品是相同的。
   e. 不是,有少数卖者(往往只有一个)。如果有多个卖者,物品将是相同的。
   f. 不是,有少数卖者(往往只有一个)。如果有多个卖者,物品将几乎是相同的。

2. a.

Q	TR, P=3 美元	TC	利润	MR	MC	TR, P=2 美元	利润	MR
0	0	1	−1			0	−1	
				3	1			2
1	3	2	1			2	0	
				3	2			2
2	6	4	2			4	0	
				3	3			2
3	9	7	2			6	−1	
				3	4			2
4	12	11	1			8	−3	
				3	5			2
5	15	16	−1			10	−6	

  b. 最优生产水平是每小时 2 个或 3 个棒球。这个生产水平使利润最大(2 美元),而且这也是 $MC = MR$(3 美元)的产量水平。

  c. 不是,因为 Barry 赚到了 2 美元的正经济利润。这些利润将吸引新企业进入棒球市场,市场供给将增加,而且价格将下降到经济利润为零时为止。

  d. 见上表的答案。最优生产水平是每小时 1 个或 2 个棒球。Barry 赚到零经济利润。

  e. 是的。经济利润为零,而且企业既不进入也不退出该行业。零经济利润意味着,Barry 没有赚到超过他生产的机会成本的钱,但他的收益弥补了他投入的成本、他的时间与金钱的价值。

  f. 短期供给曲线的斜率是正的,因为当 $P = 2$ 美元时,供给量是每个企业 1 或 2 个单位;而当 $P = 3$ 美元时,供给量是每个企业 2 或 3 个单位。在长期中,供给在 $P = 2$ 美元时是水平的(完全有弹性),因为高于 2 美元的任何一种价格都将引起企业进入棒球市场,并使价格下降到 2 美元。

3. a. 参看图 13-5。

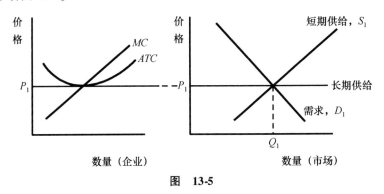

图 13-5

b. 参看图 13-6。

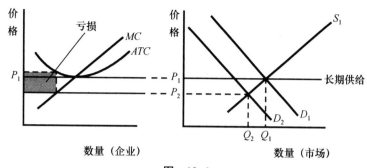

图 13-6

c. 参看图 13-7。

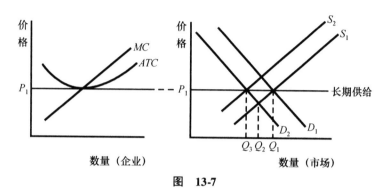

图 13-7

d. 价格回到最初的水平。在这个市场上生产的企业数量少了。

13.2.2 简答题

1. 有许多买者与卖者，用于销售的物品大体上是相同的，而且企业可以自由进入或退出市场。
2. 总收益翻一番。这是因为在竞争市场上价格并不受任何个别企业销售量的影响。
3. 如果 $MR > MC$，增加产量将增加利润，因为增加一单位产量所增加的收益大于增加的成本。
4. 它是企业平均可变成本曲线以上的那部分边际成本曲线，因为企业的利润在 $P = MC$ 时最大，而且在短期中，固定成本或沉没成本是无关的，企业应该只弥补其可变成本。
5. 它是企业平均总成本曲线以上的那部分边际成本曲线，因为企业的利润在 $P = MC$ 时最大，而且在长期中，企业应该弥补其总成本，否则它就应该退出市场。
6. 你应该购买另一个咖啡杯，因为边际收益(8 美元)大于边际成本(5 美元)。打碎的杯子是沉没成本，而且无法弥补，因此它是无关的。
7. 不应该停止营业。在短期中，企业的固定成本是沉没成本，因此企业不会停止营业，因为它只需要弥补其可变成本。在长期中企业应该退出市场。在长期中，企业必须弥补总成本，而且，如果 $P < ATC$，企业在长期中就有亏损，应退出市场。

8. 在长期均衡时,企业必须获得零经济利润,以便企业不进入或退出该行业。当 $P = ATC$ 时就出现了零利润,而且对竞争企业来说,$P = MC$ 决定了生产水平。只有在 ATC 最低时,才有 $P = ATC = MC$。

9. 在短期中,企业不能退出或进入市场,因此,市场供给曲线是现有企业向右上方倾斜的 MC 曲线的水平相加。但是,在长期中,如果价格高于或低于最低 ATC,企业就将进入或退出市场,这使价格总要回到每个企业的 ATC 的最低点,但市场总供给量随企业数量增加或减少。因此,市场供给曲线是水平的。

10. 条件是生产所需要的一种投入的供给是有限的,或者企业有不同的成本。

13.3.1 判断正误题

1. 错误;除此之外,还要求可供销售的物品大体上是相同的,而且企业可以自由进入或退出市场。
2. 正确。
3. 正确。
4. 正确。
5. 错误;企业减少产量就可以增加利润。
6. 错误;是平均可变成本曲线以上的那部分边际成本曲线。
7. 错误;是平均总成本曲线以上的那部分边际成本曲线。
8. 错误;在短期中,只要价格高于平均可变成本,企业就将继续经营。
9. 正确。
10. 正确。
11. 正确。
12. 错误;长期市场供给曲线比短期市场供给曲线富有弹性。
13. 错误;在长期中它们赚到了零经济利润。
14. 正确。
15. 正确。

13.3.2 单项选择题

1. d 2. a 3. b 4. a 5. c 6. a 7. c 8. d 9. a 10. b
11. b 12. c 13. b 14. c 15. a 16. d 17. a 18. c 19. c 20. e

13.4 进阶思考题

1. 对于沃尔玛来说,要保持整个晚上开业(并不暂时停止营业),它夜晚的总收益必须等于或大于其增加开业时间所引起的可变成本(电力、夜班工人的工资等)。

2. 是不相关的。这些成本是固定成本或沉没成本——即使沃尔玛选择夜晚不开业,这些成本也得不到弥补。

3. 不应该继续经营。这是因为暂时停止营业决策(夜晚是否开业)取决于总收益是否等于或大于可变成本,但长期中留在市场上的决策取决于总收益是否等于或大于总成本。沃尔玛用晚上赚到的收益弥补总成本(固定成本与可变成本)是不大可能的。

第14章
垄　　断

目　标

在本章中你将

- 学习为什么某些市场只有一个卖者
- 分析垄断企业如何决定产量和收取的价格
- 理解垄断企业的决策如何影响经济福利
- 理解垄断企业为什么要对不同的顾客收取不同的价格
- 思考各种旨在解决垄断问题的公共政策

效　果

在实现这些目标之后，你应该能

- 列出垄断企业能成为市场上某种物品唯一卖者的三个原因
- 用垄断企业的成本曲线和它所面临的需求曲线解释垄断企业所赚取的利润
- 说明垄断企业生产决策所带来的无谓损失
- 说明一个垄断企业的价格歧视可以使经济福利增加到标准垄断定价所引起的经济福利之上这一出人意料的结果
- 说明为什么迫使自然垄断企业收取它生产的边际成本会引起垄断企业亏损

14.1 本章概述

14.1.1 本章复习

垄断企业有市场势力,因为它们可以影响自己产出的价格。这就是说,垄断企业是与价格接受者相对的价格制定者。竞争企业选择的生产量要使既定的市场价格等于生产的边际成本,而垄断企业收取的价格大于边际成本。在本章中,我们考察垄断企业的生产和定价决策、它们市场势力的社会含义,以及政府可能用什么方式对垄断企业引发的问题做出回应。

1. 为什么会产生垄断

垄断企业是一种没有相近替代品的物品的唯一卖者的企业。只有存在进入壁垒,垄断企业才能是市场上唯一的卖者。这就是说,其他企业不能进入该市场并与之竞争。进入壁垒有三个来源:

- 垄断资源:一种关键资源由唯一一个企业所拥有。例如,如果一个企业拥有镇上的唯一一口水井,那么它就是销售水的垄断企业。戴比尔斯(DeBeers)基本上就是钻石市场的一个垄断企业,因为它控制了世界钻石产量的80%。这样的垄断来源其实在某种程度上比较少见。
- 政府创造的垄断:政府赋予单个企业排他性地生产某种物品的权利。当政府赋予发明者专利和作者版权(可持续20年)时,它就使某人成为那种物品的唯一生产者。好处是它提高了对创造性活动的激励,而代价将在本章后面部分详细讨论。
- 自然垄断:生产成本使单个生产者比大量生产者更有效率。当一个企业能以低于两个或更多企业的成本向整个市场供给一种物品时,就产生了**自然垄断**。当在相关产量范围内存在规模经济时,自然垄断就产生了。这就是说,一个企业的平均总成本可以一直下降到能以最低成本供给整个市场的数量。这种成本优势是一种自然进入壁垒,因为成本较高的企业发现进入这类市场是不利的。常见的例子是水电供应等公用事业。俱乐部物品一般是由自然垄断企业生产的。

2. 垄断企业如何做出生产与定价决策

相对于市场而言,一个竞争企业是微不足道的,因此它接受市场条件所给定的价格。由于在既定的价格上竞争企业想卖多少就可以卖多少,因此竞争企业面临一条在市场价格时完全有弹性的需求曲线。垄断企业是其市场上的唯一生产者,因此它面对的是整条向右下方倾斜的市场需求曲线。垄断企业可以通过选择数量和买者愿意支付的价格来选择需求曲线上的任何一种价格—数量组合。正如竞争企业一样,垄断企业选择使利润(总收益减总成本)最大化的产量。

由于垄断企业面临一条向右下方倾斜的需求曲线,如果它希望销售更多数量,它就必须降低物品的价格。因此,当它多销售一单位时,增加的销售数量会引起总收益($P \times Q$)的两种效应:

- 产量效应:Q上升了。
- 价格效应:P下降了(对边际单位和它已经销售出去的单位)。

由于垄断企业在卖出每一单位时必须降低价格,因此当它增加一单位产量时,其边际收益($\Delta TR/\Delta Q$)随产量 Q 的增加而递减,而且边际收益总是小于物品的价格。

与竞争企业一样,垄断企业在边际收益(MR)等于边际成本(MC)的产量水平时利润最大。随着 Q 增加,MR 减少而 MC 增加。因此,在产量水平低时,$MR > MC$,而且 Q 增加就增加了利润。在产量水平高时,$MC > MR$,而且 Q 减少就增加了利润。因此,垄断企业应该在 $MR = MC$ 这一点上生产。这就是说,利润最大化的产量水平是由边际收益曲线和边际成本曲线的交点决定的。由于 MR 曲线在需求曲线之下,垄断企业通过 $MR = MC$ 找出需求曲线来确定所收取的价格。也就是说,它在那个产量下收取与之相符的最高价格。

回想一下,对于竞争企业,由于企业面对的需求曲线是完全有弹性的,因此 $P = MR$,利润最大化的均衡要求 $P = MR = MC$。但是,对垄断企业,$MR < P$,因此,利润最大化的均衡要求 $P > MR = MC$。结果,在竞争市场上,价格等于边际成本;而在垄断市场上,价格大于边际成本。

药品市场的例子与我们的理论是一致的。在专利保护期内,药品价格高;当专利到期而且可以生产无专利药品时,药品价格大幅度下降。

与竞争市场一样,垄断利润为 $(P - ATC) \times Q$,或者利润等于每单位的平均利润乘以销售量。

3. 垄断的福利代价

垄断市场能使用总剩余衡量的经济福利最大化吗?不妨回想一下,总剩余是消费者剩余和生产者剩余之和。竞争市场上的供求均衡自然而然地使总剩余最大,因为所有买者评价大于或等于卖者生产成本的产量都被生产出来了。

一个垄断企业要生产社会有效量(通过生产所有买者评价大于或等于生产成本的产量而使总剩余最大化),它就必须生产边际成本曲线与需求曲线相交处的产量水平。但是,垄断企业选择生产边际收益曲线与边际成本曲线相交处的产量水平。由于垄断企业的边际收益曲线总在需求曲线之下,垄断企业的产量低于社会有效产量。

垄断企业生产的少量物品使垄断企业可以收取高于生产边际成本的价格。因此,垄断企业引起了无谓损失,因为在垄断价格高时,消费者不能购买评价高于垄断企业成本的产量。

垄断产生的无谓损失与税收产生的无谓损失类似,而且垄断企业的利润类似于税收收入,不同的是政府得到了税收收入,私人企业得到了垄断利润。由于垄断企业赚到的利润只是从消费者剩余转变为生产者剩余,因此垄断利润并不是一种社会代价。垄断的社会代价是当垄断企业生产的产量低于其有效产量时引起的无谓损失。

4. 价格歧视

价格歧视是以不同的价格向不同顾客出售同一种物品的经营做法。价格歧视只能由垄断企业这样有市场势力的企业来实行。关于价格歧视有三个值得注意的方面:

- 价格歧视是利润最大化垄断企业的理性策略,因为在向每个顾客收取接近于他的个人支付意愿的价格时,垄断企业的利润增加了。
- 价格歧视要求能根据顾客的支付意愿——由年龄、收入、地区等决定——划分顾客。如果存在**套利**(在一个市场上低价购买物品并在另一个市场上高价卖出的过程),价格歧视就无法实施。
- 价格歧视可以增进经济福利,这是因为产量会超过存在垄断定价时的结果。但是,增加的剩余(减少的无谓损失)由生产者而不是消费者获得。

当垄断企业向每个顾客收取的价格完全等于其支付意愿时，就产生了**完全价格歧视**。在这种情况下，企业（顾客）生产（消费）有效产量，而且没有无谓损失。但是，总剩余以利润的形式归垄断企业所有。在现实中，不可能实现完全价格歧视。不完全价格歧视可能提高、降低或不改变市场上的总剩余。

价格歧视的例子包括电影票、民航机票、折扣券、大学学费资助、数量折扣以及百老汇的演出票等。

5. 针对垄断的公共政策

垄断不能有效地配置资源，因为它们生产的产量小于社会最优产量，并收取高于边际成本的价格。决策者可以用四种方式对垄断问题做出回应：

- 努力使垄断行业更有竞争性。司法部可以运用反托拉斯法（旨在降低垄断力量的法规）来阻止减少竞争的合并，为增强竞争而分解极大的公司，并阻止公司合谋。然而，一些合并可能在降低成本的同时又提高了效率。因此，政府要知道应当阻止哪一种合并和允许哪一种合并是困难的。
- 管制垄断企业的行为。公共事业这类自然垄断收取的价格通常由政府管制。要求一个自然垄断企业确定的价格等于其边际成本，就可以消费有效率的产量，但垄断企业将亏损，因为如果平均可变成本下降，边际成本必定低于平均可变成本。因此，垄断企业将退出该行业。管制者的回应是，可以用税收收入（税收收入本身引起无谓损失）补贴自然垄断企业，或者允许以平均总成本定价，这提高了垄断定价，但其不像边际成本定价一样有效率。管制价格的另一个问题是，垄断企业没有降低成本的激励，因为当它们的成本下降时，其物品的价格也要下降。
- 把一些私人垄断企业变为公共企业。除管制自然垄断收取的价格外，政府也可以自己经营垄断。邮政服务是一个例子。经济学家对私有制的偏爱大于政府公有制，因为私人所有者有更大的激励使成本最小化。
- 无作为。由于以上每一种解决方法都有缺点，一些经济学家主张让垄断自行其是。他们相信，现实世界中"政治失灵"的代价要大于垄断定价引起的"市场失灵"。

6. 结论：垄断的普遍性

在某种意义上说，一方面，垄断是普遍的，因为大多数企业对它们收取的价格都有某种控制力；另一方面，有相当大垄断势力的企业是极少的。垄断势力只不过是一个程度问题。

14.1.2 有益的提示

（1）垄断企业可以选择产量，并找出买者愿意支付的价格，或者垄断企业可以选择价格，并找出买者愿意购买的数量。这就是说，垄断企业仍然要服从于其物品的需求曲线。如果高价格和高产量的组合并不在垄断企业所面临的需求曲线上，垄断企业就不能选择这种组合。

（2）垄断企业并不保证能赚到利润。我们任何一个人都可以在生产封面镶金的教科书中成为一个垄断企业（因为现在没有这种物品的生产者），但这种物品的需求可能低到无法弥补生产成本。类似地，得到一种物品的专利并不能保证专利持有者未来可以获利。

14.1.3 术语与定义

为每个关键术语选择一个定义。

关键术语	定 义
_____垄断企业	1. 由于一个企业能以低于两个或更多企业的成本向整个市场供给一种物品或服务而产生的垄断
_____自然垄断	2. 作为一种没有相近替代品的产品的唯一卖者的企业
_____价格歧视	3. 垄断企业可以向每个顾客准确地收取其支付意愿的情况
_____套利	4. 以不同价格向不同顾客出售同一种物品的经营做法
_____完全价格歧视	5. 在一个市场上以低价买进一种物品并在另一个市场上以高价卖出的过程

14.2 应用题与简答题

14.2.1 应用题

1. a. 使企业可以在一种物品上保持唯一卖者地位的进入壁垒的三个来源是什么?
   b. 以下物品或生产者的垄断势力来源于什么进入壁垒?列出一些打破这些物品或生产者的绝对垄断势力的竞争者。
   (1) 美国邮政服务(United States Postal Service)
   (2) 巴黎水矿泉水(Perrier Spring Water)
   (3) 百忧解(Prozac,一种品牌药)
   (4) 戴比尔斯钻石(DeBeers Diamonds)
   (5) 由 N. 格里高利·曼昆写的《经济学原理》(你当前的教科书)
   (6) 爱迪生电力公司(Edison Power Company)

2. 假设一个企业拥有一项生产独一无二的熏鲑鱼的特殊加工专利。下表提供了该企业这种物品的需求信息。

鲑鱼(磅)	价格(美元)	总收益($P \times Q$)	边际收益($\Delta TR/\Delta Q$)
0	20	_____	_____
1	18	_____	_____
2	16	_____	_____
3	14	_____	_____
4	12	_____	_____
5	10	_____	_____
6	8	_____	_____
7	6	_____	_____

   a. 填写上表。
   b. 在图 14-1 中画出需求曲线和边际收益曲线。(为了画出边际值,请参见第 12 章"有益的提示"中的第 2 条。)
   c. 假设没有固定成本,而且生产熏鲑鱼的边际成本为固定的每磅 6 美元。(因此,平均总成本也是固定的每磅 6 美元。)垄断企业所选择的数量和价格是多少?垄断企

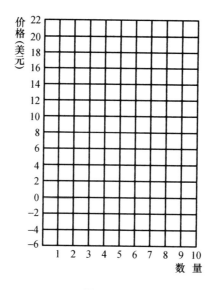

图 14-1

业赚到的利润是多少？用你在图 14-1 中画出的图形说明你的答案。

d. 使总剩余最大的价格和数量是多少？

e. 比较垄断解和有效解。也就是说，垄断企业的价格太高还是太低？垄断企业生产的数量太多还是太少？为什么？

f. 如果垄断企业收取垄断价格，这个市场上有无谓损失吗？解释之。

g. 如果垄断企业能无代价地实行完全价格歧视，结果是有效率的吗？解释之。消费者剩余、生产者剩余和总剩余的值是多少？解释之。

3. a. 图 14-2 代表哪一种类型的市场：完全竞争、垄断，还是自然垄断？解释之。

b. 假设企业要使利润最大，在图 14-2 中标出这家企业的利润或亏损。

c. 假设政府管制者为了提高这个市场的效率，强迫这家企业将价格定为其边际成本。在图 14-3 中标出这家企业的利润或亏损。

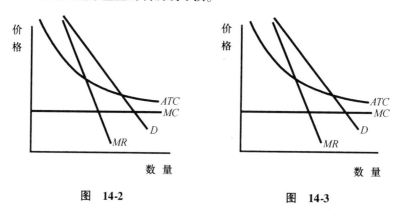

图 14-2　　　　　　　　图 14-3

d. 在长期中，迫使这家企业收取等于边际成本的价格能提高该市场的效率吗？解释之。

14.2.2 简答题

1. 什么是进入壁垒？使企业可以在一个市场上保持唯一卖者地位的进入壁垒的三个来源是什么？
2. 如果通过管制迫使自然垄断企业收取等于其边际成本的价格，结果将是有效率的吗？为什么？
3. 垄断企业能对其物品收取最高可能的价格吗？为什么？垄断企业如何选择对其物品所收取的价格？
4. 为什么垄断企业生产的产量总会少于社会有效产量呢？
5. 垄断企业的利润是垄断社会代价的一部分吗？解释之。
6. 完全价格歧视是有效率的吗？解释之。谁得到了剩余？
7. 垄断企业能实行价格歧视的必要条件是什么？
8. 决策者可以对垄断问题做出反应的四种方式是什么？
9. 应该用反托拉斯法来阻止所有合并吗？为什么？
10. 与管制自然垄断所收取的价格相关的一些问题是什么？

14.3 自我测试题

14.3.1 判断正误题

_____ 1. 垄断企业是价格接受者。
_____ 2. 垄断市场进入壁垒最常见的来源是，垄断企业拥有生产那种物品所必需的一种关键资源。
_____ 3. 垄断是没有相近替代品的一种物品的唯一卖者。
_____ 4. 自然垄断是把其自然资源所有权作为市场进入壁垒的垄断。
_____ 5. 垄断企业面临的需求曲线是其物品的市场需求曲线。
_____ 6. 对于垄断企业来说，边际收益总是低于物品的价格。
_____ 7. 垄断企业选择边际收益等于边际成本的产量，然后用需求曲线找出将使消费者购买这种数量的价格。
_____ 8. 垄断企业的供给曲线总是向右上方倾斜的。
_____ 9. 垄断企业生产了有效产量，但它仍然是无效率的，因为它收取的是高于边际成本的价格，获取的利润是一种社会代价。
_____ 10. 只有没有套利活动时，价格歧视才是可能的。
_____ 11. 价格歧视可以提高经济福利，因为产量增加到大于垄断定价下的水平。
_____ 12. 完全价格歧视是有效率的，但所有剩余由消费者获得。
_____ 13. 当大学对穷学生和富学生收取不同的学费时，大学就是在进行价格歧视。
_____ 14. 用管制迫使自然垄断企业收取等于其生产边际成本的价格将使垄断企业亏损，并退出该行业。
_____ 15. 大多数经济学家认为，垄断问题最有效的解决办法是将垄断企业公有化。

14.3.2 单项选择题

1. 以下哪一项不是垄断市场的进入壁垒?
   a. 政府给一家企业排他性地生产某种物品的权利。
   b. 生产成本使一个生产者比大量生产者更有效率。
   c. 一种关键资源由一家企业拥有。
   d. 一个企业非常大。

2. 平均总成本一直下降到至少能供给整个市场的产量的企业称为_____。
   a. 完全竞争企业
   b. 自然垄断
   c. 政府垄断
   d. 受管制的垄断

3. 当垄断企业多生产一单位时,那一单位所带来的边际收益必定_____。
   a. 高于价格,因为产量效应大于价格效应
   b. 高于价格,因为价格效应大于产量效应
   c. 低于价格,因为产量效应大于价格效应
   d. 低于价格,因为价格效应大于产量效应

4. 垄断生产的产量处于以下哪一种情况时才能实现利润最大化?
   a. 边际收益等于边际成本。
   b. 边际收益等于价格。
   c. 边际成本等于价格。
   d. 边际成本等于需求。
   e. 以上各项都不对。

5. 以下哪一种关于竞争与垄断市场上的价格和边际成本的表述是正确的?
   a. 在竞争市场上,价格等于边际成本;在垄断市场上,价格等于边际成本。
   b. 在竞争市场上,价格高于边际成本;在垄断市场上,价格高于边际成本。
   c. 在竞争市场上,价格等于边际成本;在垄断市场上,价格高于边际成本。
   d. 在竞争市场上,价格高于边际成本;在垄断市场上,价格等于边际成本。

6. 圣智学习(Cengage Learning)公司是生产你的教科书的垄断企业,因为_____。
   a. 圣智学习公司拥有教科书生产的关键资源
   b. 圣智学习公司是一个自然垄断企业
   c. 政府赋予圣智学习公司排他性地生产这种教科书的权利
   d. 圣智学习公司是一家非常大的公司

用图 14-4 回答第 7—10 题。

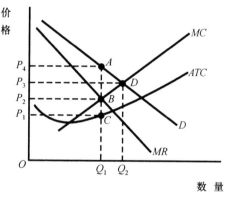

图 14-4

7. 利润最大化的垄断企业所选择的价格和数量由以下哪一点代表?
   a. A
   b. B
   c. C
   d. D
   e. 以上各项都不对

8. 利润最大化的垄断企业所赚到的利润由以下哪一块面积代表?
   a. P_4ABP_2

b. P_4ACP_1
   c. P_4AQ_1O
   d. P_3DQ_2O
   e. 以上各项都不对
9. 与垄断定价相关的无谓损失由以下哪一块面积代表？
   a. P_4ABP_2
   b. P_4ACP_1
   c. ABD
   d. P_2BCP_1
   e. 以上各项都不对
10. 有效率的价格与数量由以下哪一点代表？
    a. A
    b. B
    c. C
    d. D
    e. 以上各项都不对
11. 与垄断相关的无效率是由于_____。
    a. 垄断利润
    b. 垄断亏损
    c. 物品的过度生产
    d. 物品的生产不足
12. 与完全竞争市场相比，垄断市场通常将引起_____。
    a. 更高的价格和更高的产量
    b. 更高的价格和更低的产量
    c. 更低的价格和更低的产量
    d. 更低的价格和更高的产量
13. 垄断企业的供给曲线_____。
    a. 是平均可变成本之上的边际成本曲线
    b. 是平均总成本之上的边际成本曲线
    c. 是平均总成本曲线向右上方倾斜的那一部分
    d. 是平均可变成本曲线向右上方倾斜的那一部分
    e. 不存在
14. 用政府管制迫使自然垄断收取的价格等于其边际成本将_____。
    a. 提高效率
    b. 提高物品价格
    c. 吸引其他企业进入市场
    d. 引起垄断企业退出市场
15. 反托拉斯法的目的是_____。
    a. 管制垄断企业收取的价格
    b. 通过阻止合并和分解大企业来增进一个行业内的竞争
    c. 增加合并活动，以有助于引起降低成本并提高效率的协同效应
    d. 创造自然垄断的公有制
    e. 以上各项都对
16. 自然垄断的公有制_____。
    a. 倾向于无效率
    b. 通常会大大降低生产成本
    c. 引起新收购的企业与其他政府拥有的企业之间的协同效应
    d. 以上各项都不对
17. 以下哪一项关于价格歧视的表述不正确？
    a. 价格歧视可以增进经济福利。
    b. 价格歧视要求卖者能根据买者的支付意愿对其进行划分。
    c. 完全价格歧视引起无谓损失。
    d. 价格歧视增加了垄断企业的利润。
    e. 垄断企业进行价格歧视，买者必定不能进行套利活动。
18. 如果管制者把一个自然垄断分为许多小企业，生产成本_____。
    a. 将下降
    b. 将上升
    c. 将保持不变
    d. 既可能上升也可能下降，这取决于垄断企业的供给曲线的弹性
19. 在长期中垄断企业能一直得到经济利润是因为_____。
    a. 潜在竞争者有时没有注意到

利润
b. 存在进入这个市场的壁垒
c. 垄断企业有强大的财力
d. 反垄断法在某段特定的年限消灭了竞争者
e. 以上各项都对
20. 如果边际收益大于边际成本,一个垄断企业应该_____。
a. 增加产量
b. 减少产量
c. 保持产量不变,因为当边际收益大于边际成本时利润最大
d. 提高价格

14.4 进阶思考题

你正在看电视新闻。一个消费者拥护者正在讨论民航业。他说:"民航业提供如此多样的运费率,以致从技术上说,一架满载乘客的波音747上没有两个支付相同票价的人。这显然是不公平和无效率的。"他接着说:"此外,自从民航公司开始采取这一做法,在最近几年间其利润翻了一番,这些增加的利润显然是一种社会负担。我们应该通过立法要求民航公司对同一架飞机的所有乘客收取相同的票价。"

1. 列出民航公司根据顾客的支付意愿对他们进行划分的一些方法。
2. 民航公司向不同顾客收取不同价格必定无效率吗?为什么?
3. 这种价格歧视引起的利润增加是一种社会代价吗?解释之。

习 题 答 案

14.1.3 术语与定义

__2__ 垄断企业 __5__ 套利
__1__ 自然垄断 __3__ 完全价格歧视
__4__ 价格歧视

14.2.1 应用题

1. a. 关键资源由一家企业所拥有(垄断资源);政府赋予一个企业排他性地生产一种物品的权利(政府创造的垄断);生产成本使一个生产者更有效率(自然垄断)。
   b. (1) 自然垄断。电子邮件、传真机、电话、像联邦快递这样的私人快递。
   (2) 垄断资源。其他瓶装水、软饮料。
   (3) 产生于政府创造的专利垄断。其他抗抑郁的药物、当专利到期后的仿制药。
   (4) 垄断资源。像祖母绿、红宝石、蓝宝石这类的宝石。
   (5) 政府创造的、版权引起的垄断。其他经济学原理类教科书。
   (6) 自然垄断。炭火炉、煤气炉、家用发电机。

2. a.

鲑鱼(磅)	价格(美元)	总收益($P \times Q$)	边际收益($\Delta TR/\Delta Q$)
0	20	0	
1	18	18	18
2	16	32	14
3	14	42	10
4	12	48	6
5	10	50	2
6	8	48	-2
7	6	42	-6

b. 参看图14-5。

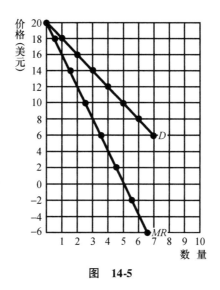

图 14-5

c. $Q = 3$—4 单位(比如说,3.5 单位),价格 = 12—14 美元(比如说,13 美元)。利润 = $TR - TC$,或者利润 = (3.5 × 13 美元) - (3.5 × 6 美元) = 45.5 美元 - 21 美元 = 24.5 美元。(或者利润 = ($P - ATC$) × Q = (13 美元 - 6 美元) × 3.5 = 24.5 美元。) 参看图14-6。

d. 价格是每磅6美元,数量是7单位。(有效解是市场生产收益大于或等于生产成本的所有数量,即需求曲线与 MC 曲线相交之处。)

e. 垄断企业的价格太高,而生产的数量太少,因为垄断企业面临一条使 $MR < P$、向右下方倾斜的需求曲线。因此,当利润最大化的垄断企业确定 $MR = MC$,而且 MR 曲线在需求曲线之下时,数量小于最优量,收取的价格高于生产的边际成本。

f. 有无谓损失。无谓损失为 3.5—7 磅的鲑鱼,或者说在价格为13美元时,另外3.5磅鲑鱼的消费者评价大于生产的边际成本即每磅6美元,但这些数量不会被生产和消费。(无谓损失 = 无谓损失三角形面积 = $\frac{1}{2}$ × (7 - 3.5) × (13 美元 - 6 美元) = 12.25 美元。)

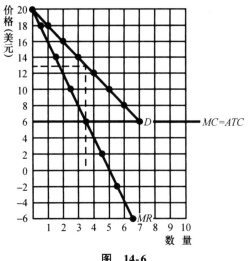

图 14-6

g. 是的,所有买者的评价大于或等于生产成本的产量(7 单位)将被生产出来。总剩余现在是生产者剩余,没有消费者剩余。总剩余和生产者剩余是需求曲线以下价格以上的面积,或者 $\frac{1}{2} \times (20\text{美元} - 6\text{美元}) \times 7 = 49$ 美元。消费者剩余等于零。

3. a. 自然垄断,因为在可以满足整个市场的产量时,ATC 仍然在下降。

   b. 参看图 14-7。

   c. 参看图 14-8。

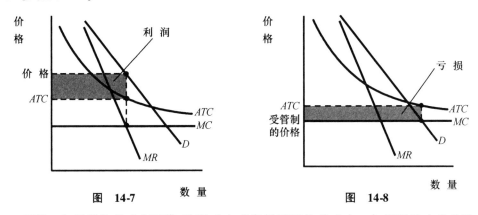

图 14-7   图 14-8

   d. 不能。如果平均总成本下降,边际成本必定低于平均总成本。如果强迫企业收取等于边际成本的价格,这个企业将有亏损。它将简单地退出市场,这就消除了与这个市场相关的所有剩余。

14.2.2 简答题

1. 任何限制新企业进入一个市场的事情。进入壁垒的三个来源:一种关键资源由唯一一个企业所拥有,政府赋予一个企业生产一种物品的排他性权利,或者生产成本使单个生产者比大量生产者效率更高。

2. 结果将是无效率的。垄断企业将发生亏损,而且将退出市场。
3. 不能。即使是一个垄断企业也要受其物品需求的限制,因此,高价格将引起买者很少买这种物品。垄断企业首先根据 MR 与 MC 的相交点选择最优数量,然后收取与这种产量一致的价格。
4. 对于一个垄断企业,$P>MR$,因为一个垄断企业要再卖出一个单位,它就应该降低边际单位以及以前所有单位的价格。因此,垄断企业使 MR 与 MC 相等,它收取大于 MC 的价格,这使消费者购买的量少于物品的有效量。
5. 不是。垄断企业的利润是消费者剩余向生产者剩余的再分配。垄断的社会代价是与产量减少相关的无谓损失。
6. 是的。买者的评价大于或等于生产者的成本的所有单位都被生产出来,但是整个总剩余由生产者(垄断企业)获得。
7. 垄断企业必须能根据买者的支付意愿对他们进行划分。
8. 努力使垄断行业更有竞争性,管制垄断的行为,把私人垄断企业变为公共企业,或者不作为。
9. 不应该。许多合并会带来合并企业间的协同效应,会降低成本,同时提高效率。
10. 垄断企业可能亏损并退出市场。阻止这种情况的补贴要通过税收来筹集,税收也引起了无谓损失。受管制的垄断企业没什么降低成本的激励。

14.3.1 判断正误题

1. 错误;垄断企业是价格制定者。
2. 错误;拥有关键资源是进入壁垒最少见的来源。
3. 正确。
4. 错误;自然垄断是企业的平均总成本一直下降到能满足整个市场的需求。
5. 正确。
6. 正确。
7. 正确。
8. 错误;垄断企业没有供给曲线。
9. 错误;垄断的无效率产生于垄断企业不能生产消费者评价等于或大于生产成本的产量。垄断企业的利润并不是社会代价,而仅仅是消费者剩余向生产者剩余的再分配。
10. 正确。
11. 正确。
12. 错误;所有剩余由生产者获得。
13. 正确。
14. 正确。
15. 错误;经济学家通常更喜欢私有制而不是公有制,因为私人所有者有更大的激励来降低成本。

14.3.2 单项选择题

1. d 2. b 3. d 4. a 5. c 6. c 7. a 8. b 9. c 10. d
11. d 12. b 13. e 14. d 15. b 16. a 17. c 18. b 19. b 20. a

14.4 进阶思考题

1. 民航公司根据年龄(儿童和老人机票更便宜)、地区(竞争越激烈的航线越便宜)、往返之间的时间长短(旅行者的机票比公务外出者便宜)、提前订票时间长短(晚订票更贵,直至最后一刻又变得便宜)等来细分乘客。

2. 不一定。价格歧视可以提高效率。通过收取买者的支付意愿,垄断企业使生产增加到所有买者的评价大于或等于生产成本的产量。

3. 不是。增加的利润一部分来自完全归生产者的增加的剩余创造,一部分是从消费者剩余向生产者剩余的再分配。

第 6 篇 宏观经济学的数据

第 15 章
一国收入的衡量

目 标

在本章中你将

- 考虑为什么一个经济的总收入等于其总支出
- 知道如何定义和计算国内生产总值（GDP）
- 明白 GDP 分为哪四个主要组成部分
- 知道真实 GDP 与名义 GDP 之间的区别
- 考虑 GDP 是不是衡量经济福利的好指标

效 果

在实现这些目标之后，你应该能

- 说明为什么收入等于支出等于 GDP
- 解释 GDP 定义中的关键词汇和短语
- 定义消费、投资、政府购买和净出口
- 用基年和当年价格计算真实 GDP 和名义 GDP
- 列出许多 GDP 中并不包括但又能增进福利的活动

15.1 本章概述

15.1.1 本章复习

微观经济学研究个别市场以及在这些市场中的个别企业和家庭的决策。**宏观经济学**研究整体经济。本章和本书余下各章将讲解宏观经济学的内容。

1. 经济的收入与支出

在一国的宏观经济中,收入必定等于支出。这之所以正确,是因为在每一次交易中,卖者的收入必定等于买者的支出。**国内生产总值**(GDP)衡量经济中的**总收入**或总产量。由于收入等于支出,GDP 可以通过把经济中所获得的收入(工资、租金和利润)加总来衡量,也可以通过把经济中生产的物品与服务的支出加总来衡量。这就是说,收入等于支出等于 GDP。

2. GDP 的衡量

GDP 的定义为在某一既定时期一个国家内生产的所有最终物品与服务的市场价值。

- "市场价值"是指根据产出的价格来衡量生产。因此,以高价格卖出的东西在 GDP 中就有更大的权数。
- "所有"是指 GDP 力图衡量经济中在市场上合法销售的所有产出。例如,GDP 不包括毒品的生产和销售,也不包括家庭生产,如房屋主人清扫自己的房子。但是,为了力求全面性,GDP 把估算的所有者自住房屋的租金价值作为住房服务的生产包含在内。
- "最终"是指 GDP 只包括出售给最终使用者的物品与服务。例如,GDP 计算福特 Taurus 车在零售环节的价值,但不计算福特公司在汽车生产期间购买的玻璃、钢材和轮胎这类中间物品的价值。中间物品是一个企业为另一个企业生产,以供其进一步加工的物品。只计算最终物品与服务避免了重复计算中间物品。
- "物品与服务"是指 GDP 既包括汽车和卡车这类有形的制成品,也包括律师和医生服务这类无形的东西。
- "生产的"是指不包括前一个时期生产出来(并计算过)的二手物品的销售。此外,这也避免了重复计算。
- "一个国家内"是指 GDP 衡量一国地理边界之内生产的价值。
- "在某一既定时期"是指我们衡量每年或每季度的 GDP。

GDP 数据统计上的"季节性调整"是为了消除由圣诞节和农业丰收这类季节性事件引起的数据有规律的变动。我们关于 GDP 的定义集中于支出方面。政府同样会通过将收入加总来衡量 GDP,这两种计算结果的差别是统计误差。

以下从大到小列出了 GDP 之外的其他收入衡量指标。

- **国民生产总值**(GNP):GNP 衡量一国长期居民或"国民"(公民及其工厂)的收入或生产,而不管他们位于什么地方。
- **国民生产净值**(NNP):NNP 是一国居民的总收入(GNP)减折旧。**折旧**是经济中资本存量损耗的价值。
- 国民收入:国民收入是一国居民获得的总收入。由于在数据收集过程中存在统计差异,因此它与 NNP 不同。
- 个人收入:个人收入是家庭和非公司制企业的收入。它不包括留存收益(不作为红利支付的公司收入),并需要减去间接营业税、企业所得税和社会保险。但它包括家庭从政府债券中得到的利息收入和政府**转移支付**(如福利与社会保障)。

- 个人可支配收入:家庭和非公司制企业在履行了他们对政府的支付义务(如税收、交通罚款)之后的收入。

3. GDP 的组成部分

我们可以通过加总用于最终物品与服务的支出的价值来衡量 GDP。经济学家把支出分为四个组成部分:消费(C)、投资(I)、政府购买(G)及净出口(NX)。

- **消费**是除新住房外家庭用于物品与服务的支出。
- **投资**是用于商业资本、住宅资本和存货的支出。投资并不包括用于股票、债券和共同基金的支出。
- **政府购买**是各级政府(联邦、州与地方政府)用于物品与服务的支出。政府购买并不包括转移支付,比如政府的社会保障支付、福利和失业补助,因为政府并没有得到作为回报的任何物品或服务。
- **净出口**是外国购买本国国内生产的价值(出口)减本国国内购买外国生产的价值(进口)。必须减去进口是因为消费、投资和政府购买包括用于国外与国内所有物品与服务的支出,只有减去国外部分,剩下的才是用于国内生产的支出。

用 Y 代表 GDP,可以得出 $Y = C + I + G + NX$。这个等式是一个恒等式——按等式中各个变量的定义,该等式必定成立。

4. 真实 GDP 与名义 GDP

名义 GDP 是按产出年份的物价(现期价格)衡量的产值。**真实 GDP** 是按某个任意(但固定)**基年**的物价(不变价格)衡量的产值。如果我们观察到名义 GDP 从一年到下一年增加了,我们并不能确定是物品与服务量增加了,还是物品与服务的价格上升了。但是,如果我们观察到真实 GDP 增加了,我们就可以肯定是物品与服务量增加了,因为每年的产出都根据同一基年价格来衡量。因此,真实 GDP 是经济产出的较好的衡量指标。

GDP 平减指数 = (名义 GDP/真实 GDP) × 100。它是衡量相对于基年物价水平的当年物价水平的物价指数。GDP 平减指数变化的百分比是**通货膨胀**的一种衡量指标。

在美国,自从 1965 年以后,真实 GDP 以平均每年约 3% 的速度增长。真实 GDP 偶尔下降的时期称为**衰退**。

5. GDP 是衡量经济福利的好指标吗

真实 GDP 是一个社会可靠的经济福利指标,因为人均真实 GDP 高的国家往往有更完善的教育体系、更完善的医疗体系、更有文化的公民、更好的住房、更好的营养、更长的预期寿命等。但是,GDP 并不是物质福利完美的衡量指标,因为它不包括闲暇、环境质量,以及在家中生产但不在市场上销售的物品与服务,例如照顾孩子、家务劳动和义务劳动。此外,GDP 没有表明收入分配状况。尽管如此,国际数据清楚地表明一国公民的生活水平与人均 GDP 密切相关。

15.1.2 有益的提示

(1) GDP 衡量生产。当我们衡量 GDP 时,我们首先必须记住,我们是在衡量某一个时期的生产(以及由此获得的收入)。如果我们记住这一点,我们一般就能正确地考虑到一些非正常的生产类型。例如：

- 我们应该如何衡量需要三年才能建成并在第三年年底出售的巡洋舰的生产？从逻辑上说，我们应该计算在每一年中完成的那一部分，并将之归入那一年的GDP。实际上，经济学家也是这样做的。如果我们在出售那一年计算整艘巡洋舰的生产，我们就高估了第三年的GDP，并低估了前两年的GDP。
- 同样，如果一所新房子是在某一年建造而在次年第一次出售，我们就应该在第一年中计算它，因为它是那一年生产的。也就是说，建造者在第一年中"购买了"建成的房子，把它加到自己的住房存货中。

尽管通常情况下我们只希望计算最终物品与服务，但我们确实计算了中间物品的生产（这些中间物品在当年并没有被使用，而是被加入企业的存货中），因为计算所有最终物品时并未包括这种生产。

(2) GDP并不包括所有支出。我们知道可以通过加总用于最终物品与服务的支出来衡量GDP($Y = C + I + G + NX$)。但是，一旦我们知道了支出法，我们一定不能忘记"用于最终物品与服务"这句话，不能错误地计算所有支出。当我们把用于二手物品、中间物品、股票和债券的支出或者政府转移支付都计算在内时，我们得到一个极大的货币值，但它与GDP并没有关系。经济中所有交易的货币值是巨大的，它是GDP的许多倍。

(3) 中间物品和最终物品是不同的。回想一下：

- 中间物品是一个企业为另一个企业生产，以供其进一步加工的物品。
- 最终物品是出售给最终使用者的物品。

GDP只包括最终物品与服务的价值，因为最终物品或服务生产中使用的中间物品的价值完全包括在最终物品或服务的价格里。如果我们在GDP中包含中间物品的价值，我们就会重复计算中间物品。

如果我们了解了这种区别，我们就能区分出经济中的物品是中间物品还是最终物品吗？例如，轮胎是中间物品还是最终物品？答案是，这取决于谁买它。当通用汽车公司从固特异公司购买了一个轮胎时，它是中间物品，因为通用汽车公司将把它安装在汽车上并出售。当你从你们当地固特异代理商处购买一个轮胎时，它是最终物品，应该计入GDP。因此，如果不知道购买者是谁，那么要区分经济中的物品是中间物品还是最终物品会很困难。

(4) 不同国家不同时期GDP的比较也会有偏差。当我们比较市场发展水平不同的国家间的GDP以及一个国家不同时期的GDP时，我们应该谨慎。这是因为GDP不包括大多数非市场活动。显而易见，欠发达国家的大部分产出可能是家庭生产，例如，一个人自己种地、清扫、织布，甚至自己盖房子。由于这些活动没有包括在市场交易中，因此在欠发达国家或工业化国家的早期阶段这些活动没有被记录下来，结果就是它们的GDP可能被低估了。

15.1.3 术语与定义

为每个关键术语选择一个定义。

关键术语	定　义
_____通货膨胀率	1. 按现期价格衡量的物品与服务的生产。
_____失业率	2. 家庭用于物品和服务（购买新住房除外）的支出。
_____宏观经济学	3. 外国对国内生产的物品的支出（出口）减国内对外国物品的支出（进口）。

_____ 微观经济学
_____ 总收入
_____ 总支出
_____ 国内生产总值（GDP）
_____ 中间物品
_____ 最终物品
_____ 国民生产总值（GNP）
_____ 折旧
_____ 消费
_____ 投资
_____ 政府购买
_____ 净出口
_____ 转移支付
_____ 真实 GDP
_____ 名义 GDP
_____ 基年
_____ GDP 平减指数
_____ 衰退

4. GDP 下降的时期。
5. 在某一既定时期一个国家内生产的所有最终物品与服务的市场价值。
6. 工资、租金和利润。
7. 物价上升的比率。
8. 由一国居民在某一既定时期内生产的所有最终物品和服务的市场价值。
9. 用于商业资本、住宅资本和存货的支出。
10. 各级政府用于物品和服务的支出。
11. 用名义 GDP 与真实 GDP 的比率乘以 100 计算的物价水平衡量指标。
12. 政府不为得到物品或服务的支出。
13. 没有工作的劳动力的百分比。
14. 研究家庭和企业如何做出决策，以及它们在市场上如何相互影响。
15. 一个企业为另一个企业生产，以供其进一步加工的物品。
16. 研究整体经济。
17. 按基年价格衡量的物品与服务的生产。
18. 销售给最终使用者的制成品。
19. 消费、投资、政府购买和净出口。
20. 衡量真实 GDP 时所使用价格的年份。
21. 设备和建筑物损耗的价值。

15.2 应用题与简答题

15.2.1 应用题

1. a. 将下表填完整。

	第 1 年	第 2 年	第 3 年
GDP	4 532	4 804	_____
消费	_____	3 320	3 544
投资	589	629	673
政府购买	861	_____	977
净出口	-45	-58	-54

b. GDP 最大的支出部分是什么？
c. 投资包括股票和债券的购买吗？为什么？
d. 政府购买包括用于失业补助的政府支出吗？为什么？
e. 净出口为负是什么意思？

2. 假设下表中的基年是 2014 年。

年份	X 商品的产量	每单位 X 商品的价格（美元）
2014	20	5
2015	20	10
2016	20	20

    a. 2014 年、2015 年和 2016 年的名义 GDP 是多少？
    b. 2014 年、2015 年和 2016 年的真实 GDP 是多少？

3. 假设下表记录了整个经济的总产量和物价，再假设下表中的基年是 2015 年。

年份	汽水的价格（美元）	汽水的数量（瓶）	牛仔裤的价格（美元）	牛仔裤的数量（条）
2015	1	200	10	50
2016	1	220	11	50

    a. 2015 年的名义 GDP 是多少？
    b. 2015 年的真实 GDP 是多少？
    c. 2016 年的名义 GDP 是多少？
    d. 2016 年的真实 GDP 是多少？
    e. 2015 年的 GDP 平减指数是多少？
    f. 2016 年的 GDP 平减指数是多少？
    g. 从 2015 年到 2016 年，物价大概上升了百分之多少？
    h. 从 2015 年到 2016 年，名义 GDP 的增加主要是由于真实产量增加还是由于物价上升？

4. 将下表填完整。

年份	名义 GDP（美元）	真实 GDP（美元）	GDP 平减指数
1	____	100	100
2	120	____	120
3	150	125	____

    a. 哪一年是基年？你是如何分辨的？
    b. 从第 1 年到第 2 年，是真实产量增加了，还是物价上升了？解释之。
    c. 从第 2 年到第 3 年，是真实产量增加了，还是物价上升了？解释之。

15.2.2 简答题

1. 为什么收入 = 支出 = GDP？
2. 定义 GDP，并解释该定义中的重要术语。
3. 支出的组成部分有哪些？为每一部分举出一个例子。
4. 举一个转移支付的例子。GDP 中包括转移支付吗？为什么？
5. 如果 2016 年的名义 GDP 大于 2015 年的名义 GDP，真实产量增加了吗？物价上升

6. 如果2016年的真实GDP大于2015年的真实GDP,真实产量增加了吗?物价上升了吗?
7. 如果你买了一辆完全在日本生产的价值2万美元的丰田汽车,这会影响美国的GDP吗?说明这个交易如何影响作为GDP组成部分的相应支出。
8. 说明GDP和GNP之间的差别。如果美国居民在世界其他国家进行的生产和世界其他国家居民在美国的生产同样多,则对美国而言,GDP和GNP哪一个更大?
9. 在衡量GDP时,富人购买的一条新钻石项链和口渴的人购买的一瓶汽水,哪一个贡献更大?为什么?
10. 如果你的邻居雇你为她修剪草坪而不是她自己去做,GDP会发生什么变动?为什么?产出变动了吗?

15.3 自我测试题

15.3.1 判断正误题

1. 对整个经济来说,收入等于支出,因为卖者的收入必定等于买者的支出。
2. 一个苹果的生产对GDP的贡献大于一只金戒指的生产,因为食物本身是生活必需品。
3. 如果木场把木材以1 000美元出售给木匠,木匠用这些木材盖了一座以5 000美元出售的房子,则对GDP的贡献是6 000美元。
4. 一个人均GDP高的国家通常生活水平或生活质量都高于人均GDP低的国家。
5. 如果2016年的名义GDP大于2015年的名义GDP,则真实产量必定增加了。
6. 如果美国的GDP大于美国的GNP,那么外国人在美国的产出大于美国居民在世界其他国家的产出。
7. 工资是转移支付的一个例子,因为它是从企业到工人的转移支付。
8. 在美国,投资是GDP中最大的组成部分。
9. 名义GDP用现期价格去衡量产量,而真实GDP用不变的基年价格去衡量产量。
10. 在2015年生产但在2016年第一次出售的一辆新汽车,应该计入2016年的GDP,因为当它第一次出售时才作为一种最终物品。
11. 当芝加哥市购买了一座新教学楼时,GDP的投资部分增加了。
12. 当真实GDP减少时便出现了衰退。
13. 折旧是经济中设备和建筑物损耗的价值。
14. 尽管香烟的价格中包含1美元的税收,但因为买者为每包香烟支付了5.5美元,所以香烟应该按每包5.5美元的价格计入GDP。
15. NNP总是大于一国的GNP,因为有折旧。

15.3.2 单项选择题

1. 转移支付的一个例子是_____。
   a. 工资
   b. 利润
   c. 租金
   d. 政府购买
   e. 失业补助
2. 在制造物品和服务的过程中，工厂和设备磨损的价值用以下哪一项来衡量？
   a. 消费
   b. 折旧
   c. 国民生产净值
   d. 投资
   e. 中间物品
3. 以下哪一项的销售不包括在 2016 年的 GDP 中？
   a. 2016 年在田纳西州生产的本田车
   b. 理发
   c. 房地产经纪人的服务
   d. 在 2015 年建成而在 2016 年第一次售出的房子
   e. 以上各项都应计算在 2016 年的 GDP 中
4. GDP 可以用以下哪一项的总和来衡量？
   a. 消费、投资、政府购买和净出口
   b. 消费、转移支付、工资和利润
   c. 投资、工资、利润和中间物品
   d. 最终物品和服务、中间物品、转移支付和租金
   e. NNP、GNP 和个人可支配收入
5. 美国的 GDP（与 GNP 相比）衡量以下哪一项？
   a. 美国人及其工厂的生产和收入，无论在世界上什么地方
   b. 美国境内的人和工厂的生产和收入
   c. 只包括国内服务部门的生产和收入
   d. 只包括国内制造业部门的生产和收入
   e. 以上各项都不是
6. GDP 是以下哪一项市场价值之和？
   a. 中间物品
   b. 制成品
   c. 正常物品与服务
   d. 低档物品与服务
   e. 最终物品与服务
7. 如果 2016 年的名义 GDP 大于 2015 年的名义 GDP，那么产量必定_____。
   a. 增加
   b. 减少
   c. 保持不变
   d. 增加或减少，因为没有充分的信息用以确定真实产量发生了什么变动
8. 如果一个鞋匠购买了 100 美元的皮革和 50 美元的线，并用它们制作成皮鞋，向消费者出售的价格为 500 美元，那么对 GDP 的贡献是_____。
   a. 50 美元
   b. 100 美元
   c. 500 美元
   d. 600 美元
   e. 650 美元
9. GDP 应该包括以下哪一项？
   a. 家务劳动
   b. 毒品销售
   c. 中间物品销售
   d. 咨询服务
   e. 一天不工作的价值
10. 真实 GDP 是用_____价格衡量，而名义 GDP 是用_____价格衡量。
    a. 现期，基年
    b. 基年，现期

c. 中间物品,最终物品

d. 国内物品,国外物品

e. 国外物品,国内物品

下表包含了一个只生产钢笔和书的经济的信息。基年是 2014 年。用这些信息回答第 11—16 题。

年份	钢笔的价格(美元)	钢笔的数量(支)	书的价格(美元)	书的数量(本)
2014	3	100	10	50
2015	3	120	12	70
2016	4	120	14	70

11. 2015 年名义 GDP 的值是多少?

   a. 800 美元。

   b. 1 060 美元。

   c. 1 200 美元。

   d. 1 460 美元。

   e. 以上各项都不对。

12. 2015 年真实 GDP 的值是多少?

   a. 800 美元。

   b. 1 060 美元。

   c. 1 200 美元。

   d. 1 460 美元。

   e. 以上各项都不是。

13. 2015 年 GDP 平减指数的值是多少?

   a. 100。

   b. 113。

   c. 116。

   d. 119。

   e. 138。

14. 从 2014 年到 2015 年,物价上升的百分比是多少?

   a. 0。

   b. 13%。

   c. 16%。

   d. 22%。

   e. 38%。

15. 从 2015 年到 2016 年,物价上升的百分比接近于多少?

   a. 0。

   b. 13%。

   c. 16%。

   d. 22%。

   e. 38%。

16. 从 2015 年到 2016 年,真实 GDP 增加的百分比是多少?

   a. 0。

   b. 7%。

   c. 22%。

   d. 27%。

   e. 32%。

17. 如果美国的 GDP 大于 GNP,那么_____。

   a. 外国人在美国的生产多于美国人在外国的生产

   b. 美国人在外国的生产多于外国人在美国的生产

   c. 真实 GDP 大于名义 GDP

   d. 真实 GNP 大于名义 GNP

   e. 中间物品的生产大于最终物品的生产

18. 美国的 GDP 不应该包括以下哪一项?

   a. 由国内买者购买的律师服务。

   b. 由国内买者购买的维护草坪服务。

   c. 由得克萨斯州购买的一座新桥。

   d. 由 Lee 牛仔裤厂购买的棉花。

   e. 购买一辆在伊利诺伊州生产的新马自达汽车。

19. 你购买了一辆完全在德国生产的价值 4 万美元的宝马汽车。这项交易在美国 GDP 账户中应该如何记录?

   a. 投资增加 4 万美元,净出口增加 4 万美元。

   b. 消费增加 4 万美元,净出口减少 4 万美元。

   c. 净出口减少 4 万美元。

   d. 净出口增加 4 万美元。

   e. 没有影响,因为这项交易并不涉

及国内生产。
20. 如果你祖父买了一所新的退休用住房,这项交易将影响_____。
   a. 消费
   b. 投资
   c. 政府购买
   d. 净出口
   e. 以上各项都不是

15.4 进阶思考题

你正在与你父亲一起看新闻报道。新闻主持人指出,某个贫困的加勒比国家的人均 GDP 只有 560 美元。由于你父亲知道,美国的人均 GDP 将近 56 000 美元,因此他提出美国的物质生活比这个加勒比国家好 100 倍。

1. 你认为你父亲的说法准确吗?
2. 在美国和这个加勒比国家的 GDP 中都没有包括哪种类型的生产?
3. 举一些这种类型的活动的例子。
4. 为什么不包括这种类型的生产对该加勒比国家产量衡量的影响大于美国?
5. 这意味着实际上该加勒比国家居民的物质生活和美国居民同样好吗?

习 题 答 案

15.1.3 术语与定义

7	通货膨胀率	2	消费
13	失业率	9	投资
16	宏观经济学	10	政府购买
14	微观经济学	3	净出口
6	总收入	12	转移支付
19	总支出	17	真实 GDP
5	国内生产总值(GDP)	1	名义 GDP
15	中间物品	20	基年
18	最终物品	11	GDP 平减指数
8	国民生产总值(GNP)	4	衰退
21	折旧		

15.2.1 应用题

1. a.

	第 1 年	第 2 年	第 3 年
GDP	4 532	4 804	5 140
消费	3 127	3 320	3 544
投资	589	629	673
政府购买	861	913	977
净出口	-45	-58	-54

b. 消费。

c. 不包括,因为交易是一种资产的购买,而不是现期生产的资本品的购买。

d. 不包括,因为失业补助是政府不以得到物品或服务为回报的支出。

e. 它意味着进口大于出口。

2. a. 100美元,200美元,400美元。

b. 100美元,100美元,100美元。

3. a. 700美元。

b. 700美元。

c. 770美元。

d. 720美元。

e. 100。

f. 107。

g. (107 – 100)/100 = 0.07 = 7%。

h. 名义GDP增加的百分比 = (770美元 – 700美元)/700美元 = 0.10 = 10%。物价上升的百分比 = 7%,因此,名义GDP增加主要是由于物价上升。

4.

年份	名义GDP(美元)	真实GDP(美元)	GDP平减指数
1	100	100	100
2	120	100	120
3	150	125	120

a. 第1年,因为GDP平减指数 = 100。

b. 物价上升20%,真实产量未变。

c. 物价未变,真实产量增加25%。

15.2.2 简答题

1. 因为卖者的收入等于买者的支出,而且,可以用这两个中的任何一个来衡量GDP。

2. GDP是在某一既定时期一个国家内生产的所有最终物品与服务的市场价值。"市场价值" = 支付的价格;"所有" = 所有合法生产的;"最终" = 给最终使用者的;"物品与服务" = 既包括物品,又包括服务;"生产的" = 当期生产的东西(不包括过去生产的东西的交易);"一个国家内" = 一国的地理范围之内;"在某一既定时期" = 一个季度或一年。

3. 消费(如食物)、投资(如工厂)、政府购买(如军事装备)、净出口(如美国福特公司卖给法国的汽车减去从日本购买的丰田汽车)。

4. 社会保障支出。不包括,因为政府没有得到作为回报的物品或服务。

5. 我们不能肯定是物价上升还是真实产量增加,因为物价上升或真实产量增加都可能引起名义GDP增加。

6. 真实产量增加,因为是用不变的基年物价衡量每年的产值。我们没有关于物价的信息。

7. 不会。消费增加2万美元,而净出口减少2万美元。结果,美国的GDP不受影响。

8. GDP 是美国境内的生产。GNP 是美国人的生产,无论生产是在哪里进行的。它们应该相等。
9. 钻石项链,因为 GDP 衡量市场价值。
10. GDP 将增加,因为修剪草坪是市场交易。但是,产出实际上没有增加。

15.3.1 判断正误题

1. 正确。
2. 错误;贡献是以市场价值为依据的。
3. 错误;房子是最终物品,价值 5 000 美元。
4. 正确。
5. 错误;价格或真实产量都可能上升。
6. 正确。
7. 错误;转移支付是不以得到物品或服务为回报的支出。
8. 错误;消费是 GDP 中最大的组成部分。
9. 正确。
10. 错误;物品的价值计算在生产的那一年里。
11. 错误;这一购买包括在政府购买中。
12. 正确。
13. 正确。
14. 正确。
15. 错误;GNP − 折旧 = NNP。

15.3.2 单项选择题

1. e　2. b　3. d　4. a　5. b　6. e　7. d　8. c　9. d　10. b
11. c　12. b　13. b　14. b　15. d　16. a　17. a　18. d　19. b　20. b

15.4 进阶思考题

1. 不准确。
2. 家庭生产之类的非市场活动。
3. 由个人进行且没有工资支付的家庭生产,例如种花、打扫卫生、缝制衣服、修房或建房、照顾孩子等。
4. 因为欠发达国家的产出中非市场产出的比例更高。这就是说,这部分产出不在市场上出售,从而不作为市场交易被记录下来。
5. 不是。这仅仅意味着发展水平差别相当大的国家之间的数据比较是极为困难的,也往往是不准确的。

第16章
生活费用的衡量

目　标

在本章中你将
- 知道如何编制消费物价指数(CPI)
- 考虑为什么CPI并不是生活费用的完美衡量指标
- 比较作为物价总水平衡量指标的CPI与GDP平减指数
- 说明如何用物价指数来比较不同时期的美元金额
- 了解真实利率与名义利率之间的区别

效　果

在实现这些目标之后,你应该能
- 列出计算通货膨胀率所需要的五个步骤
- 讨论CPI可能有偏差的三个原因
- 描述CPI和GDP平减指数之间的两个差别
- 把用1990年美元衡量的值转变为用2010年美元衡量的值
- 解释真实利率、名义利率和通货膨胀率之间的关系

16.1 本章概述

16.1.1 本章复习

为了比较工人的收入,比如1930年的收入和现在的收入,我们首先必须把他们收入的货币量转变为可比较的购买力衡量指标,因为在这段时期中存在通货膨胀。本章解释了经济学家如何根据通货膨胀的影响校正经济变量。通货膨胀通常用消费物价指数来衡量。

1. 消费物价指数

消费物价指数(CPI) 是普通消费者所购买的物品与服务的总费用的衡量指标。美国的CPI由**劳工统计局**计算。

计算CPI和通货膨胀率有五个步骤:

- 固定篮子。估算普通消费者购买的物品数量(**一篮子物品与服务**)。
- 找出价格。确定篮子中每种东西在每个时点(每一年)的价格。
- 计算一篮子物品与服务的费用。用价格和数量计算每年一篮子物品与服务的费用。
- 选择基年并计算指数。选择一年作为其他各年可以比较的标准(**基年**)。基年的选择具有随意性。计算出每年一篮子物品与服务费用和基年一篮子物品与服务费用的比率,用得到的比率乘以100,得出的数字就是那一年CPI的值。
- 计算通货膨胀率。**通货膨胀率**是自前一个时期以来物价指数变动的百分比。例如:

$$2016 年通货膨胀率 = \frac{2016 年 CPI - 2015 年 CPI}{2015 年 CPI} \times 100\%$$

实际CPI既可以按月计算,也可以按年计算。此外,劳工统计局计算了一个不包括食品和能源的CPI,称为核心CPI。劳工统计局还计算**生产物价指数**(PPI),即企业所购买的一篮子物品与服务的费用的衡量指标。PPI的变动通常先于CPI的变动,因为企业通常以提高消费物价的形式转移增加的成本。

CPI篮子中的主要项目有住房(42%)、交通(16%)、食物和饮料(15%)、医疗(8%)、教育和通信(7%)、休闲娱乐活动(6%)、服装(3%)以及其他物品和服务(3%)。

生活费用是为保持**生活水平**不变而需要增加的收入量。用CPI衡量生活费用的变动有三个问题:

- 替代偏向:随着时间的推移,一些物品的价格上升得比另一些物品快。消费者将转向用较便宜的物品来作为替代品。但是,CPI依据的是固定的物品篮子。由于CPI没有反映出消费者用便宜物品替代昂贵物品的事实,因此CPI高估了生活费用的增加。
- 新物品的引进:当引进新物品时,1美元的价值增加了,因为它可以购买更多种物品。由于CPI依据的是固定的消费篮子,它没有反映出美元购买力的这种增加(相当于物价的下降)。因此,CPI又高估了生活费用的增加。
- 无法衡量的质量变动:如果一种物品(如轮胎和电脑)的质量逐年提高,那么,即使实际物价未变,1美元的价值也上升了。这等价于物价的下降。如果劳工统计局没有考虑到质量的提高,CPI就会高估生活费用的增加;相反,质量下降的情况也是这样。

经济学家相信,这三个因素已经引起CPI每年高估通货膨胀率1个百分点左右。这种通货膨胀率微小的高估引起社会保障补助支出过多,因为社会保障补助与CPI相联系。近年来对CPI的技术性调整可能已经使CPI的高估误差减少了一半左右。

回想一下，**GDP平减指数**是**名义GDP**（按现期物价衡量的当期产出）与**真实GDP**（按基年物价衡量的当期产出）的比率。因此，GDP平减指数也是一种物价指数。它在两个方面不同于CPI：

- 第一，一篮子物品不同。GDP平减指数使用国内生产的所有物品与服务的价格。CPI只使用消费者购买的物品与服务的价格，无论这些物品是在哪里生产的。因此，CPI包括引起汽油价格上升的国外石油价格的变动，但GDP平减指数并不包括这种变动；而GDP平减指数包括国内生产的核导弹价格的变动，但CPI并不包括这种变动。
- 第二，GDP平减指数是使用当期产出的物品与服务量，因此，其"篮子"每年都在变。CPI使用固定的消费篮子，因此，其"篮子"只有在劳工统计局选择变动时才变动。尽管CPI和GDP平减指数密切相关，但是CPI由于固有的替代偏向及与新物品的引入相关的偏差，可能上升得略快一点。

2. 根据通货膨胀的影响校正各个经济变量

经济学家用CPI来校正美元变量，如收入和利率，以消除通货膨胀的影响。

我们根据通货膨胀校正收入，以便比较不同年份的收入。比较不同年份美元价值的一般公式如下：

$$X年美元的价值 = Y年美元的价值 \times (X年的CPI / Y年的CPI)$$

用文字表述就是：要做出以上转换，用结束时的物价水平和起始时的物价水平的比率乘以你希望调整的美元价值即可。你现在得到的价值就是用与结束时物价水平一致的美元来衡量的。

例如，假设你爷爷在1969年赚了17 000美元，在1994年赚了55 000美元。在这25年间，他的生活水平提高了吗？

$$1969年的CPI = 36.7$$
$$1994年的CPI = 148.2$$
$$17\,000 美元 \times (148.2/36.7) = 68\,649 美元 > 55\,000 美元$$

在1969年17 000美元的薪水买的东西和1994年68 649美元的薪水买的东西一样多。由于你爷爷在1994年只赚到了55 000美元，因此他的真实收入减少了，他的生活水平实际上下降了。

美国不同地区的CPI也被称为地区价格平价。这个统计数字可以用来比较不同州之间的生活费用。

当美元金额，比如社会保障支出，自动地根据通货膨胀调整的时候，我们可以说，这就是对通货膨胀的指数化。带有这种条款的合同可以说已包含了**生活费用津贴**（COLA）。

我们还可以根据通货膨胀来校正利率。这种校正之所以必要，是因为如果在贷款期间物价上升了，则用于偿还的美元金额就买不到当初借款时的美元金额能买到的那么多物品了。

名义利率是没有对通货膨胀的影响进行校正的利率。**真实利率**是已对通货膨胀的影响进行校正的利率。根据通货膨胀校正名义利率的公式是：

$$真实利率 = 名义利率 - 通货膨胀率$$

例如，如果银行对你的存款支付4%的利率，通货膨胀率是3%，那么你的存款的真实利率只有1%(4% -3% =1%)。

16.1.2 有益的提示

(1) 你个人的消费篮子也许并不典型。由于 GDP 平减指数和 CPI 依据的是不同的物品和服务篮子,两个指数提供了略有不同的生活费用衡量指标。同样,你个人的消费篮子可能不同于劳工统计局在计算 CPI 时所用的典型的消费篮子。例如,当你是一个年轻人时,你的篮子里电器和衣服的比重更大。如果衣服价格上升得比平均水平快,年轻人生活费用的上升就快于 CPI 所显示的水平。同样,当你变老时,你的篮子里医疗和旅游的比重更大。这些价格的异常上升会使老年人的生活费用上升快于 CPI 所显示的水平。

(2) 可以向后或向前调整美元的价值。在前面,有一个把 1969 年的 17 000 美元收入变为产生同样购买力所需的 1994 年收入量的数值例子。我们发现,要在 1994 年有与 1969 年同样的生活水平,你爷爷需要 68 649 美元。由于他在 1994 年只赚了 55 000 美元,我们认为在这 25 年间他的生活水平实际上下降了。

我们也可以使用另一种做法,把 1994 年的 55 000 美元收入变为用 1969 年美元衡量的等量购买力,并将所得出的数字和 1969 年的 17 000 美元做比较。我们得出同样的结论——他在 1969 年时生活得更好。

$$55\,000\ \text{美元} \times (36.7/148.2) = 13\,620\ \text{美元} < 17\,000\ \text{美元}$$

他 1994 年的 55 000 美元收入与 1969 年的 13 620 美元收入相当(或者说达到相同的生活水平)。由于他在 1969 年实际赚了 17 000 美元,因此他在 1969 年的生活水平更高。

(3) 当根据通货膨胀校正利率时,要像一个债权人那样思考。如果你在某一年贷给某人 100 美元,而且你向他收取 7% 的利率,到年底时你将得到 107 美元。那么,你多得到 7 美元的购买力了吗?假设通货膨胀率是 4%。你在年底时需要得到 104 美元才能不赔不赚。这就是说,你需要有 104 美元才能购买你在发放贷款时用 100 美元所能购买到的同样一组物品与服务。从这种意义上说,你发放 100 美元贷款只多得到了 3 美元的购买力,或者 3% 的真实收益。因此,贷款的真实利率是 3%。用公式计算如下:

$$7\% - 4\% = 3\%$$

16.1.3 术语与定义

为每个关键术语选择一个定义。

关键术语	定 义
_____ 消费物价指数(CPI)	1. 保持生活水平不变所需要的收入。
_____ 通货膨胀率	2. 规定根据通货膨胀自动调整美元金额的合同。
_____ 核心 CPI	3. 典型消费者购买的固定一篮子物品与服务的价格与基年一篮子物品与服务价格的比率再乘以 100。
_____ GDP 平减指数	4. 典型消费者所购买的每种物品与服务的数量。
_____ (物品与服务)篮子	5. 企业所购买的固定一篮子物品与服务的价格与基年一篮子物品与服务价格的比率再乘以 100。
_____ 基年	6. 物价指数变动的百分比。
_____ 劳工统计局	7. 根据通货膨胀的影响校正的利率。

_____ 生产物价指数（PPI）
_____ 生活费用
_____ 生活水平
_____ 替代偏向
_____ 名义 GDP
_____ 真实 GDP
_____ 指数化合同
_____ 生活费用津贴（COLA）
_____ 名义利率
_____ 真实利率

8. 为保持生活水平不变而自动增加的收入。
9. CPI 没有考虑到消费者会转向更便宜的物品与服务作为替代品。
10. 物质福利。
11. 按基年价格衡量的产出。
12. 按现期价格衡量的产出。
13. 名义 GDP 与真实 GDP 的比率再乘以 100。
14. 没有根据通货膨胀的影响进行校正的利率。
15. 用于与其他年份比较的基准年。
16. 负责跟踪价格的政府机构。
17. 食物和能源之外的消费者物品与服务的总体费用的衡量指标。

16.2 应用题与简答题

16.2.1 应用题

1. 下表表示一个名为大学国的国家消费的物品价格与数量。假设基年是 2014 年，并且假定 2014 年是典型的消费篮子确定的那一年，因此，为计算每年的 CPI，只需要计算 2014 年的消费量。

年份	书的价格（美元）	书的数量（本）	铅笔的价格（美元）	铅笔的数量（支）	钢笔的价格（美元）	钢笔的数量（支）
2014	50	10	1.0	100	5	100
2015	50	12	1.0	200	10	50
2016	60	12	1.5	250	20	20

a. 2014 年 CPI 的值是多少？
b. 2015 年 CPI 的值是多少？
c. 2016 年 CPI 的值是多少？
d. 2015 年的通货膨胀率是多少？
e. 2016 年的通货膨胀率是多少？
f. 在你得出的 CPI 和相应的通货膨胀率中，你发现了哪种类型的偏差？解释之。
g. 如果你的工资合同中有根据以上计算的 CPI 调整生活费用津贴的条款，则在 2014—2016 年，你的生活水平是会提高、降低，还是不变？为什么？
h. 仍然假设你的工资合同中有根据以上计算的 CPI 调整生活费用津贴的条款。如果你自己只消费钢笔（而不消费纸或铅笔），则在 2014—2016 年，你的生活水平是会提高、降低，还是不变？为什么？

2. 下表显示了 1965—2015 年美国的 CPI 和联邦最低小时工资。

年　份	CPI	最低工资（美元/小时）
1965	31.5	1.25
1966	32.4	1.25
1967	33.4	1.40
1968	34.8	1.60
1969	36.7	1.60
1970	38.8	1.60
1971	40.5	1.60
1972	41.8	1.60
1973	44.4	1.60
1974	49.3	2.00
1975	53.8	2.10
1976	56.9	2.30
1977	60.6	2.30
1978	65.2	2.65
1979	72.6	2.90
1980	82.4	3.10
1981	90.9	3.35
1982	96.5	3.35
1983	99.6	3.35
1984	103.9	3.35
1985	107.6	3.35
1986	109.6	3.35
1987	113.6	3.35
1988	118.3	3.35
1989	124.0	3.35
1990	130.7	3.80
1991	136.2	4.25
1992	140.3	4.25
1993	144.5	4.25
1994	148.2	4.25
1995	152.4	4.25
1996	156.9	4.75
1997	160.5	5.15
1998	163.0	5.15
1999	166.6	5.15
2000	172.2	5.15
2001	177.0	5.15
2002	179.9	5.15
2003	184.0	5.15
2004	188.9	5.15
2005	195.3	5.15
2006	201.6	5.15
2007	207.3	5.85
2008	215.3	6.55

(续 表)

年 份	CPI	最低工资（美元/小时）
2009	214.5	7.25
2010	218.1	7.25
2011	224.9	7.25
2012	229.6	7.25
2013	233.0	7.25
2014	236.7	7.25
2015	237.0	7.25

a. 把1965年的最低工资根据通货膨胀率调整到相当于按2015年物价衡量的值。

b. 在这50年间，最低工资工人的生活水平发生了什么变化？

c. 把2015年的最低工资根据通货膨胀率调整到相当于按1965年物价衡量的值。

d. 对于这一时期最低工资工人的生活水平，这两种方法给出的结果一致吗？

e. 在1981—1989年的8年间，最低工资没有变。这一时期最低工资的购买力下降了百分之多少？（提示：根据通货膨胀率把1981年的最低工资调整为1989年的水平，然后得出变动的百分比。）

f. 1990—2000年这一时期，最低工资工人的生活水平有什么变动？（提示：根据通货膨胀率把1990年的最低工资调整为2000年的水平，并与2000年的最低工资比较。）

3. 假设你以9%的名义利率借给室友100美元一年。

a. 在年底时，你的室友应向你支付多少美元的利息？

b. 假设在你们双方就贷款条款达成协议时，你们预期偿还贷款那一年的通货膨胀率将是5%。你们双方预期这笔贷款的真实利率是多少？

c. 假定在年底，你惊讶地发现这一年的实际通货膨胀率是8%。这笔贷款实际的真实利率是多少？

d. 在以上描述的情况之下，实际通货膨胀率结果高于预期。你们俩谁有未预期到的收益与损失？是你的室友（债务人），还是你（债权人）？为什么？

e. 如果实际通货膨胀率上升到11%，那么这笔贷款实际的真实利率是多少？

f. 解释真实利率为负是什么意思。

16.2.2 简答题

1. CPI衡量什么？

2. 为了编制CPI，必须通过哪些步骤？

3. 以下哪一项对CPI影响较大：是劳力士手表的价格上升了20%，还是新汽车的价格上升了20%？为什么？

4. 假设进口的宝马汽车（在德国生产）的价格上升了。这对CPI的影响更大，还是对GDP平减指数的影响更大？为什么？

5. 如果劳工统计局没有认识到更新型号的电脑的存储量、待机时间与速度的提高，CPI会出现哪一方向的偏差？我们把这种类型的偏差称为什么？

6. 1978—1979年，最低工资增加了25美分。最低工资工人的生活水平提高了吗？（用应用题第2题中的数据。)

7. 真实利率衡量什么?
8. 假设你按10%的名义利率借钱给你妹妹,因为你们双方都预期通货膨胀率是6%。此外,假设在偿还贷款之后,你发现在贷款期间实际通货膨胀率只有2%。谁以另一方的损失为代价而获益:是你还是你妹妹?为什么?
9. 再看第8题,当通货膨胀结果高于或低于预期时,对谁(债权人或债务人)将从贷款合同中受益或受损做出一般性表述。
10. 如果工人和企业根据他们的通货膨胀预期谈判工资的增加幅度,而实际通货膨胀结果高于预期,那么工人和企业之中谁受益?谁受损?为什么?

16.3 自我测试题

16.3.1 判断正误题

_____ 1. 进口照相机价格的上升会反映在CPI中,但不会反映在GDP平减指数中。
_____ 2. CPI中包括美国军方购买的直升机价格的上升。
_____ 3. 由于汽油价格上升引起消费者更多地骑自行车并更少地开车,因此CPI往往低估了生活费用。
_____ 4. 钻石价格上升对CPI的影响大于食品价格同样百分比的上升,因为钻石极为昂贵。
_____ 5. 物价指数中的"基年"是用来与其他各年相比较的基准。
_____ 6. 如果CPI每年上升5%,那么该国的每个人为了保持生活水平不变,收入需要正好增加5%。
_____ 7. 编制PPI是为了衡量总生产价格的变动。
_____ 8. 如果劳工统计局没有认识到最近生产的汽车可以比老式汽车多开许多路程,那么CPI往往会高估生活费用。
_____ 9. 如果你的工资从5.00美元上升到6.25美元,而CPI从112上升到121,你应该会感到你的生活水平提高了。
_____ 10. CPI中最大的物品与服务项目是医疗。
_____ 11. 真实利率不可能是负的。
_____ 12. 如果名义利率是12%,通货膨胀率是7%,那么真实利率就是5%。
_____ 13. 如果债权人要求4%的真实收益率,而且,他们预期通货膨胀率是5%,那么当他们发放贷款时,会要求9%的利息。
_____ 14. 如果债权人和债务人就名义利率达成一致,而通货膨胀率结果高于他们的预期,那么债权人就将以债务人受损为代价而受益。
_____ 15. 核心CPI衡量的是不包括食品和能源的消费品价格。

16.3.2 单项选择题

1. 通货膨胀可以用以下各项衡量,除了_____。
   a. GDP平减指数
   b. CPI
   c. PPI
   d. 最终物品物价指数

e. 以上各项都可以用来衡量通货膨胀
2. 以下哪一项消费项目的价格上升10%对CPI的影响最大？
   a. 住房。
   b. 交通。
   c. 医疗。
   d. 食品和饮料。
   e. 以上各项都产生同样影响。
3. 在1989年，CPI是124.0。在1990年，CPI是130.7。这一时期的通货膨胀率是多少？
   a. 5.1%。
   b. 5.4%。
   c. 6.7%。
   d. 30.7%。
   e. 不知道基年，无法判断
4. 以下哪一项最可能引起美国CPI的上升高于GDP平减指数的上升？
   a. 福特汽车的价格上升。
   b. 军方购买的坦克的价格上升。
   c. 国内生产并仅卖给以色列的战斗机的价格上升。
   d. 日本生产并在美国销售的本田汽车的价格上升。
   e. 约翰·迪尔拖拉机的价格上升。
5. CPI所根据的"篮子"中包括_____。
   a. 企业购买的原材料
   b. 当期总产出
   c. 典型消费者购买的物品
   d. 消费生产
   e. 以上各项都不是
6. 如果苹果价格上升引起消费者少买苹果而多买橘子，那么CPI将受以下哪一项的影响？
   a. 替代偏差。
   b. 由于新物品引进的偏差。
   c. 由于无法衡量的质量变动的偏差。
   d. 基年偏差。

e. 以上各项都不是。

用下表回答第7—12题。该表显示了Carnivore国的价格和消费量。假定基年是2014年。也假定2014年是典型消费篮子确定的那一年，因此，为了计算每年的CPI，只需要计算2014年的消费量。

年 份	牛肉的价格（美元）	牛肉的数量（磅）	猪肉的价格（美元）	猪肉的数量（磅）
2014	2.00	100	1.00	100
2015	2.50	90	0.90	120
2016	2.75	105	1.00	130

7. 基年这一篮子的价值是多少？
   a. 300美元。
   b. 333美元。
   c. 418.75美元。
   d. 459.25美元。
   e. 以上各项都不是。
8. 2014年、2015年和2016年CPI的值分别是多少？
   a. 100,111,139.6。
   b. 100,109.2,116。
   c. 100,113.3,125。
   d. 83.5,94.2,100。
   e. 以上各项都不是。
9. 2015年的通货膨胀率是多少？
   a. 0。
   b. 9.2%。
   c. 11%。
   d. 13.3%。
   e. 以上各项都不是。
10. 2016年的通货膨胀率是多少？
    a. 0。
    b. 10.3%。
    c. 11%。
    d. 13.3%。
    e. 以上各项都不是。
11. 该表表明2015年的通货膨胀率被高估了，因为_____。
    a. 新物品引入引起的偏差

b. 无法衡量的质量变动引起的偏差
c. 替代偏差
d. 基年偏差
e. 以上各项都不是

12. 假设该表的基年由2014年变为2016年,同样,假设典型的消费篮子在2016年被确定(现在用2016年的消费篮子)。2015年新的CPI值是多少?
    a. 90.6。
    b. 100.0。
    c. 114.7。
    d. 134.3。
    e. 以上各项都不是。

13. 假设你的收入从19 000美元增加到31 000美元,而CPI从122上升到169。你的生活水平可能_____。
    a. 下降
    b. 提高
    c. 保持不变
    d. 不知道基年,无法判断

14. 如果名义利率是7%,通货膨胀率是3%,那么真实利率是_____。
    a. −4%
    b. 3%
    c. 4%
    d. 10%
    e. 21%

15. 以下哪一项表述是正确的?
    a. 真实利率等于名义利率与通货膨胀率之和。
    b. 真实利率等于名义利率减通货膨胀率。
    c. 名义利率等于通货膨胀率减真实利率。
    d. 名义利率等于真实利率减通货膨胀率。
    e. 以上各项都不是。

16. 如果通货膨胀率是8%,真实利率是3%,那么名义利率应该是_____。
    a. 3/8%
    b. 5%
    c. 11%
    d. 24%
    e. −5%

17. 在以下哪一个条件下,你喜欢当债权人?
    a. 名义利率是20%,通货膨胀率是25%。
    b. 名义利率是15%,通货膨胀率是14%。
    c. 名义利率是12%,通货膨胀率是9%。
    d. 名义利率是5%,通货膨胀率是1%。

18. 在以下哪一个条件下,你喜欢当债务人?
    a. 名义利率是20%,通货膨胀率是25%。
    b. 名义利率是15%,通货膨胀率是14%。
    c. 名义利率是12%,通货膨胀率是9%。
    d. 名义利率是5%,通货膨胀率是1%。

19. 如果债务人和债权人就名义利率达成一致,而通货膨胀结果低于他们的预期,那么_____。
    a. 债务人将以债权人受损为代价而获益
    b. 债权人将以债务人受损为代价而获益
    c. 债权人和债务人都不会受益,因为名义利率是由合同固定的
    d. 以上各项都不是

20. 如果工人和企业根据他们对通货膨胀的预期就工资增加达成一致,结果通货膨胀高于预期,那么_____。
    a. 企业将以工人受损为代价而

获益

b. 工人将以企业受损为代价而获益

c. 工人和企业都不会获益,因为工资增加是由劳动协议固定的

d. 以上各项都不是

16.4 进阶思考题

你爷爷在 1995 年戒烟了。当你问他为什么戒烟时,你爷爷给了你一个惊人的答案。他说:"我戒烟不是为了有利于健康,而是因为烟太贵了。我 1965 年在越南开始抽烟时,一包烟仅 45 美分。我买的最后一包烟是 2 美元,我无法接受香烟的支出是过去的 4 倍。"

1. 在 1965 年,CPI 是 31.5。在 1995 年,CPI 是 152.4。尽管你爷爷戒烟是值得赞扬的,但他的解释错在哪里?
2. 用 1995 年的价格衡量,1965 年一包烟的费用相当于多少?
3. 用 1965 年的价格衡量,1995 年一包烟的费用相当于多少?
4. 两种方法得出的结论相同吗?
5. 上面的故事是经济学家所说的"货币幻觉"的一个例子。你认为经济学家为什么选择"货币幻觉"这一措辞来描述这种行为?

习 题 答 案

16.1.3 术语与定义

__3__ 消费物价指数(CPI)	__10__ 生活水平
__6__ 通货膨胀率	__9__ 替代偏向
__17__ 核心 CPI	__12__ 名义 GDP
__13__ GDP 平减指数	__11__ 真实 GDP
__4__ (物品与服务)篮子	__2__ 指数化合同
__15__ 基年	__8__ 生活费用津贴(COLA)
__16__ 劳工统计局	__14__ 名义利率
__5__ 生产物价指数(PPI)	__7__ 真实利率
__1__ 生活费用	

16.2.1 应用题

1. a. (1 100 美元/1 100 美元)×100 = 100。
   b. (1 600 美元/1 100 美元)×100 = 145.5。
   c. (2 750 美元/1 100 美元)×100 = 250。
   d. [(145.5 − 100)/100]×100% = 45.5%。
   e. [(250 − 145.5)/145.5]×100% = 71.8%。
   f. 替代偏向,因为随着钢笔价格上升,钢笔的消费量大大减少了。
   g. 提高,因为 CPI 高估了生活费用的增加。

h. 降低,因为钢笔价格上升的百分比大于 CPI 的上升。
2. a. 1.25 美元 × (237.0/31.5) = 9.40 美元。
   b. 下降,因为 9.40 美元 > 7.25 美元。
   c. 7.25 美元 × (31.5/237.0) = 0.96 美元。
   d. 一致,因为 0.96 美元 < 1.25 美元。1965 年最低工资工人的生活状况较好。
   e. 3.35 美元 × (124.0/90.9) = 4.57 美元。因此,(3.35 美元 – 4.57 美元)/4.57 美元 = –27%,即最低工资的购买力下降了 27%。另一种做法是,你可以将 1989 年的工资根据通货膨胀率调整到 1981 年的水平,并得出同样的结果。
   f. 因为 3.80 美元 × (172.2/130.7) = 5.01 美元 < 5.15 美元,所以最低工资工人的生活水平在 20 世纪 90 年代略有提高。
3. a. 9 美元。
   b. 9% – 5% = 4%。
   c. 9% – 8% = 1%。
   d. 你的室友(债务人)获益,你受损,因为债务人偿还的美元的价值惊人地减少了。
   e. 9% – 11% = –2%。
   f. 由于通货膨胀,支付的利息不足以使债权人收支相抵(与贷款之日相比,购买力保持不变)。

16.2.2 简答题

1. 典型消费者购买的物品与服务的总费用。
2. 固定篮子,找出价格,计算一篮子的费用,选择基年并计算指数。
3. 新汽车,因为在典型的消费篮子中新汽车的数量多。
4. CPI,因为典型的消费篮子中有宝马汽车,但美国的 GDP 中不包括宝马汽车。
5. 上升,无法衡量的质量变动。
6. 没有。2.65 美元 × (72.6/65.2) = 2.95 美元,这大于 2.90 美元。
7. 根据通货膨胀的影响进行校正的利率。
8. 预期的真实利率为 4%,实际的真实利率为 8%。你获益,你的妹妹受损。
9. 当通货膨胀高于预期时,债务人获益;当通货膨胀低于预期时,债权人受益。
10. 企业获益,工人受损,因为工资的上升不如生活费用的上升多。

16.3.1 判断正误题

1. 正确。
2. 错误;军用直升机不是消费品。
3. 错误;CPI 往往高估生活费用,因为人们会用更便宜的物品作为替代品。
4. 错误;CPI 中的价格根据消费者购买每种东西的多少加权,食品是消费篮子中较大的部分。
5. 正确。
6. 错误;CPI 往往高估通货膨胀的影响。
7. 错误;PPI 衡量原材料价格的变动。
8. 正确。
9. 正确。
10. 错误;最大的项目是住房。
11. 错误;如果通货膨胀率高于名义利率,那么真实利率就是负的。

12. 正确。

13. 正确。

14. 错误；债务人以债权人的损失为代价而获益。

15. 正确。

16.3.2 单项选择题

1. d 2. a 3. b 4. d 5. c 6. a 7. a 8. c 9. d 10. b
11. c 12. a 13. b 14. c 15. b 16. c 17. d 18. a 19. b 20. a

16.4 进阶思考题

1. 他只看到了未根据通货膨胀校正的香烟的费用。可能的情况是，真实费用并没有乍看上去上升得那么多，也许还下降了。

2. 0.45 美元 × (152.4/31.5) = 2.18 美元 > 2 美元。

3. 2 美元 × (31.5/152.4) = 0.41 美元 < 0.45 美元。

4. 相同。两种方法都表明，在根据通货膨胀校正之后，1965 年的香烟实际上更贵。

5. 当人们依据未根据通货膨胀校正的值进行决策时，可能会有一种生活费用增加了的幻觉。

第 7 篇　长期中的真实经济

第 17 章
生产与增长

目 标

在本章中你将
- 看到世界各国的经济增长差别有多大
- 考虑为什么生产率是一国生活水平的关键决定因素
- 分析决定一国生产率的各种因素
- 考察一国的政策是如何影响其生产率增长的

效 果

在实现这些目标之后,你应该能
- 列出人均 GDP 最高的国家和人均 GDP 增长最快的国家
- 解释为什么在长期中生产会制约消费
- 列出并解释各种生产要素
- 列举可以影响一国生产率与增长的政策

17.1 本章概述

17.1.1 本章复习

在某一个时点上,世界各国的生活水平存在巨大差别;在一个国家的不同时期,生活水平也存在巨大差别——例如,在今天的美国和印度之间,以及在今天的美国和100年前的美国之间。各国的增长率也不尽相同,中国增长迅速,津巴布韦增长缓慢。本章考察**人均真实GDP**的水平和**增长率**的长期决定因素。

1. 世界各国的经济增长

各国人均真实 GDP 的水平和人均真实 GDP 的增长率都存在巨大差别。

- 现在,美国人均真实 GDP 的水平约为印度的 10 倍和中国的 4 倍。
- 但是,由于各国人均真实 GDP 的增长率也不相同,因此按人均真实 GDP 排序的各国排名一直在变。例如,在过去 100 年间,巴西、日本和中国的排名相对于其他国家上升了,因为它们的增长率高于平均水平;而英国的排名下降了,因为其增长率低于平均水平。

由于经济增长,今天的普通美国人所享受的便利,例如电视、空调、汽车、电话和医疗,是 150 年前最富有的美国人也未享受到的。由于通货膨胀和产出衡量指标没有充分反映新物品的引进,我们高估了通货膨胀,并低估了经济增长。

2. 生产率:作用及决定因素

一国的生活水平直接取决于其公民的生产率,因为一个经济的收入等于该经济的产出。**生产率**是指一个工人每小时可以生产的物品与服务量。一个工人的生产率由可以得到的物质资本、人力资本、自然资源和技术知识决定。以下是对这些投入或**生产要素**的解释:

- 人均物质资本(或简称为资本):**物质资本**是指用于生产物品与服务的设备和建筑物的存量。要注意的是,这些工具和设备本身是以前人们所生产的产出。
- 人均人力资本:**人力资本**是指工人通过教育、培训和经验获得的知识和技能。要注意的是,人力资本与物质资本一样,同样是人造的或人生产的生产要素。
- 人均自然资源:**自然资源**是指自然界提供的投入,如土地、河流和矿藏。自然资源有两种形式:**可再生资源**和**不可再生资源**。
- 技术知识:**技术知识**是指社会关于生产物品与服务最好方法的知识。技术进步的例子包括在农业中除草剂和杀虫剂的发明与应用,以及在制造业中流水线的发明与应用,等等。

技术知识不同于人力资本。技术知识是社会对最佳生产方法的理解和掌握,而人力资本是体现在劳动力上的对这些方法的掌握量。

生产函数确立了生产中的投入量和产量之间的关系。如果一个生产函数具有**规模收益**不变的特性,那么当所有投入翻一番时,产量也会翻一番。

总之,每个工人的产量(劳动生产率)取决于工人的人均物质资本、人均人力资本、人均自然资源以及技术知识。

唯一不是生产出来的生产要素是自然资源。由于不可再生的自然资源的供给是有限的,因此许多人认为,存在世界经济能增长多少的限制。但是,迄今为止,我们通过技术进步找出了克服这些限制的方法。自然资源价格稳定或者下降的证据表明,在扩展我们有限的资源方面,我们一直都是成功的。

3. 经济增长和公共政策

人均物质资本、人均人力资本、人均自然资源和技术知识决定生产率。生产率决定生活水平。如果一个政府希望提高公民的生产率和生活水平，它就应该采用这样一些政策：

- 鼓励储蓄和投资。如果社会消费少而储蓄多，它就有更多可投资于资本生产的资源。增加的资本提高了生产率和生活水平。这种增长有机会成本——社会必须为了达到较快增长而放弃当期消费。资本投资服从**收益递减规律**：随着资本存量的增加，每增加一单位资本所生产的额外产出减少。因此，穷国的资本增加所带来的增长大于富国等量的资本增加所带来的增长。这被称为**追赶效应**，因为较穷的国家更容易实现快速的增长。但是，由于资本的收益递减，穷国的高储蓄和高投资只能在一个时期内引起高增长，随着经济积累到较高的资本存量水平，增长又会放慢。

- 鼓励来自国外的投资。通过取消对国内资本所有权的限制以及提供稳定的政治环境，可鼓励来自国外的投资。除将国内储蓄投资于资本之外，一国也可以吸引外国人的投资。外国投资有两种：**外国直接投资**是由外国企业拥有并经营的资本投资；**外国有价证券投资**是由外国人筹资但由本国居民经营的资本投资。来自国外的投资所引起的一国 GDP 的增加大于其 GNP 的增加，因为投资国从投资中赚取了利润。世界银行和国际货币基金组织帮助将外国投资引入穷国。

- 鼓励教育。教育是人力资本投资。教育不仅提高了受教育者的生产率，还会提供一种正的外部性。当一个人的行为影响一个旁观者的福利时，**外部性**就产生了。一个受过教育的人会产生一些对其他人有益的思想。这是支持公共教育的观点。当穷国受过教育的工人移民到富国时，穷国会由于人才外流而遭受损失。

- 改善健康和营养水平。在工人健康和营养方面的支出能够显著提高劳动生产率。这些支出类似于教育支出，有时被看作人力资本的一种投资。

- 保护产权并确保政治稳定。**产权**是指人们控制自己资源的能力。为了使人们愿意工作、储蓄与投资，以及按合同与其他人交易，他们必须确信，他们的生产和资本不会被偷盗，并且他们的协议会得到执行。即使是微弱的政治不稳定的可能性也会引起产权的不确定性，因为一个通过革命掌握政权的新政府可能会没收财产——特别是资本。

- 鼓励自由贸易。自由贸易与技术进步一样，它使一国从生产一种物品转为由另一个国家更有效率地生产这些物品。**幼稚产业论**提出，发展中国家应该实行**内向型政策**，即限制国际贸易以保护国内不成熟的行业免受外国竞争。大多数经济学家不支持幼稚产业论，并倡导减少或取消贸易壁垒的**外向型政策**。有利的自然地理条件，例如良好的海港和漫长的海岸线会促进贸易及其增长。

- 鼓励研究与开发。生活水平的提高主要是来自研究与开发的技术知识的增加。在一段时期以后，知识成为一种**公共物品**，即我们可以同时利用这种知识而不会减少其他人的利益。要用拨款、税收减免以及对发明确定产权保护的专利来鼓励研究与开发。此外，也可以通过保持产权与政治稳定来鼓励研究与开发。

- 应对人口增长。人口增长对生产率有正反两方面的影响。快速的人口增长要求把自然资源分配给更多的人。托马斯·马尔萨斯（Thomas Malthus, 1766—1834）认为，人口增长总会提高食物供给引起的限制，使人类永远生活在贫困中。任何一种脱贫的努力只会使穷人生更多孩子，使他们回到只能糊口的生活。马尔萨斯的预言并没有成为现实，因为他低估了技术进步扩大食物供给的能力。快速的人口增长通过把资本分到更多人身上而引起资本存量稀释(无论是物质资本还是人力资本)。受过教育的妇女往往少生孩子,因为随着机会的增加,生孩子的机会成本也增加了。但是,人口多也会促进技术进步。从整个历史上看,大多数技术进步产生于人口多的中心地区,这些地区有更多能发明新事物和交流思想的人。

17.1.2 有益的提示

一个简单的例子能使我们更加清楚地定义生产要素。生产过程越简单,越容易区分并分析其中的生产要素。例如,假设产出是"在地上挖洞",那么生产函数就是:

$$Y = AF(L, K, H, N)$$

式中,Y 是挖的洞数,A 是技术知识,L 是劳动,K 是物质资本,H 是人力资本,N 是自然资源。如果我们有更多的工人,则 L 与 Y 就都增加。如果我们有更多的铁锹,则 K 和 Y 就都增加。如果工人受过教育,以至于他们中更多的人用锹铲挖洞而不是用锹把挖洞,则 H 和 Y 就都增加(注意,工人数量和铁锹数量未变)。如果我们国家有更为松软的土地,以至于挖洞更容易,即 N 越大,则 Y 就越大。最后,如果我们发现,在下雨后挖洞比在干旱时挖洞生产率更高,那么 A 增加,Y 也应该增加。

17.1.3 术语与定义

为每个关键术语选择一个定义。

关键术语	定义
_____人均真实 GDP	1. 工人通过教育、培训和经验而获得的知识和技能。
_____增长率	2. 由外国人拥有并经营的资本投资。
_____生产率	3. 生产的投入与产出之间的关系。
_____物质资本	4. 人们可以同时使用而不减少其他人利益的物品。
_____生产要素	5. 人们控制其资源的能力。
_____人力资本	6. 经济中平均每个人可以得到的物品与服务量。
_____自然资源	7. 用于生产的设备与建筑物存量。
_____可再生资源	8. 随着一种投入等量地增加到生产中,每一单位投入所带来的产量增加逐渐减少。
_____不可再生资源	9. 所有投入翻一番,产出也翻一番的生产过程。
_____技术知识	10. 可以再生的自然资源。
_____生产函数	11. 为保护国内不成熟的行业免受外国竞争而限制国际贸易。
_____规模收益不变	12. 减少国际贸易限制的政策。
_____收益递减	13. 贫困国家的经济增长通常比富裕国家的经济增长更快。
_____追赶效应	14. 产出每年变动的百分比。
_____外国直接投资	15. 生产中的投入,例如劳动、资本及自然资源。
_____外国有价证券投资	16. 供给有限的自然资源。
_____外部性	17. 一个人的行为对旁观者福利的影响。
_____产权	18. 增加国际贸易限制的政策。

_____ 幼稚产业论　　　　19. 社会关于生产物品与服务的最好方法的知识。
_____ 内向型政策　　　　20. 每单位劳动投入可以生产的物品与服务量。
_____ 外向型政策　　　　21. 自然界提供的生产投入品。
_____ 公共物品　　　　　22. 由外国人筹资但由本国居民经营的资本投资。

17.2 应用题与简答题

17.2.1 应用题

1.

国家	当期人均真实GDP(美元)	当期增长率(%)
北方国	15 468	1.98
南方国	13 690	2.03
东方国	6 343	3.12
西方国	1 098	0.61

   a. 哪个国家最富有？你是怎么知道的？
   b. 哪个国家增长最快？你是怎么知道的？
   c. 哪个国家可能会从增加的资本投资中获益最大？为什么？
   d. 接问题c：这个国家能永远从资本投资增加中持续得到同样程度的利益吗？为什么？
   e. 接问题d：为什么人力资本投资和研究与开发投资没有表现出与物质资本投资同样程度的收益递减？
   f. 哪一个国家有最快的增长潜力？列出一些可能使其无法发挥其潜力的原因。
   g. 如果下一年北方国的人均真实GDP是15 918美元，那么它的年增长率是多少？

2. 设想一个厨房。在这个厨房里有一个厨师、厨师的证书、一本菜谱、一个炉灶和其他器具，以及从野外猎到的野味。
   a. 把厨房里的每种东西和生产要素的某个类别联系起来。
   b. 不同的生产要素表现出不同的耐用程度，哪一种生产要素因为不损耗而显得特殊？

3. a. 列出政府为了促进其公民生产率的提高可以采用的政策。
   b. 至少有哪一种政策作为其他政策可以发挥作用的基础是必不可少的？
   c. 人口增长是促进还是抑制了生产率增长？解释原因。

17.2.2 简答题

1. 经济学家既衡量人均真实GDP的水平，又衡量人均真实GDP的增长率。两种统计数字衡量了什么不同的概念？
2. 穷国必定永远相对贫穷，富国必定永远相对富裕吗？为什么？
3. 什么因素决定生产率？哪些是人生产的？
4. 人力资本与物质资本有什么不同？
5. 解释投资于资本的机会成本。投资于人力资本的机会成本和投资于物质资本的机会成本有什么差别吗?
6. 为什么储蓄和投资的增加只是暂时提高了经济增长率?
7. 如果外国人购买了新发行的福特汽车公司的股票,福特汽车公司用得到的钱通过建立新工厂和购买设备来扩大生产能力,这使得在未来 GDP 增加得多还是 GNP 增加得多?为什么?我们是如何称呼这类投资的?
8. 一些经济学家支持延长专利保护期限,而另一些经济学家支持缩短专利保护期限。那么,为什么专利可能提高生产率?为什么专利可能降低生产率?

17.3 自我测试题

17.3.1 判断正误题

_____ 1. 美国的经济增长速度应该比日本快,因为美国的经济规模更大。
_____ 2. 自然资源价格上升的证据证明,不可再生资源将变得如此稀缺,以致经济增长将受到限制。
_____ 3. 经济增长率也许被低估了。
_____ 4. 人力资本是指与河流和森林这类自然资本相对的人造的资本,例如工具和机器。
_____ 5. 如果生产函数表现出规模收益不变,那么所有投入翻一番,产量也将翻一番。
_____ 6. 在极贫穷的国家,给送孩子上学的父母补助既可以增加贫穷孩子的教育,又可以减少童工的雇用。
_____ 7. 资本增加所引起的穷国经济增长率的提高要高于富国。
_____ 8. 储蓄和投资的增加可以长期地提高一国的经济增长率。
_____ 9. 一国只能通过增加其储蓄来增加其投资水平。
_____ 10. 唯一不是"生产出来"的生产要素,就是自然资源。
_____ 11. 投资于人力资本和技术会带来非常高的生产率,因为有正的溢出效应。
_____ 12. 如果德国人在美国投资兴建了一个新的梅赛德斯工厂,那么在未来,美国 GDP 的增加将大于美国 GNP 的增加。
_____ 13. 大多数经济学家认为,保护幼稚产业的内向型政策提高了发展中国家的经济增长率。
_____ 14. 经济证据支持托马斯·马尔萨斯关于人口增长和食物供给对生活水平影响的预言。
_____ 15. 经济增长所带来的机会成本是有人必须放弃当期消费。

17.3.2 单项选择题

1. 一个国家生活水平合理的衡量指标是_____。
   a. 人均真实 GDP
   b. 真实 GDP
   c. 人均名义 GDP
   d. 名义 GDP
   e. 人均名义 GDP 增长率
2. 巴西、日本和中国的发展极为迅速是因为_____。
   a. 它们有大量自然资源

b. 它们因为以前的战争胜利而获取了财富

c. 它们的储蓄和投资在 GDP 中的占比较高

d. 它们一直富有,而且将继续富有,这就是所谓的"雪球效应"

3. 当一国人均 GDP 极低时,_____。

   a. 它注定要永远相对贫穷下去

   b. 它必定是一个小国

   c. 由于"追赶效应",它有较迅速增长的潜力

   d. 资本增加对产量的影响微乎其微

   e. 以上各项都不是

4. 一旦一国富裕了,_____。

   a. 它就几乎不可能变得相对贫穷

   b. 由于资本的收益递减,它要迅速增长就较为困难

   c. 由于"追赶效应",资本所带来的生产率会变得更高

   d. 它不再需要任何人力资本

   e. 以上各项都不是

5. 增长的机会成本是_____。

   a. 现期投资减少

   b. 现期储蓄减少

   c. 现期消费减少

   d. 税收减少

6. 对一种既定的技术水平而言,我们可以预期在一个国家内当以下每一项增加时劳动生产率会提高,除了_____。

   a. 人均人力资本

   b. 人均物质资本

   c. 人均自然资源

   d. 劳动

7. 以下哪一项表述是正确的?

   a. 各国的人均 GDP 水平不同,但它们都以同样的比率增长。

   b. 各国可能有不同的增长率,但它们都有相同的人均 GDP 水平。

   c. 各国都有相同的增长率和产量水平,因为任何一个国家都可以得到相同的生产要素。

   d. 各国的人均 GDP 水平和增长率都有极大差别,因此,穷国在经过一段时期后可以变得相对富裕。

8. 如果生产函数表现出规模收益不变,那么所有的投入翻一番,_____。

   a. 对产量完全没有影响,因为产量是不变的

   b. 产量也将翻一番

   c. 由于追赶效应,产量的增长会超过翻一番的水平

   d. 由于收益递减,产量的增长会小于翻一番的水平

9. 铜是_____的例子。

   a. 人力资本

   b. 物质资本

   c. 可再生资源

   d. 不可再生资源

   e. 技术

10. 以下哪一项关于人口增长对生产率影响的表述是正确的?

    a. 还没有证据表明快速的人口增长会使自然资源达到限制生产率增长的一点上。

    b. 快速的人口增长会稀释资本存量,降低生产率。

    c. 快速的人口增长会促进技术进步,提高生产率。

    d. 以上各项都对。

11. 托马斯·马尔萨斯认为_____。

    a. 技术进步一直在引起生产率和生活水平提高

    b. 劳动是唯一真正的生产要素

    c. 持续的人口增长只受到食物供给的限制,结果引起长期饥荒

    d. 私人慈善事业和政府资助将提高穷人的福利

    e. 以上各项不是

12. Madelyn 去上大学并在大学期间阅

读了很多书籍。她的教育提高了下列哪一类生产要素?
a. 人力资本。
b. 物质资本。
c. 自然资源。
d. 技术。
e. 以上各项都增加。

13. 以下哪一项描述了技术知识的增加?
a. 农民发现春天种植比秋天种植更好。
b. 农民又买了一辆拖拉机。
c. 农民又雇用了一个日工。
d. 农民把他的孩子送到农学院上学,而且,孩子回来在农场工作。

14. 我们的生活水平与以下哪一项的关系最密切?
a. 我们工作努力的程度。
b. 我们的资本供给,因为每一种有价值的东西都是用机器生产的。
c. 我们的自然资源供给,因为它们限制了生产。
d. 我们的生产率,因为我们的收入等于我们所生产的。

15. 以下哪一项是外国有价证券投资的例子?
a. 一个出生在德国、现在已移民的美国公民购买了福特公司的股票,福特公司用得到的钱购买了一个新工厂。
b. 丰田公司在田纳西州建了一个新工厂。
c. 丰田公司购买福特公司的股票,福特公司用得到的钱在密歇根州建了一个新工厂。
d. 福特公司在密歇根州建了一个新工厂。
e. 以上各项都不是。

16. 以下哪一项政府政策提高非洲经济增长率的可能性最小?

a. 增加对公共教育的支出。
b. 提高对日本汽车和电器进口的限制。
c. 消除内战。
d. 减少对外国资本投资的限制。
e. 以上各项都会提高增长率。

17. 如果马自达公司在伊利诺伊州建立了一个新工厂,那么_____。
a. 未来美国 GDP 的增加将大于美国 GNP 的增加
b. 未来美国 GDP 的增加将小于美国 GNP 的增加
c. 未来美国 GDP 和 GNP 都会减少,因为这种投资的一部分收入归外国人
d. 美国的外国有价证券投资增加了
e. 以上各项都不是

18. 如果 2015 年的人均真实 GDP 是 18 073 美元,而 2016 年的人均真实 GDP 是 18 635 美元,那么这个时期真实产出的增长率是多少?
a. 3.0%。
b. 3.1%。
c. 5.62%。
d. 18.0%。
e. 18.6%。

19. 以下哪一项提高生产率的支出最可能有正外部性?
a. 兆丰银行购买了一台新电脑。
b. Susan 支付了她的大学学费。
c. 埃克森公司出让了一个新油田。
d. 通用汽车公司购买了一个新钻床。

20. 为了提高增长率,政府应该做以下所有的事,除了_____。
a. 促进自由贸易
b. 鼓励储蓄和投资
c. 鼓励外国人到你的国家投资
d. 鼓励研究与开发

e. 把主要行业国有化

17.4 进阶思考题

你正与其他"千禧一代"的人进行讨论。当比较美国与日本、韩国、中国和新加坡这些亚洲国家的时候,争论的焦点就会变为认为美国缺乏增长和机会。你的室友说:"这些亚洲国家必定存在某种弄虚作假。这是它们有可能发展这么快的唯一方法。"

1. 你在这一章有学到什么内容使你怀疑你室友的论断吗?
2. 自从第二次世界大战以来,日本的高增长率被称为"日本奇迹"。这是一个奇迹,还是可以解释的?
3. 这些亚洲国家的高增长率都是没有成本的吗?

习 题 答 案

17.1.3 术语与定义

6	人均真实 GDP	9	规模收益不变
14	增长率	8	收益递减
20	生产率	13	追赶效应
7	物质资本	2	外国直接投资
15	生产要素	22	外国有价证券投资
1	人力资本	17	外部性
21	自然资源	5	产权
10	可再生资源	11	幼稚产业论
16	不可再生资源	18	内向型政策
19	技术知识	12	外向型政策
3	生产函数	4	公共物品

17.2.1 应用题

1. a. 北方国,因为它的人均真实 GDP 最高。
   b. 东方国,因为它的增长率最高。
   c. 西方国,因为它是最穷的,可能也是资本最少的。由于资本表现出收益递减,当资本相对缺乏时,它的生产率是最高的。
   d. 不能。因为资本收益递减,所以,随着一国资本增加,增加的资本所引起的经济的额外增长下降。
   e. 因为人力资本有正外部性。一旦信息扩散,研究与开发就会成为公共物品。
   f. 西方国,因为它现在是最穷的,而且易于从增加的资本中受益。这可能与贸易限制(内向型政策)、腐败或不稳定的政府、法院系统薄弱以及产权制度缺失等有关。
   g. (15 918 美元 − 15 468 美元)/15 468 美元 = 0.029 = 2.9%。

2. a. 厨师＝劳动,证书＝人力资本,菜谱＝技术知识,炉灶和器具＝资本,野味＝自然资源。
   b. 菜谱(技术知识)永远不会损耗。劳动和人力资本会消失,炉灶和器具会缓慢地折旧,野味会用完(尽管它也许是可再生的)。
3. a. 鼓励储蓄和投资,鼓励来自国外的投资,鼓励教育,改善健康和营养水平,鼓励自由贸易,鼓励研究与开发,保护产权并确保政治稳定。
   b. 产权和政治稳定是对储蓄、投资、贸易或教育的任何一种激励所必要的。
   c. 答案是不确定的。快速的人口增长会通过把自然资源分配到更多人身上以及稀释资本存量而降低生产率。但是,有证据表明,人口多的地区倾向于发生更多的技术进步。

17.2.2 简答题

1. 人均真实GDP水平衡量生活水平。增长率衡量生活水平提高的速度。
2. 不对。由于各国增长率差别很大,富国可以变得相对贫穷,穷国也可以变得相对富裕。
3. 人均物质资本、人均人力资本、人均自然资源以及技术知识。除自然资源外的所有一切。
4. 人力资本是工人的知识和技能。物质资本是设备和建筑物的存量。
5. 有人必须放弃当期消费。没有差别,无论教育或机器是否用储蓄购买,总有人一定储蓄而不消费。
6. 因为物质资本的收益递减。
7. GDP。GNP只衡量美国人的收入,而GDP衡量在美国国内产生的收入。由于一些资本投资的利润以红利形式归外国人所有,因此,GDP的增长比GNP快。外国有价证券投资。
8. 专利赋予想法(idea)以产权,因此,人们愿意投资于研究与开发,因为研究与开发更有利可图。一旦信息扩散,研究与开发就会成为公共物品,专利则限制了这种公共使用。

17.3.1 判断正误题

1. 错误;经济增长速度取决于劳动生产率的增长率。
2. 错误;根据通货膨胀调整的自然资源的价格是稳定或下降的,因此,我们保护这些资源的能力的增长快于它们的供给的减少。
3. 正确。
4. 错误;人力资本是工人的知识和技能。
5. 正确。
6. 正确。
7. 正确。
8. 错误;由于资本的收益递减,增长率的上升是暂时的。
9. 错误;它还可以吸引外国投资。
10. 正确。
11. 正确。
12. 正确。
13. 错误;大多数经济学家认为,外向型政策促进了经济增长。

14. 错误;马尔萨斯低估了食物生产方面的技术进步。因此,人们并不会注定要勉强糊口地生活。

15. 正确。

17.3.2 单项选择题

1. a   2. c   3. c   4. b   5. c   6. d   7. d   8. b   9. d   10. d
11. c   12. a   13. a   14. d   15. c   16. b   17. a   18. b   19. b   20. e

17.4 进阶思考题

1. 是的。存在许多经济增长源泉,一个国家可以影响除自然资源外的所有其他源泉。
2. 日本的经济增长是可以解释的。事实上,所有高增长的亚洲国家的投资在GDP中的占比都非常高。
3. 不是。投资的机会成本是某人为了储蓄和投资而必须放弃的当期消费。

第 18 章
储蓄、投资和金融体系

目　标

在本章中你将

- 了解美国经济中一些重要的金融机构
- 考虑金融体系如何与关键的宏观经济变量相关
- 建立一个金融市场上可贷资金供求模型
- 用可贷资金供求模型分析各种政府政策
- 考虑政府预算赤字是如何影响美国经济的

效　果

在实现这些目标之后,你应该能

- 列出并描述四种重要的金融机构
- 描述国民储蓄、政府赤字和投资之间的关系
- 解释可贷资金供给与需求曲线的斜率
- 根据对利息或投资的税收的变动来移动可贷资金市场的供给与需求曲线
- 根据政府预算赤字的变动来移动可贷资金市场的供给与需求曲线

18.1 本章概述

18.1.1 本章复习

一些人把他们的一部分收入储蓄起来,从而有了可以用于贷款的资金。一些人希望投资于资本设备,从而需要借钱。**金融体系**由帮助匹配或平衡储蓄者贷出与投资者借入的机构组成。金融体系很重要,因为资本投资可以促进经济增长。

1. 美国经济中的金融机构

金融体系由使债务人和债权人相匹配的金融机构组成。金融机构可以分为两类:金融市场和金融中介。

金融市场使企业可以直接地向希望贷出的人借款。两种最重要的金融市场是债券市场和股票市场。

- 债券市场使大量借款人可以直接向公众借款。借款人出售**债券**(债务凭证或借据),并规定到期日(偿还贷款的日期)、定期支付的利息额以及本金(借款额,即到期偿还额)。债券的买者是贷款人。

不同债券的区别主要体现在三个方面:

(1) 债券期限(到期时间)不同。债券期限越长,风险越大,从而通常要支付越高的利息,因为债券所有者会在到期之前以压低的价格出售它。

(2) 债券的信用风险(违约的可能性)不同。债券的信用风险越高,支付的利息越高。垃圾债券是信用风险特别高的债券。

(3) 债券的税收待遇不同。持有市政债券(由州或地方政府发行的债券)的人得到的利息免税。因此,市政债券支付的利息较低。

- 股票市场使大企业可以通过增加"合伙人"或企业所有者而为扩张筹资。出售**股票**来筹集资金称为权益融资,而出售债券来筹集资金称为债务融资。股票的所有者分享企业的利润并承担企业的亏损,而债券的所有者获得作为债权人的固定利息支付。股票持有人承担的风险大于债券持有人,但潜在的收益高于债券持有人。股票没有到期日,可以在证券交易所(如纽约证券交易所和纳斯达克)交易。股票价格由供求决定,并反映了人们对企业未来盈利性的预期。股票指数,例如,道·琼斯工业平均指数,是一组重要股票价格的平均值。

金融中介是储蓄者(贷款人)可以借以间接地向借款者提供资金的金融机构。这就是说,金融中介是借款人和贷款人之间的"中间人"。两种最重要的金融中介机构是银行和共同基金。

- **银行**从人们和企业(储蓄者)吸收存款,并把这些存款贷给其他人和企业(借款者)。银行向储蓄者支付利息,并向借款者收取略高的利率。小企业通常向银行借款,因为它们的规模太小了,不能出售股票或债券。当银行接受存款时,它创造了**交换媒介**,因为个人可以根据存款开支票或使用借记卡来进行交易。其他金融中介机构只为储户提供价值储藏手段,因为它们的储蓄是不流动的。

- **共同基金**是向公众出售股份并用得到的钱来购买一组股票或债券的机构。这就使小储户可以把自己的投资组合多元化(拥有各种资产)。它也使小储户可以获得专业的资金管理。但是,很少有资金管理者可以战胜指数基金。指数基金按股票指数购买所有股票而不借助于积极的管理。指数基金胜过积极管理资金有两个原因:第一,很难挑出价格将会上升的股票,因为一种股票的市场价格已经是该公司真实价值的良好反映;第二,指数基金由于很少买卖,并且不向专业资金管理者支付薪水而压低了成本。

虽然这些金融机构之间有许多差别,但非常一致的是,它们都使贷款人的资源流向借款人。

2. 国民收入账户中的储蓄与投资

为了切实地评价金融体系在使储蓄变为投资中的作用,我们必须从宏观经济的角度来理解储蓄和投资。国民收入账户记录了收入、产出、储蓄、投资、支出、税收和其他项目之间的关系。国民收入恒等式揭示了这些变量之间的关系。

回想一下,GDP 是产值、生产它赚到的收入值,以及生产它所用的支出值。因此,

$$Y = C + I + G + NX$$

式中,Y = GDP;C = 消费支出;I = 投资支出;G = 政府购买;NX = 净出口。为了简单起见,我们假设没有国际贸易,这意味着我们的经济是一个**封闭经济**(一个开放经济中存在国际贸易)。因此有:

$$Y = C + I + G$$

国民储蓄或储蓄是用于消费和政府购买之后剩下的收入。为了得出储蓄,从等式两边减去 C 和 G,得到:

$$Y - C - G = I$$

或者

$$S = I$$

这就是说,储蓄等于**投资**。

为了评价政府购买和税收对储蓄的影响,我们需要像以上那样定义储蓄:

$$S = Y - C - G$$

这又说明了储蓄是在扣除消费和政府购买之后剩下的收入。现在从等式右边加上和减去税收 T:

$$S = (Y - T - C) + (T - G)$$

这说明,储蓄等于支付税收和消费之后剩下的收入,即**私人储蓄**($Y - T - C$),以及政府**预算盈余**,即**公共储蓄**($T - G$)。通常 G 大于 T,也就是说,政府通常有负的盈余或**预算赤字**。

总之,对整个经济而言有 $S = I$,而且,可用于投资的储蓄量是私人储蓄和公共储蓄之和。虽然对整个经济而言 $S = I$,但对个人而言这并不正确。这就是说,一些人的投资小于储蓄,并有资金贷出;而另一些人的投资大于储蓄,并需要借入资金。这些人在**可贷资金市场**上相遇。要注意的是,储蓄是支付消费和政府购买后剩下的收入,而投资是对新资本的购买。

3. 可贷资金市场

为了简单起见,我们设想只有一个可贷资金市场,所有储蓄者把他们的资金在该市场上贷出,而所有投资者从该市场上借款。

• **可贷资金供给**来自国民储蓄。真实利率的上升会增加对储蓄的激励,并增加可贷资金的供给量。

• **可贷资金需求**来自希望借钱投资的家庭和企业。真实利率的上升会增加借款的成本,并减少可贷资金的需求量。

可贷资金的供给和需求共同形成了可贷资金市场。这个市场决定了均衡的真实利率和均衡的借贷量。由于可以贷出的资金是国民储蓄,借来的资金用于投资,因此可贷资金市场

也决定了均衡的储蓄与投资水平。

以下三种政策增加了储蓄、投资和资本积累，从而促进了经济增长。

在任何一种真实利率水平下，减少对利息和红利的税收会增加储蓄的收益，从而增加人们储蓄和贷出资金的意愿。从图形上看，这种政策将使可贷资金的供给曲线向右移动，从而降低真实利率，并增加用于投资的资金需求量。真实利率下降，而储蓄与投资增加。

减少投资税收，例如投资税收减免，在任何一种真实利率水平下，会增加资本投资的收益，从而增加人们在任何一种真实利率水平下进行借款与投资的意愿。从图形上看，这种政策将使可贷资金的需求曲线向右移动，提高真实利率，并增加资金供给量。真实利率、储蓄和投资都增加。

政府债务和赤字减少(或者预算盈余增加)会增加公共储蓄($T-G$)，因此，在每一种真实利率水平下可以得到的国民储蓄更多。从图形上看，这种政策使可贷资金的供给曲线向右移动，降低真实利率，并增加用于投资的可贷资金需求量。真实利率下降，储蓄和投资增加。

要注意的是，预算赤字是政府支出超过税收收入的部分。过去政府借款的积累称为**政府债务**。预算盈余是税收收入超过政府支出的部分。当政府支出等于税收收入时，称为预算平衡。赤字增加减少了国民储蓄，使可贷资金的供给曲线向左移动，使真实利率上升，并使用于投资的可贷资金需求量减少。当私人借款与投资由于政府借款而减少时，我们称政府**挤出**了投资。政府预算盈余的作用与预算赤字正好相反。

债务-GDP 比率在战争期间通常会上升，这被认为是适当的。但是在 20 世纪 80 年代，美国的这个比率却上升了。民主党和共和党的决策者都把这视为一种警告，于是在 90 年代，赤字减少，盈余增加。在乔治·W. 布什担任总统期间，由于以下一些原因预算又出现了赤字：税收削减、经济衰退、国家安全支出，以及伊拉克和阿富汗战争。债务-GDP 比率由于 2008 年开始的金融危机出现了剧烈上升。

在 2008 年和 2009 年，美国所经历的金融危机主要表现在以下几个方面：① 房地产价格下降；② 金融机构破产；③ 对金融机构信心的下降引发了人们转移那些不被保险覆盖的存款，并导致金融机构降低价格出售其资产；④ 信贷紧缩；⑤ 经济衰退和整体产出需求减少；⑥ 公司利润减少导致资产价值减少，进而反馈到①。

18.1.2 有益的提示

(1) 金融中介是"中间人"。中介是介于两个群体之间的机构或人，以通过协商解决问题。例如，我们在劳动谈判中有介于企业和工会之间的中介机构。同样，银行是在最终贷款人(储蓄者)和最终借款人(企业或家庭购房者)之间的金融中介机构，对贷款合同条款进行"协商"。银行不是借出自己的钱，它们借出的是储蓄者的钱。

(2) 投资不是购买股票和债券。在日常谈话中，人们常用"投资"这个词指购买股票和债券。例如，"我刚投资了 10 股 IBM 股票"。(甚至经济学家也会这样说。)但是，用经济学术语来说，投资是指实际购买资本设备和建筑物。在这种技术性框架下，当我购买了 10 股新发行的 IBM 股票时，只是一种资产的交换——IBM 公司拥有了我的钱，而我拥有了它的股票凭证。如果 IBM 公司用我的钱来购买新的机器设备，这种购买才是经济学意义上的投资。

(3) 不要把消费贷款包括在可贷资金供给之中。在日常谈话中，人们用"储蓄"这个词指他们在银行的新存款。例如，"我本周刚刚储蓄了 100 美元"。(甚至经济学家也会这样说。)但是，如果存款贷给了用这笔钱买度假机票的消费者，在宏观经济的意义上，国民储蓄(或者储蓄)并没有增加。这是因为,在宏观经济的意义上,储蓄是在用于国民消费支出和政府购买以后剩下的收入($S = Y - C - G$)。如果你个人的储蓄由另一个人贷走并用于消费支出,那么国民储蓄并没有发生变化。由于国民储蓄是可贷资金供给的来源,因此,消费贷款并不影响可贷资金供给。

(4) 可贷资金需求是私人投资资金需求。可贷资金需求只包括私人(家庭和企业)对用于投资建筑物和设备的资金的需求。当政府有赤字时,它吸收国民储蓄,但它并不用这种资金购买资本设备。因此,当政府有赤字时,我们认为这是可贷资金供给的减少,而不是可贷资金需求的增加。

18.1.3 术语与定义

为每个关键术语选择一个定义。

关键术语	定义
_____金融体系	1. 支票存款之类的可支出资产。
_____金融市场	2. 税收收入小于政府支出,引起公共储蓄为负。
_____金融中介	3. 一个没有国际贸易的经济。
_____银行	4. 储蓄者可以借以间接地向借款人提供资金的金融机构。
_____交换媒介	5. 经济中帮助借款人与贷款人相匹配的机构。
_____债券	6. 在每种真实利率水平下想为投资而借款的数量。
_____股票	7. 家庭在支付了消费支出和税收之后剩下的收入。
_____共同基金	8. 过去预算赤字的积累。
_____封闭经济	9. 在每种真实利率水平下可用于贷款的储蓄量。
_____国民储蓄(储蓄)	10. 吸收存款并发放贷款的机构。
_____私人储蓄	11. 向公众出售股份并用收入购买多元化投资组合的机构。
_____公共储蓄	12. 储蓄者可以借以直接地向借款人提供资金的金融机构。
_____预算盈余	13. 代表企业部分所有权的证书。
_____预算赤字	14. 税收收入大于政府支出,引起公共储蓄为正。
_____政府债务	15. 在用于消费支出和政府购买之后剩下的收入。
_____投资	16. 政府借款引起的投资减少。
_____可贷资金市场	17. 用于资本设备和建筑物的支出。
_____可贷资金需求	18. 债务凭证或借据。
_____可贷资金供给	19. 一个市场,其中有通过储蓄供给资金的人和通过借款来投资即有资金需求的人。
_____挤出	20. 政府在支付其支出后剩下的税收收入。

18.2 应用题与简答题

18.2.1 应用题

1. 皮包公司需要资本金扩大自己的生产能力。它正出售短期和长期债券并发行股票。你正在考虑帮助其扩张投资的前景。
   a. 如果你购买了皮包公司的短期债券和长期债券,那么你会对哪种债券要求较高收益率:短期的还是长期的？为什么？
   b. 如果标准普尔降低了皮包公司的信用等级,在你购买它的债券时,这会影响你要求的收益率吗？为什么？
   c. 如果皮包公司和 Deadbeat 市恰好有同样的信用等级,而且前者发行的公司债券和后者发行的市政债券具有相同期限,哪一个发行者必须对它的债券支付更高利率？为什么？
   d. 如果皮包公司既发行股票又发行债券,那么你预期长期中是股票还是债券可以获得较高的收益率？为什么？
   e. 哪一种风险更低:是把你所有的个人储蓄投入皮包公司股票,还是把你所有的个人储蓄投入其投资组合中有一些皮包公司股票的共同基金呢？为什么？

2. 用国民收入账户中储蓄与投资的恒等式回答以下问题。假设以下数值来自一个封闭经济国家的国民收入账户(所有数值都是以 10 亿美元计量)。

$$Y = 6\,000$$
$$T = 1\,000$$
$$C = 4\,000$$
$$G = 1\,200$$

   a. 这个国家的储蓄和投资的值是多少？
   b. 私人储蓄的值是多少？
   c. 公共储蓄的值是多少？
   d. 政府的预算政策对该国的经济增长是有利的还是有害的？为什么？

3. 以下信息描述了一个可贷资金市场(数值都是以 10 亿美元计量)。

真实利率(%)	可贷资金供给量(10亿美元)	可贷资金需求量(10亿美元)
6	1 300	700
5	1 200	800
4	1 000	1 000
3	800	1 200
2	600	1 500

   a. 在图 18-1 中画出可贷资金的供给与需求。均衡的真实利率和均衡的储蓄与投资水平是多少？
   b. 究竟是何种"市场力量"使真实利率不能等于 2%？

c. 假设政府突然增加了4 000亿美元的预算赤字,那么新的均衡真实利率和均衡储蓄与投资水平是多少?(在图18-2中用图形说明。)

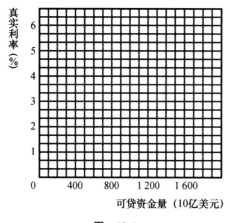

图 18-1

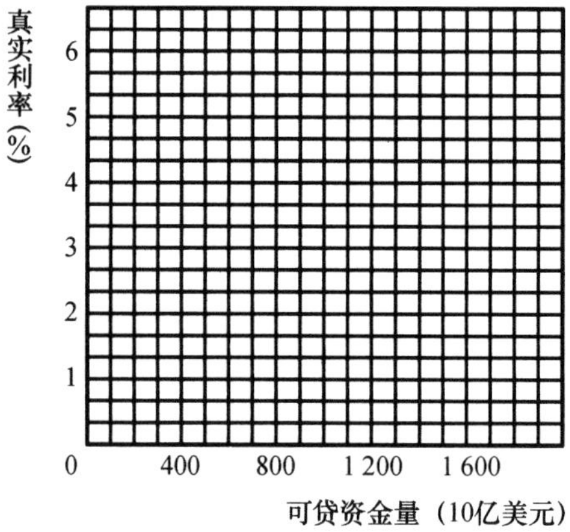

图 18-2

d. 从原来的均衡出发,假设政府实行投资税收减免,这在任何一种真实利率水平下都会使对资本投资的可贷资金需求增加4 000亿美元,那么新的均衡真实利率和均衡储蓄与投资水平是多少?(在图18-3中用图形说明。)

e. 根据c和d,哪一种政策最可能促进经济增长?为什么?

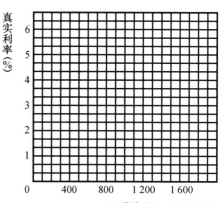

图 18-3

18.2.2 简答题

1. 解释为什么共同基金的风险会小于单个股票。
2. 下面哪一项可能给你更高的收益率:是银行的支票存款,还是购买公司债券?为什么?
3. 债务融资和权益融资之间的差别是什么?
4. 在国民收入账户中,"储蓄"和"投资"这两个词是指什么?它们与平常这两个词的用法有什么不同?
5. 在一个封闭经济中,为什么投资无法超过储蓄呢?
6. 什么是私人储蓄?什么是公共储蓄?
7. 根据国民收入恒等式,如果政府购买增加,并且产出、税收和消费保持不变,那么国民储蓄、投资和经济增长会发生什么变动?
8. 假设美国人变得更加节俭。这就是说,他们收入中用于消费的百分比下降,用于储蓄的百分比上升。描述可贷资金市场的变动。经济增长会发生什么变动?
9. 假设政府的赤字减少,描述可贷资金市场的变动。经济增长会发生什么变动?
10. 政府预算赤字的增加迫使政府借更多的钱。为什么赤字增加没有增加可贷资金市场上对可贷资金的需求?
11. 金融市场和金融中介之间的基本差别是什么?

18.3 自我测试题

18.3.1 判断正误题

_____ 1. 当一个企业出售债券时,它是在进行权益融资。
_____ 2. 那些购买企业股票的人把钱贷给了企业。
_____ 3. 共同基金通过购买多元化的投资组合,减少了持有者的风险。
_____ 4. 市政债券支付的利息低于有类似风险的公司债券,因为其债券持有者得到的利息免税。
_____ 5. 在一个封闭经济中,储蓄是用于消费支出和政府购买后所剩下的收入。
_____ 6. 2008年和2009年的金融危机始于经济的严重下滑以及对产出的总需求下降。
_____ 7. 在一个封闭经济中,无论储蓄来自公共还是私人,投资总是等于储蓄。
_____ 8. 投资是指资本设备和建筑物的购买。
_____ 9. 如果你在本周存了钱,并把它借给你的室友买消费用的食物,那么你的个人储蓄行为增加了国民储蓄。
_____ 10. 如果真实利率上升,那么可贷资金的供给量就增大。
_____ 11. 如果可贷资金市场上的真实利率暂时高于均衡利率,那么想借到的款就大于想贷出去的款,真实利率将下降。
_____ 12. 预算赤字减少使可贷资金供给曲线向右移动,会降低真实利率,并增加可贷资金的需求量。
_____ 13. 公共储蓄和政府预算盈余是一回事。
_____ 14. 如果政府想提高增长率,它就应该增加对利息和红利的税收,以使可贷资金的供给曲线向右移动。
_____ 15. 引起政府增加借款的预算赤字的增加使可贷资金需求曲线向右移动。

18.3.2 单项选择题

1. 下面哪一项是权益融资的例子?
   a. 公司债券。
   b. 市政债券。
   c. 股票。
   d. 银行贷款。
   e. 以上各项都是。
2. 信用风险是指债券的_____。
   a. 到期日
   b. 违约的可能性
   c. 税收
   d. 红利
   e. 市盈率
3. 金融中介是以下哪两者的"中间人"?
   a. 工会与企业。
   b. 丈夫与妻子。
   c. 买者与卖者。
   d. 借款人与贷款人。

4. 国民储蓄(或者储蓄)等于_____。
   a. 私人储蓄 + 公共储蓄
   b. 投资 + 消费支出
   c. GDP – 政府购买
   d. GDP + 消费支出 + 政府购买
   e. 以上各项都不是

5. 以下哪一项表述是正确的?
   a. 股票指数是用来确定所选股票信息的指南。
   b. 长期债券支付的利息通常低于短期债券。
   c. 市政债券支付的利息低于具有类似风险的公司债券。
   d. 共同基金的风险大于只购买一种股票的风险,因为许多不同企业的业绩都会影响共同基金的收益。

6. 如果政府支出大于税收收入,那么_____。
   a. 存在预算盈余
   b. 存在预算赤字
   c. 私人储蓄是正的
   d. 公共储蓄是正的
   e. 以上各项都不是

7. 如果 GDP = 1 000 美元,消费 = 600 美元,税收 = 100 美元,政府购买 = 200 美元,那么储蓄和投资是多少?
   a. 储蓄 = 200 美元,投资 = 200 美元。
   b. 储蓄 = 300 美元,投资 = 300 美元。
   c. 储蓄 = 100 美元,投资 = 200 美元。
   d. 储蓄 = 200 美元,投资 = 100 美元。
   e. 储蓄 = 0 美元,投资 = 0 美元。

8. 如果公众少消费 1 000 亿美元,政府多购买 1 000 亿美元(其他条件不变),以下哪一种表述是正确的?
   a. 储蓄增加,经济增长会更快。
   b. 储蓄减少,经济增长会放慢。
   c. 储蓄不变。
   d. 没有充分的信息确定储蓄会发生什么变动。

9. 在以下哪一个金融市场上,证券可能支付最高的利息?
   a. 得克萨斯州发行的市政债券。
   b. 投资绩优债券组合的共同基金。
   c. 绩优公司发行的债券。
   d. 刚成立的公司发行的债券。

10. 投资是指_____。
    a. 购买股票和债券
    b. 购买资本设备和建筑物
    c. 把储蓄存入银行
    d. 购买物品和服务

11. 如果美国人变得更加节俭,那么我们将预期_____。
    a. 可贷资金供给增加,真实利率上升
    b. 可贷资金供给增加,真实利率下降
    c. 可贷资金需求增加,真实利率上升
    d. 可贷资金需求增加,真实利率下降

12. 以下哪一组政府政策最有利于经济增长?
    a. 降低对储蓄收益的税收,实行投资税收减免,并减少赤字。
    b. 降低对储蓄收益的税收,实行投资税收减免,并增加赤字。
    c. 提高对储蓄收益的税收,实行投资税收减免,并减少赤字。
    d. 提高对储蓄收益的税收,实行投资税收减免,并增加赤字。

13. 引起政府增加其借款的预算赤字增加使_____。
    a. 可贷资金需求曲线向右移动
    b. 可贷资金需求曲线向左移动
    c. 可贷资金供给曲线向右移动

d. 可贷资金供给曲线向左移动

14. 预算赤字增加将使_____。
    a. 真实利率上升,用于投资的可贷资金需求量减少
    b. 真实利率上升,用于投资的可贷资金需求量增加
    c. 真实利率下降,用于投资的可贷资金需求量增加
    d. 真实利率下降,用于投资的可贷资金需求量减少

15. 如果可贷资金的供给非常缺乏弹性(供给曲线非常陡峭),那么哪一种政策可能使储蓄和投资增加最多?
    a. 投资税收减免。
    b. 预算赤字减少。
    c. 预算赤字增加。
    d. 以上各项都不是。

16. 预算赤字增加是指_____。
    a. 公共储蓄减少
    b. 公共储蓄增加
    c. 私人储蓄减少
    d. 私人储蓄增加
    e. 以上各项都不是

17. 如果预算赤字的增加使国民储蓄和投资减少,我们就证明了以下哪一项?
    a. 权益融资。
    b. 共同基金效应。
    c. 中介。
    d. 挤出。

18. 如果美国人变得不太关心未来,并在每一种真实利率水平下减少储蓄,那么_____。
    a. 真实利率下降,而投资减少
    b. 真实利率下降,而投资增加
    c. 真实利率上升,而投资减少
    d. 真实利率上升,而投资增加

19. 如果政府既增加投资税收减免又减少对储蓄收益的税收,那么_____。
    a. 真实利率应该上升
    b. 真实利率应该下降
    c. 真实利率应该不变
    d. 对真实利率的影响是不确定的

20. 预算盈余增加使_____。
    a. 可贷资金需求增加,并使真实利率上升
    b. 可贷资金需求减少,并使真实利率下降
    c. 可贷资金供给减少,并使真实利率上升
    d. 可贷资金供给增加,并使真实利率下降

18.4 进阶思考题

你正在看总统竞选辩论。当一位总统候选人被问及对经济增长的态度时,他向前走了几步,说道:"我们需要使这个国家的经济进一步增长,我们需要用税收激励来刺激储蓄和投资,并且我们需要减少预算赤字,以使政府不再吸纳我们国家的储蓄。"

1. 如果政府支出保持不变,这位总统候选人的陈述隐含着哪些矛盾之处?
2. 如果这位总统候选人真心希望减少税收并减少预算赤字,则意味着他关于政府支出的计划是怎样的?
3. 如果决策者想促进经济增长,而且决策者必须在刺激储蓄的税收激励和刺激投资的税收激励之间作出选择,那么他们在作出决策之前需要了解可贷资金市场供求的什么情况?解释原因。

习 题 答 案

18.1.3 术语与定义

5	金融体系	7	私人储蓄
12	金融市场	20	公共储蓄
4	金融中介	14	预算盈余
10	银行	2	预算赤字
1	交换媒介	8	政府债务
18	债券	17	投资
13	股票	19	可贷资金市场
11	共同基金	6	可贷资金需求
3	封闭经济	9	可贷资金供给
15	国民储蓄(储蓄)	16	挤出

18.2.1 应用题

1. a. 长期的,因为更可能的情况是,在到期之前你也许需要以压低的价格出售长期债券。
   b. 会,因为信用风险增加了,借款人将要求更高的收益率。
   c. 皮包公司。与市政债券不同,公司债券所有者得到的利息要纳税。
   d. 股票所有者要求较高的收益率,因股票的风险较高。
   e. 把钱投入共同基金更安全,因为它是多元化的(不要把所有的鸡蛋放在一个篮子里)。

2. a. (6 000 - 1 000 - 4 000) + (1 000 - 1 200) = 800(单位:10亿美元)。
   b. 6 000 - 1 000 - 4 000 = 1 000(单位:10亿美元)。
   c. 1 000 - 1 200 = -200(单位:10亿美元)。
   d. 这不利于经济增长,因为公共储蓄是负的,所以,可用于投资的储蓄少了。

3. a. 均衡的真实利率=4%,均衡的储蓄和投资=10 000亿美元(参看图18-4)。
   b. 利率为2%时,可贷资金的需求量大于供给量9 000亿美元。这种对贷款(借款)的超额需求将使利率上升到4%。
   c. 均衡的真实利率=5%,均衡的储蓄和投资=8 000亿美元(参看图18-5)。
   d. 均衡的真实利率=5%,均衡的储蓄和投资=12 000亿美元(参看图18-6)。
   e. 投资税收减免,因为它使投资于资本的可贷资金需求曲线向右移动,提高了资本投资水平,并刺激了经济增长。

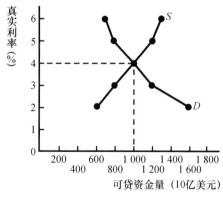

图 18-4

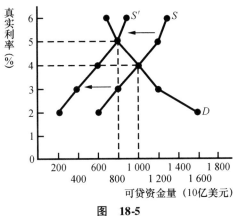

图 18-5

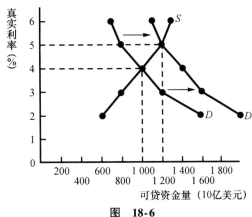

图 18-6

18.2.2 简答题

1. 因为共同基金是多元化的。当共同基金中的一种股票业绩不好时,很可能另一种股票的业绩好。
2. 公司债券。因为这种债券风险高,还因为通过金融市场"直接"借贷的分摊成本低于通过金融中介"间接"借贷的分摊成本。
3. 债务融资是借钱,例如,企业出售债券。权益融资是增加合伙人,例如,企业出售股票。
4. 储蓄是指消费支出和政府购买后剩下来的 GDP,投资是指设备和建筑物的购买。在日常语境中,储蓄通常是指我们收入中剩下的部分(尽管有人还为消费而借款),投资通常是指股票和债券的购买。
5. 因为储蓄是消费支出和政府购买之后剩下的 GDP,而且,储蓄是对可以用于购买设备和建筑物的产出的限制。
6. 私人储蓄 = $Y - T - C$,公共储蓄 = $T - G$。
7. 公共储蓄将减少,并引起国民储蓄和投资等量减少,经济增长放慢。
8. 可贷资金的供给曲线向右移动,真实利率将下降,而且,用于购买资本的可贷资金的需求量增加,经济增长会加快。
9. 可贷资金的供给曲线向右移动,真实利率将下降,而且,用于购买资本的可贷资金的需求量将增加,经济增长会加快。
10. 可贷资金需求被定义为私人用于购买资本设备和建筑物而借款的需求。赤字增加吸收了储蓄,并减少了可贷资金的供给。
11. 在一个金融市场上,储蓄者直接借款给借款人。通过金融中介机构时,储蓄者借款给中介,中介再借款给最终借款人。

18.3.1 判断正误题

1. 错误;出售债券是进行债务融资。
2. 错误;股东是所有者。
3. 正确。
4. 正确。

5. 正确。
6. 错误；这场金融危机始于房地产价格的下跌。
7. 正确。
8. 正确。
9. 错误；消费贷款并不增加国民储蓄。
10. 正确。
11. 错误；想贷出去的款大于想借到的款。
12. 正确。
13. 正确。
14. 错误；应该降低对利息和红利的税收。
15. 错误；它减少了可贷资金供给。

18.3.2 单项选择题

1. c　2. b　3. d　4. a　5. c　6. b　7. a　8. c　9. d　10. b
11. b　12. a　13. c　14. a　15. b　16. a　17. d　18. c　19. d　20. d

18.4 进阶思考题

1. 刺激储蓄和投资的税收激励要求减税。这会增加赤字,而赤字会减少国民储蓄和投资。
2. 这位总统候选人计划减少政府支出。
3. 决策者需要知道供求曲线的弹性(类似于斜率)。如果可贷资金需求缺乏弹性,那么可贷资金供给变动对储蓄和投资的影响就小,因此,在每一利率水平下用于增加储蓄的税收激励对增长的作用就微乎其微。如果可贷资金供给缺乏弹性,那么可贷资金需求变动对储蓄和投资的影响就小,因此,在每一利率水平下用于增加投资的税收激励对增长的作用就微乎其微。

第 19 章
金融学的基本工具

目　标

在本章中你将
- 了解现值与终值之间的关系
- 考虑复利增长的影响
- 知道风险厌恶者是如何减少他们面对的风险的
- 分析资产价格是如何决定的

效　果

在实现这些目标之后，你应该能
- 给定利率为8%时，在现在得到100美元和两年后得到120美元之间作出选择
- 解释为什么收入增长率略有不同的两个人在若干年之后其收入差别会很大
- 解释多元化的好处
- 说明为什么随机选择股票可能会和更复杂的选股方法具有同样的结果

19.1 本章概述

19.1.1 本章复习

金融市场协调储蓄与投资。金融决策涉及两个要素——时间与风险。例如,人们和企业必须根据对未来收益的预期做出今天关于储蓄和投资的决策,但未来收益是不确定的。**金融学**是研究人们如何在某一时期内做出关于资源配置和风险应对的决策的学科。我们将了解人们如何比较不同时点上的不同货币量,如何管理风险,以及如何把这些概念结合起来以帮助确定诸如股票这类金融资产的价值。

1. 现值:衡量货币的时间价值

任何未来一定量货币的**现值**是在现行利率下产生这一未来货币量所需要的现在货币量。**终值**是在现行利率既定时,现在货币量将带来的未来货币量。假设 r = 以小数形式表示的利率;n = 到期的年数;PV = 现值;FV = 终值。再假设每年支付利息,而且利息又存入账户中以赚得更多利息——一个称为**复利**的过程。那么,

$$PV(1+r)^n = FV \tag{19.1}$$

$$FV/(1+r)^n = PV \tag{19.2}$$

例如,假设一个人把 100 美元存入一个为期 3 年、利率 7% 的银行账户。利用公式 (19.1),$r = 0.07$,PV = 100 美元,$n = 3$,我们发现 3 年后账户上将有大约 122.5 美元。这就是说,终值是 122.5 美元。

换一种方法,假设为你提供一笔从现在起 3 年后给你带来 122.5 美元的银行存款。在利率为 7% 时,你今天需要为这个账户支付多少?利用公式 (19.2),$r = 0.07$,FV = 122.5 美元,$n = 3$,我们发现,从现在起 3 年后 122.5 美元的现值是 100 美元。确定未来货币量现值的过程称为**贴现**。

现值与终值之间的关系说明了以下几点:

- 人们对现在得到一定货币量的偏好大于对未来得到同样货币量的偏好。利率越高,这个结论就越明显。
- 为了在现期某一货币量与以后某个时期的更大货币量之间作出选择,我们需要计算出未来货币量的现值,并将之与今天的货币量进行比较。
- 如果未来收益的现值大于成本,企业就进行投资项目。利率越高,进行项目的可能性越小,因为该项目的现值变小了。因此,随着利率上升,投资会减少。

增长率微小的差别在许多年以后会引起一国收入的巨大差别。这个结论对个人收入或存入银行的钱也是正确的。复利增长的概念表明了为什么是这样。每一年的增长依据的是前一年累积的增长,即在复利的情况下,赚到的利息是根据包含以前赚到的利息计算的。70 规则说明了复利增长的影响。70 规则说明,如果某个变量每年以 x% 的比率增长,它的值将在将近 $70/x$ 年中翻一番。如果你的收入每年增长 1%,那么在 70 年后大约翻一番。但是,如果你的收入每年增长 4%,那么它将在大约 17.5 年后翻一番。

2. 风险管理

大多数人是**风险厌恶**的,这意味着对于相同量的损失和收益,他们更加厌恶损失,这是因为人们的效用函数表现出财富的边际效用递减的性质。因此,失去 1 000 美元赌注损失的效

用要大于赢得1 000美元赌注获得的效用。人们会通过购买保险来减少风险,或使其风险多元化,并接受其资产的低收益。

- 人们可以通过购买保险来减少他们所面临的风险。保险可以使经济更有效地分散风险,因为100个人分别承担一座房子着火的整体风险的1/100比每个人单独承担一座房子着火的全部风险要容易得多。保险市场上存在两个问题:逆向选择和道德风险。逆向选择的发生是因为高风险的人比低风险的人更愿意购买保险;道德风险的发生是因为人们购买保险之后,谨慎的激励就少了。一些低风险的人不购买保险是因为上述问题会使得保险的价格对低风险的人来说太高。

- 人们可以通过多元化减少他们所面临的风险。**多元化**是通过用大量无关的小风险代替一种风险来实现风险的减少。这可以概括为一句话:"不要把你所有的鸡蛋放在一个篮子里。"通过保险使风险多元化是因为100个人分别承担一座房子着火的整体风险的1/100比每个人单独承担一座房子着火的全部风险要容易得多。用收益的标准差(变动程度)来衡量的股票投资组合的风险则可以通过投资组合的多元化——购买少量的多种股票而不是购买大量的单一股票——来减少。多元化可以消除**企业特有风险**——与某个公司相关的不确定性;它不能消除**市场风险**——与整个经济相关的、会影响到在股票市场上交易的所有公司的不确定性。

- 人们可以通过接受自己投资的一个较低收益率来减少他们所面临的风险。人们在投资组合中面临风险与收益之间的权衡取舍。为了赚到更多收益,人们必须接受更多风险。为了减少风险,人们必须接受低收益。一个人风险与收益的最优组合取决于他的风险厌恶程度,风险厌恶程度又取决于他的偏好。

3. 资产评估

供给和需求决定一股股票的价格。人们通常想购买被低估的股票——价格低于价值的股票。如果价格高于价值,股票就被认为高估了。如果价格和价值相等,股票就被公正地估价。股票的价格是可以知道的,但股票的价值是不确定的,因为它是未来股息流量和最终销售价格的现值。股息与最终销售价格则取决于公司未来的盈利状况。**基本面分析**是为决定一家公司的价值而对其会计报表和未来前景进行的详细分析。你可以自己进行基本面分析,也可以依靠华尔街的分析师,或者购买其管理者进行过基本面分析的共同基金。

根据**有效市场假说**,资产价格反映了有关一种资产价值的所有公开的、可获得的信息。这种理论提出,专业的财富管理者为了确定股票的价值而关注相关信息。股票的价格是由供求决定的,因此在任何一个时点上,出售的股份等于购买的股份,这意味着认为股票高估和低估的人数是相同的。因此,大多数分析师认为,股票总是能够被公正地估价。根据这种理论,股票市场是**信息有效**的,这意味着股票价格反映了所有以理性方式获得的信息。如果这是正确的,股票价格就应该遵从**随机游走**,即要根据所获得的信息预测它的发展趋势是不可能的,因为所有可以获得的信息都已经体现在价格中了。因此,不会出现购买某种股票比另外一种股票好的情况,而且,你最好的选择是买一组多元化的投资组合。

指数基金为支持有效市场假说提供了证据。指数基金是购买某种股票指数中的所有股票的共同基金。积极管理的基金被认为只购买最好的股票。积极管理的基金通常并没有跑赢指数基金,既是因为它们更频繁地交易而导致了更多的交易费用,也是因为它们对所谓的专家服务收取费用。

一些人认为,市场往往是非理性的。这就是说,股票价格往往以根据对信息的理性分析难以解释的方式变动，从而看起来是由心理倾向驱动的。但是，如果这是正确的，交易者就应该能利用这个事实购买优于平均水平的股票，但跑赢市场几乎是不可能的。既然股票的价值取决于它的股息和最终销售价格，假如过后其他人愿意以更高价格购买这只股票，那么以高出它基本价值的价格来购买它（即投机性泡沫的出现）也不是不合理的。

4. 结论

现值的概念告诉我们，今天的 1 美元比以后某一时点的 1 美元更值钱，而且，它使我们可以比较不同时点上的货币量。风险管理告诉我们，风险厌恶者可以用一些方法减少他们所面临的风险。资产评估反映了企业未来的盈利能力。对于股票价格是不是一个公司真正价值的理性估算存在争论。

19.1.2 有益的提示

（1）复合增长与复利相同。复利是你从过去赚到的利息中赚取利息。假设是按年计算复利，当你以 10% 的利率在银行存入 100 美元时，在年底你得到了 110 美元。如果你把这笔钱存入银行两年，你就有了复利，即你在两年后得到 121 美元——本金 100 美元，第一年得到 10 美元的利息，第二年又得到 10 美元利息，加第一年利息 10 美元的 1 美元利息。在下一年，你得到的利息将不是基于 100 美元或 110 美元赚到的利息，而是基于 121 美元，等等。

同样，在许多年之后，增长快的经济把其增长的百分比运用于相当大的基数（经济规模），其总量与增长慢的经济之间的差距加速扩大。例如，运用 70 规则，一个按 1% 增长的经济，其规模应该在大约 70 年（70/1）后翻一番。一个按 4% 增长的经济，其规模每 17.5 年（70/4）翻一番。70 年之后，增长 4% 的经济将是其原来规模的 16 倍（$2^4 = 16$），而增长 1% 的经济只是其原来规模的 2 倍。如果两个经济开始时规模相同，那么由于复合增长，增长 4% 的经济的规模 70 年后将是增长 1% 的经济的 8 倍。

（2）风险厌恶者从保险中获益是因为，由于其财富的边际效用递减，一大笔支出引起的效用减少大于许多小笔保险金支付引起的效用减少。例如，假定一个镇上有 50 个人，每年有一座房子被烧掉，因此，在任何一年中，每个人都有 1/50 的失去自己整座房子的可能性。人们可以每年支付给保险公司自己房子价值的 1/50，从而，他们支付的保险金在 50 年之后等于他们房子的价值。此外，他们可以不买保险，但他们将每 50 年一次地由于火灾而重盖他们的房子。虽然这两种支出的预期值是相同的，但风险厌恶者选择购买保险，因为一次性支付整个房子价值引起的效用减少大于 50 次支付房子价值的 1/50 引起的效用减少。

（3）随着投资组合中股票数量的增加，股票投资组合的收益变动减小。当投资组合只由一种股票构成时，投资组合的变动与一种股票的变动相同。当投资组合包括两种股票时，可能的情况是，当一种股票支付的收益低于平均水平时，另一种股票支付的收益高于平均水平，而且两种股票的收益变动往往会抵消。结果，投资组合的变动小于这种组合中的每一种股票的变动。当投资组合中股票数量增加时，这种效应继续发生。但是，直到投资组合中有二三十种股票时，风险才会大大减少。要注意的是，为了通过多元化实现降低风险的目标，不同股票的风险必须是不相关的。因此，随机选择股票应该比选择同一个行业或在同一地区的企业的股票风险更小。

（4）股票价格取决于供求状况。一种股票的需求取决于支付的股息流量以及最终销售价格的现值。因此，预期的股息增加、最终销售价格上升或者现行利率下降，都会增加股票需求并使股票价格上升。一种股票的需求还取决于与股票相关的风险因素。因为人们是风险厌恶者,总风险提高将减少所有股票的需求,并使所有股票的价格下降。奇怪的是,企业特有风险(与某个公司相关的某种股票收益的标准差大小)并不影响股票的需求,因为这种风险可以通过多元化予以消除。

19.1.3 术语与定义

为每个关键术语选择一个定义。

关键术语	定 义
_____金融学	1. 资产价格以理性的方式反映所有可获得的信息。
_____现值	2. 按现行利率计算,为获得一个既定的未来货币量所需要的现在货币量。
_____终值	3. 为确定一家公司的价值而对其会计报表和未来前景进行的研究。
_____复利	4. 研究人们如何在某一时期内做出关于资源配置和风险应对的决策的学科。
_____风险厌恶	5. 一种不可预期的变量变动的路径。
_____多元化	6. 只影响一个企业的风险。
_____企业特有风险	7. 一个账户上货币量的积累,该账户的利息是用之前支付的利息赚取的。
_____市场风险	8. 认为资产价格反映了有关这种资产价值的所有公开的、可获得的信息的理论。
_____基本面分析	9. 在现行利率既定时,现在的货币量将带来的未来货币量。
_____有效市场假说	10. 通过用大量不相关的小风险来代替单一风险来降低风险。
_____信息有效	11. 同时影响股市上所有企业的风险。
_____随机游走	12. 不喜欢不确定性。

19.2 应用题与简答题

19.2.1 应用题

1. 白水游轮公司今天能以100 000美元购买轮船。在以后三年的每年年底,游轮可以赚到40 000美元。
   a. 如果利率是12%,白水游轮公司预期得到的每笔未来收益的现值是多少?
   b. 如果利率是12%,白水游轮公司应该投资于游轮吗?解释之。
   c. 如果利率是7%,白水游轮公司应该投资于游轮吗?解释之。
   d. 比较b和c的答案。这说明了投资与利率之间关系的什么一般性原则?
2. 用70规则回答以下问题。假设高增长国的人均真实GDP每年按2%的速度增长,而低增长国的人均真实GDP每年按1%的速度增长。

a. 高增长国的人均真实 GDP 翻一番需要多少年?
  b. 如果高增长国 1945 年的人均真实 GDP 是 2 000 美元,则 2015 年它将是多少美元?
  c. 低增长国的人均真实 GDP 翻一番需要多少年?
  d. 如果低增长国 1945 年的人均真实 GDP 是 2 000 美元,则 2015 年它将是多少美元?
  e. 用以上你计算的数字帮助解释复合增长的概念。
  f. 如果高增长国在 2015 年停止增长,则低增长国赶上高增长国的生活水平还需要多少年?
3. 确定以下保险市场所遇到问题的类型(逆向选择或道德风险),并解释之。
  a. Susan 按不吸烟者的保费率购买了医疗保险。在购买了保险之后,她又开始吸烟。
  b. Bryce 发现,他的肝脏状况会使他短寿。他想买人寿保险,以帮助支付他的孩子的大学费用。
  c. Fred 得到一份新工作,并且必须往来于芝加哥。由于担心在拥堵的路上发生车祸,他增加了他的汽车保险承保范围。
  d. 在 Lisa 为她的房子购买了火灾保险之后,她没有关上壁炉的门,就将壁炉中的火点着了。
4. Rachel 是一个极其挑剔的食客。当她选择餐馆时,她总选择在自助餐馆吃饭。在一个自助餐馆,她不必点菜单上的菜,因此,她就没有点到她不喜欢的东西的风险。Rachel 知道,自助餐馆的食物是极为普通的,而且由于她避开了高档餐馆,她就没有机会去吃一些能让她非常享受的特殊食物。但另一方面,她从来不会吃到她不愿意吃的东西。
  a. Rachel 从真正好的食物中得到的效用和吃到她不喜欢的食物中失去的效用同样多吗? 解释之。
  b. 根据 Rachel 对风险的偏好,你对她的效用函数能说出什么呢? 解释之。
  c. 自助餐馆的可获得性如何有助于 Rachel 减少她的风险? 解释之。

19.2.2 简答题

1. 假设利率是 6%。你更希望获得以下哪项:是今天的 100 美元,还是一年后的 110 美元? 为什么?
2. 假设你在你银行的储蓄账户上存入了 100 美元。如果你的账户支付 8% 的利率,并且它是每年计算复利的,一年后你的账户上有多少钱? 两年后呢? 在第二年你多赚到了多少利息? 为什么?
3. 你刚刚赢得了一笔在以后 3 年中每年年底付给你 100 000 美元的彩票。或者,彩票发放单位想在今天向你一次性支付较少的钱。如果利率是 9%,你接受一次性支付的数额最少应该是多少? 解释之。
4. 根据 70 规则,如果你的收入每年增加 5%,那么你的收入翻一番需要多长时间? 如果你在 23 岁时开始工作,年收入 4 万美元,而且每年收入增长 5%,那么在 65 岁退休时你一年将赚到多少钱?
5. 对于风险厌恶的人,他的效用函数必定有什么性质? 解释之。
6. 假设人们的汽车每 10 年出一次车祸,而且出车祸后汽车就报废了。人们可以每年汽车价值 1/10 的保险费购买保险。风险厌恶者会为他的汽车购买车祸保险吗? 为什么?

7. 保险市场往往会被哪两类问题所困扰?解释之。这又会给低风险的人带来什么问题呢?

8. 当人们购买股票时,他们面临哪两种风险?哪一种风险可以通过多元化降低,而哪一种风险不行?解释之。

9. 股票和政府债券哪一种风险更大?为什么?人们如何能用这一信息来调整他们面临的风险量?如果人们用这种方法降低风险,那么他们的收益会发生什么变动?解释之。

10. 有哪三种方法可以使人们在投资有价证券时减少其所面临的风险?

11. 什么是基本面分析?进行基本面分析的三种方法是什么?

19.3 自我测试题

19.3.1 判断正误题

_____ 1. 如果现行利率是10%,那么理性人在今天获得1 000美元和一年后获得1 000美元之间应该是无差别的。

_____ 2. 你将在10年后获得100 000美元遗产。如果现行的利率是6%,遗产的现值是55 839.48美元。

_____ 3. 70规则表明,平均来说,人们的收入大约70年翻一番。

_____ 4. 如果利息是按年复利计算,在支付10%利率的账户上存入100美元,3年后应该有30美元的利息。

_____ 5. 根据70规则,如果你的收入每年增长7%,10年后收入将翻一番。

_____ 6. 未来货币量的现值是在现行利率下为了产生未来这一货币量所需要的现在货币量。

_____ 7. 如果人们是风险厌恶者,他们从赢得1 000美元赌注中获得的效用和从输掉1 000美元赌注中损失的效用相同。

_____ 8. 如果某个人的效用函数表现出财富的边际效用递减,那么这个人是一个风险厌恶者。

_____ 9. 当那些比普通人更容易生病的人购买医疗保险时,保险市场上就出现了逆向选择问题。

_____ 10. 人们可以通过使自己的投资组合多元化来降低所谓的市场风险。

_____ 11. 投资组合从单一股票增加到10种股票的多元化与投资组合从10种股票增加到20种股票的多元化所减少的投资组合风险相同。

_____ 12. 当一个人把他的储蓄较多地用于购买股票,较少地用于购买政府债券时,他赚取的收益率高了,但他必须承担更高的风险。

_____ 13. 有效市场假说表明,由于市场是有效的,因此进行基本面分析以购买被低估的股票,然后赚取高于平均市场收益的收益是容易的。

_____ 14. 如果有效市场假说是正确的,股票价格就应该遵循随机游走。因此,购买指数基金或者在股票网页上随意勾选以购买多元化的投资组合也许是你的最佳选择。

_____ 15. 股票的价值等于未来股息支付流的现值加上股票的最终出售价格。

19.3.2 单项选择题

1. 在现行利率下,为了在未来产生某个货币量所需要的现在货币量称为_____。
   a. 复利值
   b. 终值
   c. 现值
   d. 公平值
   e. 初始值

2. 如果一个储户把 100 美元存入每年计算复利、利率为 4% 的银行账户上,那么在 5 年之后账上会有多少钱?
   a. 104.00 美元。
   b. 120.00 美元。
   c. 121.67 美元。
   d. 123.98 美元。
   e. 400.00 美元。

3. 通用电气公司有机会在今天购买一个在 4 年之后为它带来 5 000 万美元收入的新工厂。如果现行利率是 6%,要通用电气公司愿意进行这个项目,这个项目现在最多花多少钱?
   a. 34 583 902 美元。
   b. 39 604 682 美元。
   c. 43 456 838 美元。
   d. 50 000 000 美元。
   e. 53 406 002 美元。

4. 现行利率上升_____。
   a. 减少了投资未来收益的现值,并减少了投资
   b. 减少了投资未来收益的现值,并增加了投资
   c. 增加了投资未来收益的现值,并减少了投资
   d. 增加了投资未来收益的现值,并增加了投资

5. 如果开始时两个国家有同样的人均真实 GDP,并且一个国家以 2% 增长,而另一个国家以 4% 增长,那么_____。
   a. 一个国家的人均真实 GDP 总比另一个国家高 2%
   b. 由于复合增长,增长率为 4% 的国家的生活水平与增长慢的国家的差别开始加速扩大
   c. 两国的生活水平将趋于一致
   d. 下一年增长 4% 的国家的人均 GDP 将是增长 2% 的国家的 2 倍

6. 运用 70 规则,如果你的收入每年增长 10%,那么你的收入翻一番需要大约_____。
   a. 700 年
   b. 70 年
   c. 10 年
   d. 7 年
   e. 没有足够的信息回答这个问题

7. 运用 70 规则,如果你的父母在你出生时为你存了 10 000 美元,这笔存款每年赚取 3% 的利息,那么在你 70 岁退休时,账户上将有多少钱?
   a. 300 美元。
   b. 3 000 美元。
   c. 20 000 美元。
   d. 70 000 美元。
   e. 80 000 美元。

8. 如果人们是风险厌恶者,那么_____。
   a. 他们对坏事的厌恶程度大于对可比较的好事的喜欢程度
   b. 他们的效用函数表现出财富边际效用递减的特征
   c. 他们从输掉 50 美元赌注中损失的效用大于他们从赢得 50 美元赌注中获得的效用
   d. 以上各项都正确

e. 以上各项都不正确

9. 以下哪一项无助于减少人们所面临的风险?
   a. 购买保险。
   b. 把其投资组合多元化。
   c. 在其投资组合之内提高收益率。
   d. 以上所有各项都有助于减少风险。

10. 以下哪一项是道德风险的例子?
    a. Joe 在购买了火灾保险之后,开始在床上吸烟。
    b. Doug 最近身体不好,因此他购买了医疗保险。
    c. Susan 的父母由于蛀牙而掉光了牙,因此 Susan 购买了牙科保险。
    d. 以上各项都是。
    e. 以上各项都不是。

11. 企业特有风险是_____。
    a. 与整个经济相关的不确定性
    b. 与某个公司相关的不确定性
    c. 与道德风险相关的风险
    d. 与逆向选择相关的风险

12. 投资组合的多元化可以_____。
    a. 减少市场风险
    b. 减少企业特有风险
    c. 消除所有风险
    d. 提高投资组合收益的标准差

13. 与完全由股票构成的投资组合相比,由 50% 政府债券和 50% 股票构成的投资组合将有_____。
    a. 更高的收益和更高的风险
    b. 更高的收益和更低的风险
    c. 更低的收益和更低的风险
    d. 更低的收益和更高的风险

14. 为了确定公司的价值而对公司的会计报表和未来前景进行的研究称为_____。
    a. 多元化
    b. 风险管理
    c. 信息分析
    d. 基本面分析

15. 如果有效市场假说是正确的,那么_____。
    a. 股票通常会被高估
    b. 股票市场是信息有效的,因此,股票价格将遵循随机游走
    c. 基本面分析对增加一种股票的收益来说是一种有价值的工具
    d. 指数基金是糟糕的投资
    e. 以上各项都是正确的

16. 以下哪一项减少的投资组合风险最大?
    a. 把投资组合中的股票数量从 1 增加到 10。
    b. 把投资组合中的股票数量从 10 增加到 20。
    c. 把投资组合中的股票数量从 20 增加到 30。
    d. 以上各项都带来了等量的风险减少。

17. 以下哪一项会引起股票价格上升?
    a. 市场风险减少。
    b. 预期的股息增加。
    c. 利率下降。
    d. 以上各项都是。
    e. 以上各项都不是。

18. 在以下什么情况下,股票市场上会发生投机性泡沫?
    a. 股票被公正地估价。
    b. 只有当人们处于非理性时。
    c. 由于理性人认为他们以后能以更高的价格把股票卖给其他人,因此他们会购买被高估的股票。
    d. 在极其悲观期间,因为有如此多的股票被低估。

19. 当发生下列哪种情况时,股票价格就会遵循随机游走?
    a. 当人们选择股票时非理性地行事。
    b. 市场以理性方式反映了所有可以获得的信息。

c. 股票被低估。
　　d. 股票被高估。
20. 一个积极管理的共同基金的业绩难以超过指数基金是因为_____。
　　a. 指数基金通常可以进行更好的基本面分析
　　b. 股票市场往往是无效率的
　　c. 积极管理的基金更频繁地交易，并对它们所提供的专业服务收取费用
　　d. 指数基金可以购买被低估的股票
　　e. 以上各项都是

19.4　进阶思考题

你是一所优秀的私立大学商学院的学生，学费极其昂贵。在你即将毕业时，你的父母来你的宿舍看你。当他们进入房间时，他们看到你在公告栏上的股票页上随意勾选。你告诉他们，你从你同意毕业后去就职的公司得到一大笔签约费，你现在正挑选你计划投资的股票。你的父母很担心，而且，他们想收回你昂贵教育所用的钱。你的父亲说："选择股票有更好的方法。我可以给你我的私人股票分析师的电话号码，或者你至少可以买知名的、管理良好的共同基金。"

1. 你父亲根据的是什么股票评价方法？他的目的是什么？
2. 向你的父母解释有效市场假说。如果有效市场假说是正确的，你父亲挑选股票的方法能达到他的目的吗？
3. 如果有效市场假说是正确的，你随意勾选股票的做法的唯一目的是什么？解释之。
4. 如果有效市场假说是正确的，哪一种方法在长期中能带来更多收益：随意勾选股票的做法，还是积极管理的共同基金？为什么？

习　题　答　案

19.1.3　术语与定义

4	金融学	6	企业特有风险
2	现值	11	市场风险
9	终值	3	基本面分析
7	复利	8	有效市场假说
12	风险厌恶	1	信息有效
10	多元化	5	随机游走

19.2.1　应用题

1. a. 40 000 美元/1.12 = 35 714.29 美元。
   40 000 美元/$(1.12)^2$ = 31 887.76 美元。
   40 000 美元/$(1.12)^3$ = 28 471.21 美元。
   b. 不应该。成本是 100 000 美元，但收益的现值只有 96 073.26 美元。
   c. 应该。虽然成本仍然是 100 000 美元，但收益的现值是 (40 000 美元/1.07) + (40 000 美元/1.07^2) + (40 000 美元/1.07^3) = 104 972.65 美元。
   d. 投资与利率负相关——低利率刺激投资。

2. a. 70/2 = 35(年)。
   b. 8 000 美元。
   c. 70/1 = 70(年)。
   d. 4 000 美元。
   e. 在第一个 35 年中,高增长国的人均 GDP 将增加 2 000 美元。以同样速度增长,在下一个 35 年中,它的 GDP 将增加 4 000 美元,因为现在把同样的增长率用于更大的基数。
   f. 还需要 70 年。
3. a. 道德风险,因为在购买了保险之后,她对健康就不太在意了。
   b. 逆向选择,因为在他知道他死亡的概率大于平均水平之后,他更愿意买人寿保险。
   c. 逆向选择,因为在他知道他车祸的概率大于平均水平之后,他更愿意买汽车保险。
   d. 道德风险,因为在购买了保险之后,她不注意防范火灾了。
4. a. 不是。她不喜欢坏食物的程度大于她喜欢好食物的程度。
   b. Rachel 是风险厌恶者,因为她表现出财富的边际效用递减(她不喜欢花钱,即对她而言把 30 美元用于她不喜欢的食物的效用损失大于她把 30 美元用于她喜欢的食物上而获得的效用)。
   c. 她可以在自助餐馆把她的风险多元化——她在自助餐馆"没有把所有鸡蛋放在一个篮子里"。这降低了她的食物的标准差,因为她的食物总是充足的,而绝没有太差或太好。自助餐馆像一个食物的共同基金。

19.2.2 简答题

1. 你应该更希望获得一年后的 110 美元,因为一年后 110 美元的现值是 110 美元/1.06 = 103.77 美元,这大于 100 美元。
2. 一年后:100 美元 × 1.08 = 108 美元。两年后:100 美元 × 1.08^2 = 100 美元 × 1.1664 = 116.64 美元。在第二年账户上多赚了 0.64 美元是因为账户用第一年的利息赚到了利息:0.08 × 8 美元 = 0.64 美元。
3. 你应该接受的至少是未来支付流的现值:100 000 美元/1.09 + 100 000 美元/1.09^2 + 100 000 美元/1.09^3 = 91 743.12 美元 + 84 168.00 美元 + 77 218.35 美元 = 253 129.47 美元。
4. 70/5 = 14(年)。在 42 年中你的收入将翻三番,即 40 000 美元 × 2^3 = 320 000 美元。
5. 财富的边际效用递减。因此,从得到的 1 美元中增加的效用小于失去 1 美元减少的效用。
6. 会。由于财富的边际效用递减,更换汽车需要的一次性支付引起的效用减少大于支付汽车价值 1/10 的保险费用引起的效用减少。
7. 逆向选择:高风险的人比低风险的人更可能申请保险。道德风险:在人们购买保险之后,他们谨慎行事的激励就小了。结果,保险的价格对于低风险的人往往太高,以至于后者不购买保险。
8. 一是企业特有风险,即与某个公司相关的不确定性;二是市场风险,即与整个经济相关的、会影响股票市场上所有公司的不确定性。企业特有风险可以用多元化来消除,因为当一个企业状况不好时,另一个无关的企业状况良好可以减少收益的变动。市场风险不能减少,因为当整个经济状况不好时,市场投资组合的状况也不好。
9. 股票,因为政府债券收益的标准差是零,而股票收益的标准差大得多。人们可以改变他们投资于股票与没有风险的政府债券的比例。低风险资产获得低收益,因此,把有价证券组合的更大部分投入政府债券就降低了投资组合的收益。
10. 买保险,投资组合多元化,以及接受低收益的投资组合。
11. 通过分析其财务报表及未来前景来决定一个公司的价值。你可以自己分析,或者依靠华尔街分析师,或者买积极管理的共同基金。

19.3.1 判断正误题

1. 错误;一年后1 000美元的现值是 1 000美元/1.10 = 909.09美元。
2. 正确。
3. 错误;如果人们的收入按 $x\%$ 增长,他们在 $70/x$ 年后收入翻一番。
4. 错误;第一年10美元,第二年11美元,第三年12.10美元,总计33.10美元。
5. 正确。
6. 正确。
7. 错误;输掉1 000美元的负效用更大。
8. 正确。
9. 正确。
10. 错误;多元化降低了企业特有风险。
11. 错误;从单一股票到10种股票的投资组合多元化所减少的投资组合风险更多。
12. 正确。
13. 错误;如果市场是有效的,那么股票总是被公正地估价。
14. 正确。
15. 正确。

19.3.2 单项选择题

1. c 2. c 3. b 4. a 5. b 6. d 7. e 8. d 9. c 10. a
11. b 12. b 13. c 14. d 15. b 16. a 17. d 18. c 19. b 20. c

19.4 进阶思考题

1. 基本面分析,即为了确定企业的价值而对企业的会计报表和未来前景进行的详细分析。目的是选择被低估的股票——那些价格低于价值的股票。
2. 有效市场假说认为,股票市场是信息有效的,即它反映了关于所交易股票的所有可获得的信息。这就是说,市场参与者会关注影响一种股票价值的任何新闻。由于在任何既定时点,一种股票买者的数量等于卖者的数量,有同样数量的人认为股票被低估或高估,因此,股票一直被公正地估价,而且,其价格遵循随机游走。如果这是正确的,始终购买被低估的股票就是不可能的。
3. 此时你的唯一目的是把投资组合多元化,以减少企业特有风险。
4. 如果你随意勾选,能消除大部分企业特有风险(你的投资组合将与指数基金类似,追随整个市场的表现),而且,如果你购买并持有股票(你不用经常交易),那么很可能的情况是,随意勾选将使你的收益更大。这是因为共同基金的积极管理者往往会更频繁地交易,导致了更高的交易费用,而且,它们还要为所提供的专业服务收取费用,但它们并不能降低市场风险。

第 20 章
失　　业

目　标

在本章中你将

- 了解用来衡量失业的数据
- 考察寻找工作的过程是如何引起失业的
- 考察最低工资法会怎样引起失业
- 说明企业和工会之间的谈判是如何引起失业的
- 解释当企业选择支付效率工资时是如何引起失业的

效　果

在实现这些目标之后，你应该能

- 用就业者、失业者和非劳动力的人数的数据计算失业率和劳动力参工率
- 解释为什么一些与寻找工作有关的失业是不可避免的
- 用图形说明最低工资对高工资部门和低工资部门的影响
- 列出工会在某些情况下会引起失业的原因，以及在某些情况下会提高效率的原因
- 描述企业选择支付高于竞争均衡水平的工资的四个原因

20.1 本章概述

20.1.1 本章复习

如果一个国家使自己的工人得到充分就业,它所实现的 GDP 水平就高于有许多工人赋闲时的状况。在本章中,我们主要关注**自然失业率**,即经济中正常情况下存在的失业率。"自然"并不是指不变的或不受经济政策影响的,它是指其本身无法消除的失业。本章论述失业统计数字的衡量与解释,以及失业的原因和解决办法。

1. 失业的确认

美国劳工统计局(BLS)根据当前人口调查把所有受调查的成年人(16 岁及 16 岁以上)分为就业者、失业者和非劳动力。

- 就业者:作为得到报酬的员工而工作的人,在自己的企业或家族企业里工作的人(全职或兼职),或是有工作但暂时离开工作岗位的人。
- 失业者:能够工作且之前四周内努力找工作但还没有找到工作的人,或是暂时被解雇的人。
- 非劳动力:不属于以上两个类别的人(如学生、家务劳动者和退休人员)。

然后 BLS 计算以下三个统计数字:

- 劳动力 = 就业者人数 + 失业者人数
- 失业率 = (失业者人数/劳动力) × 100%
- 劳动力参工率 = (劳动力/成年人口) × 100%

劳动力包括所有有工作能力的人。**失业率**是劳动力中失业者所占的百分比。**劳动力参工率**是劳动力在成年人口中所占的百分比。人口中男性、女性、黑人、白人、青少年、成年人之间的失业率和劳动力参工率差别很大。25—50 岁的中青年女性的劳动力参工率低于男性,但女性一旦成为劳动力,她们的失业率与男性相似。中青年黑人和青少年的失业率高于白人和成年人。女性的劳动力参工率在上升,而男性的劳动力参工率在下降。

失业率围绕其波动的正常失业率是**自然失业率**。失业与自然失业率背离的现象称为**周期性失业**。在 2015 年,美国的自然失业率估计是 4.9%。本章关注自然失业率的特征和原因。

由于人们频繁地进入和退出劳动力队伍,因此失业难以衡量和解释。例如,有 1/3 以上的失业者是近期进入劳动力队伍的,而且有将近一半的失业最后是以失业者离开劳动力队伍而结束的。此外,以下原因可能使失业的衡量不准确:

- 由于一些人只是为了能得到政府补助而假装在找工作或实际上已得到"暗中"支付,因此这些失业者仍被算在劳动力之内。这种行为使失业统计数字偏高。
- 一些人寻找工作不成功,并放弃了寻找工作,因此他们未被算在劳动力之内。这些工人被称为**丧失信心的工人**。这种行为使失业统计数字偏低。

由于这些问题和其他问题,BLS 也计算其他劳动力未充分被利用的衡量指标,即 U1—U6。这些统计数字力图衡量长期失业、临时工作、丧失信心的工人、兼职工人以及边际参与工人对劳动市场的影响。

了解失业持续的时间会有助于我们制定正确的失业政策。有证据表明,大多数失业是短期的,而在任何一个既定时间段所观察到的大多数失业又是长期的。这意味着,许多人的失业是短期的,但少数人的失业是相当长期的。经济学家认为,短期失业所引起的社会问题要比长期失业小得多。

在大多数市场上,价格会自发调节,使供求达到平衡。在理想的劳动市场上,工资应该调整到没有失业存在的水平。但是,即使在经济运行良好时,失业率也绝不会下降到零。接下来的几个小节分析了劳动市场不是理想市场的四个原因。失业的第一个来源是寻找工作。**摩擦性失业**是因工人寻找一份最适合自己爱好和能力的工作需要时间而引起的失业。其余三种失业来源都属于结构性失业的范畴。**结构性失业**是因某些劳动市场上可提供的工作岗位数量不足以使每个想找工作的人都得到工作而引起的失业。结构性失业的产生是因为工资高于均衡水平。工资过高的三个可能原因是最低工资法、工会和效率工资。摩擦性失业可以解释较短期的失业,而结构性失业可以解释较长期的失业。

2. 寻找工作

寻找工作是使工人与工作岗位相匹配的过程。正因为工人的技能和爱好不同,他们的工作性质也不相同。而且,工作信息的扩散也很缓慢。因此,工作候选人和工作岗位的匹配需要时间。摩擦性失业是由这种寻找工作的时间引起的。

在一个动态经济中,摩擦性失业是不可避免的。随着对产品的需求发生变动,一些行业和地区出现增长,而另一些行业和地区出现收缩。这种行业或地区之间的需求构成变动称为**部门转移**。当工人在收缩部门失去工作并在增长部门找工作时,部门转移就引起了暂时的摩擦性失业。

可以通过互联网提供更多的工作机会信息来减少摩擦性失业。政府也可以通过从事缩短工作寻找时间的活动来减少摩擦性失业。这类政府计划有两种:① 政府管理的就业机构帮助工人与工作岗位相匹配;② 通过工人培训计划重新培训收缩部门解雇的工人。批评者认为,政府并不适于做这些事,在岗位匹配与重新培训的事情上,市场做得更有效。

失业保险是在某一时期向被解雇工人支付他们原来的薪水的一部分。失业保险增加了摩擦性失业,因为失业工人更可能:① 降低用于找工作的努力程度;② 拒绝没有吸引力的工作;③ 不太担心工作保障。这并不意味着失业保险不好。失业保险为工人提供了失去工作期间的部分保障,而且通过允许工人用更长时间寻找最匹配的工作提高了劳动市场的效率。

3. 最低工资法

当工作岗位数量小于工人数量时,结构性失业就产生了。最低工资法是结构性失业的一个原因。回忆一下,最低工资法使工资高于均衡水平,这就引起劳动供给量大于劳动需求量,从而存在劳动力过剩或失业。由于大多数工人的均衡工资高于最低工资,因此最低工资法往往只会引起青少年这类最无技能又最无经验的工人失业。领取最低工资的工人大都是很年轻且没有工作经验的兼职者,他们往往供职于餐饮业,小费增补他们的工资。

虽然总失业中只有一小部分是由最低工资引起的,但对最低工资的分析指出了一般规律:如果工资高于均衡水平,就会导致失业。接下来的两个小节提出了工资高于均衡水平的另外两个原因,即结构性失业的另外两个原因。

要注意的是,在存在摩擦性失业时,即使工资处于竞争的均衡水平,工人也仍然在寻找适当的工作。与此相比,结构性失业的存在是因为工资高于竞争的均衡水平,工人在等待工作岗位的开放。

4. 工会和集体谈判

工会是一个与雇主就工资、津贴和工作条件进行**集体谈判**的工人协会。工会是一种卡特尔,因为它是一个运用市场势力的有组织的卖者群体。如果工会和企业没有达成协议,工会可以**罢工**——把其劳动服务从企业撤出。由于罢工的威胁,工会工人的收入比非工会工人高10%—20%。受教育少的工人从工会会员身份中得到的好处大于受教育多的工人。

工会以**局外人**(非会员)的损失为代价而使**局内人**(会员)受益。当工会使工资提高到均衡水平以上时,就会导致失业。局内人赚到高工资,而局外人要么失业,要么必须到无工会的企业工作。这就增加了无工会部门的劳动供给,并进一步降低了非工会工人的工资。

一方面,大多数卡特尔都是违法的,但工会不受反托拉斯法的限制。实际上,像1935年的《瓦格纳法案》这类立法促进了工会的建立。而另一方面,各州的**工作权利法**规定,要求只能雇用工会会员的做法是非法的,从而限制了工会成员的增加。

对于工会对经济是好还是坏的看法并不一致。批评者认为,工会是把劳动力价格提高到竞争均衡价格之上的卡特尔。这是无效率的(引起失业)和不平等的(局内人以局外人的损失为代价获益)。工会的支持者认为企业拥有市场势力并能压低工资,因此,工会只是一股抗衡企业的力量。在一个企业雇用该地区大部分工人的公司城,这很可能是正确的。支持者还认为,工会是有效率的,因为企业不必就薪水和福利与个别工人谈判。这就是说,工会可以减少交易费用。

5. 效率工资理论

效率工资理论提出,企业可能会有目的地使工资高于竞争均衡的水平,因为这样做对企业是有效率的。**效率工资**类似于最低工资法和工会,因为在这三种情况下失业都是因工资高于均衡水平而引起的。但是,效率工资与另外两者的不同之处在于它是企业自愿支付的。接下来,我们分析了企业发现支付高于竞争均衡水平的工资有效率的四个原因:

- 工人的健康会由于企业支付高工资而改善。工资高的工人吃得更好,并且生产率更高。这更适用于发展中国家的企业,也许不适用于美国的企业。
- 工人的流动率会由于企业支付高工资而下降,因为工人发现要找到另一份高工资的工作是困难的。企业也会发现工人的流动率下降是有利可图的,因为存在与雇用和培训新工人相关的成本,而且也因为新工人缺乏经验。
- 工人的素质会由于企业支付高工资而提高。企业无法完全了解求职者的素质。通过支付高于竞争均衡水平的工资,企业的空缺岗位能吸引到高素质求职者的概率更高。
- 工人的努力程度会由于企业支付高工资而提高。当一个工人的努力程度不易被监测时,工人会逃避自己的责任。如果被抓住并被解雇,赚到竞争均衡水平工资的工人可以很容易地找到另一份有同样工资的工作。而高工资使工人更热衷于努力工作以保住自己的工作。

20.1.2 有益的提示

(1) 即使在竞争均衡水平的工资下,寻找工作也需要时间。最低工资法、工会和效率工资都会通过使工资高于竞争均衡水平而引起劳动供给过剩(失业)。但是,即使在竞争均衡水平的工资下,摩擦性失业也存在,因为无论工资如何,使工人与企业相匹配必定需要时间。由于这个原因,通常认为由于工资高于均衡水平而引起的结构性失业是在固有的摩擦性失业之上增加的失业。

（2）自然失业率是长期存在的，并不是不变的。最低工资法、工会、效率工资的变动，以及由于信息革命引起的寻找工作过程的变动，都会影响自然失业率。因此，自然失业率将随政府政策、制度和行为的变动而变动。但是，由于政策、制度和行为的变动缓慢，因此，自然失业率的变动也是缓慢的。

20.1.3 术语与定义

为每个关键术语选择一个定义。

关键术语	定义
＿＿＿ 劳动力	1. 由于求职不成功而放弃找工作的工人。
＿＿＿ 失业率	2. 失业率与自然失业率的背离。
＿＿＿ 劳动力参工率	3. 企业为了提高工人的生产率而自愿支付的高于竞争均衡水平的工资。
＿＿＿ 自然失业率	4. 行业或地区之间需求构成的变动。
＿＿＿ 周期性失业	5. 工人依照自己的爱好与技能找到合适工作的过程。
＿＿＿ 丧失信心的工人	6. 因工人寻找最适于自己爱好与技能的工作需要时间而引起的失业。
＿＿＿ 摩擦性失业	7. 失业率围绕其波动的正常失业率。
＿＿＿ 结构性失业	8. 劳动力占成年人口的百分比。
＿＿＿ 寻找工作	9. 禁止把加入工会作为就业条件的法律规定。
＿＿＿ 部门转移	10. 工会有组织地从企业中撤出劳动服务。
＿＿＿ 失业保险	11. 与雇主就工资、津贴和工作条件进行谈判的工人组织。
＿＿＿ 工会	12. 在工会会员岗位就业的人。
＿＿＿ 集体谈判	13. 支付给被解雇工人原来薪水一部分的政府计划。
＿＿＿ 罢工	14. 工人总数，即失业者人数与就业者人数之和。
＿＿＿ 局内人	15. 因某些劳动市场上可提供的工作岗位数量不足以使每个想工作的人得到一份工作而引起的失业。
＿＿＿ 局外人	16. 劳动力中失业者所占的百分比。
＿＿＿ 工作权利法	17. 工会和企业就劳动合同达成一致的过程。
＿＿＿ 效率工资	18. 在非工会会员岗位就业的人。

20.2 应用题与简答题

20.2.1 应用题

1. 用以下就业国的信息回答问题。人口单位是百万。

	2015年	2016年
人口	223.6	226.5
成年人	168.2	169.5
失业者	7.4	8.1
就业者	105.2	104.2

  a. 2015年和2016年的劳动力是多少？
  b. 2015年和2016年的劳动力参工率是多少？
  c. 2015年和2016年的失业率是多少？
  d. 从2015年到2016年，成年人口增加了，而劳动力减少了。解释为什么会出现这种情况。
  e. 如果就业国的自然失业率是6.6%，2015年和2016年的周期性失业率是多少？就业国这两年中的某一年经历了衰退吗？
2. 假设劳动市场被分割为两个不同的市场：低技能工人市场和高技能工人市场。再假设低技能工人市场的竞争均衡工资是每小时7美元，而高技能工人市场的竞争均衡工资是每小时20美元。
  a. 如果最低工资定为每小时10美元，哪一个市场的失业量较大？用图20-1说明。

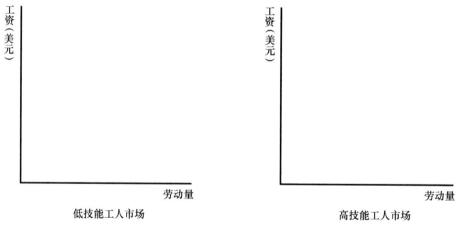

图 20-1

  b. 最低工资对高技能工人市场有影响吗？为什么？
  c. 你的结论与劳动市场统计数字一致吗？解释之。
  d. 假设高技能工人市场中成立了工会，而且新的协议工资是每小时25美元。这对低技能工人市场有影响吗？解释之。
3. 回答下列关于失业构成的问题。
  a. 失业的主要原因是什么？
  b. 哪一种类型的失业是企业引起的？
  c. 为什么企业会支付高于竞争均衡水平的工资？
  d. 在美国，哪一种类型的效率工资是不可能的？为什么？
  e. 摩擦性失业与其他原因造成的失业有什么不同吗？

20.2.2 简答题

1. 说出失业率不是衡量失业状况的完美指标的两个原因。
2. 解释这句话:"大多数失业是短期的,而在任何一个既定时间段所观察到的大多数失业又是长期的。"
3. 工会在哪个地方更可能提高效率而不是降低效率:是只有一个大雇主的边远小镇,还是有许多雇主的大城市?为什么?
4. 请说出工会扩大会员与非会员之间工资差别的两种方法。
5. 哪种替代性的失业衡量方法试图将丧失信心的工人的影响纳入失业统计数字?解释之。它是高于还是低于官方失业率?解释原因。
6. 最低工资在会计师市场上引起的失业多吗?为什么?
7. 即使工资处于竞争的均衡水平,哪一种类型的失业仍会出现?为什么?
8. 失业保险如何增加了摩擦性失业?
9. 政府如何可能帮助减少摩擦性失业?
10. 以下哪一种人最可能成为长期失业者:是当汽车普及时失去工作的马鞭制造者,还是当镇上新咖啡馆开业时被解雇的侍者?为什么?

20.3 自我测试题

20.3.1 判断正误题

1. 自然失业率是指即使长期来看也不会自行消失的失业率。
2. 如果失业率下降,我们就可以肯定,更多的工人有了工作。
3. 在第二次世界大战后的美国,女性的劳动力参工率上升,而男性的劳动力参工率下降。
4. 男性、女性、黑人、白人、青少年、成年人、老人等不同群体的失业率几乎都是相同的。
5. 最低工资对熟练工人市场的影响可能大于对非熟练工人市场的影响。
6. 工会的存在往往会提高局内人的工资,并降低局外人的工资。
7. 工会是一个劳动卡特尔。
8. 工会的拥护者认为,在某些情况下,工会可能会提高效率,因为工会降低了劳动者与管理者之间谈判的费用。
9. 效率工资与最低工资相似,因为它们都是以立法的形式要求企业支付的。
10. 支付效率工资往往会提高工人流动率,因为如果工人"跳槽",他们可以一直得到更高的工资。
11. 企业会自愿地支付高于使工人供求平衡的水平的工资,因为高工资提高了求职者的平均素质。
12. 如果工资总是处于竞争的均衡水平,就绝对不会有失业。
13. 由于"丧失信心的工人"的存在,官方失业率会高估真正的失业水平。
14. 失业保险的存在往往会降低失业率,因为失业补助的领取者不属于劳动力。

_____ 15. 无论什么原因,只要工资高于竞争的均衡水平,结果就是失业增加。

20.3.2 单项选择题

1. 经济中正常存在的失业量称为_____。
   a. 效率工资失业
   b. 摩擦性失业
   c. 周期性失业
   d. 自然失业率

2. 根据美国劳工统计局的规定,选择留在家中并照料家人的丈夫是_____。
   a. 失业者
   b. 就业者
   c. 非劳动力
   d. 丧失信心的工人

用下表回答第 3—5 题。

	人数(百万)
总人口	195.4
成年人口	139.7
失业者	5.7
就业者	92.3

3. 劳动力是_____百万人。
   a. 92.3
   b. 98.0
   c. 134.0
   d. 139.7
   e. 以上各项都不是

4. 失业率等于_____。
   a. 3.2%
   b. 5.7%
   c. 5.8%
   d. 6.2%
   e. 没有回答这个问题的充分信息

5. 劳动力参工率等于_____。
   a. 47.1%
   b. 50.2%
   c. 65.9%
   d. 70.2%
   e. 以上各项都不是

6. 一位有注册会计师(CPA)证书的会计师在相当长的时间里找不到工作,以至于她不再找工作,她被认为是_____。
   a. 就业者
   b. 失业者
   c. 非劳动力
   d. 非成年人口

7. 以下哪一项表述是正确的?
   a. 中青年女性的失业率往往与男性相似。
   b. 男性的劳动力参工率在上升。
   c. 黑人的失业率低于白人。
   d. 大多数失业是长期的,但在任何一个既定时间段内观察到的大多数失业是短期的。
   e. 以上各项都正确。

8. 最低工资法往往_____。
   a. 在高技能工作市场上引起的失业高于低技能工作市场
   b. 在低技能工作市场上引起的失业高于高技能工作市场
   c. 只要它设定的最低工资高于竞争的均衡工资,就对失业没有影响
   d. 帮助了所有青少年,因为他们得到的工资高于没有最低工资时的工资

9. 工资高于竞争的均衡水平引起以下哪一种类型的失业?
   a. 结构性失业。
   b. 周期性失业。
   c. 摩擦性失业。
   d. 部门性失业。
   e. 以上各项都不是。

10. 如果由于任何一种原因,工资高于竞争的均衡水平,那么_____。
    a. 工会很可能罢工,而且工资下降到均衡水平
    b. 求职者的素质会下降

c. 劳动的供给量将大于劳动的需求量,并存在失业
d. 劳动的需求量将大于劳动的供给量,并存在劳动短缺

11. 以下哪一项不是领取最低工资工人的特征之一?他们大都_____。
    a. 年轻
    b. 受教育不多
    c. 是全职工作者
    d. 从事餐饮业

12. 以下哪一项政府政策不能降低失业率?
    a. 减少失业补助。
    b. 建立就业服务机构。
    c. 制订工人培训计划。
    d. 提高最低工资。
    e. 设立工作权利法。

13. 部门转移会提高哪一种类型的失业?
    a. 摩擦性失业。
    b. 结构性失业。
    c. 由于工会引起的失业。
    d. 由于效率工资引起的失业。

14. 以下哪一种情况是企业支付效率工资的原因?
    a. 在均衡工资时,工人往往离职去找更好的工作。
    b. 在均衡工资时,当老板看不见时工人就睡觉,因为工人并不十分担心被解雇。
    c. 在均衡工资时,只有素质最低的工人才会求职。
    d. 在均衡工资时,工人买不起健康的饮食,因此,在工作时由于精力不足而睡觉。
    e. 以上各项都是。

15. 一些摩擦性失业是不可避免的,因为_____。
    a. 效率工资使工资高于均衡水平
    b. 最低工资法

    c. 不同企业之间劳动需求的变动
    d. 工会
    e. 以上各项都是

16. 在以下哪一种情况下工会可以提高效率?
    a. 它们把局内人的工资提高到竞争的均衡水平之上。
    b. 削弱了公司城里的大企业的市场势力。
    c. 减少了本地局外人的工资。
    d. 用罢工威胁,但并没有实施罢工,因此,没有减少工作时长。

17. 以下哪一项关于效率工资理论的表述是正确的?
    a. 企业并不能选择它们是否支付效率工资,因为这些工资是由法律决定的。
    b. 支付尽可能低的工资总是最有效率的(有利可图的)。
    c. 支付高于竞争均衡水平的工资会使工人不负责任。
    d. 支付高于竞争均衡水平的工资会改善工人的健康状况,降低工人流动率,提高工人的素质,并提高工人的努力程度。

18. 工会会如何扩大局内人与局外人工资的差别?
    a. 提高有工会部门的工资,这会引起非工会部门的工人供给增加。
    b. 提高有工会部门的工资,这会引起非工会部门的工人供给减少。
    c. 减少工会部门的工人需求。
    d. 增加工会部门的工人需求。

19. 即使工资处于竞争均衡水平,也将存在以下哪一种类型的失业?
    a. 由最低工资法引起的失业。
    b. 由工会引起的失业。
    c. 由效率工资引起的失业。
    d. 摩擦性失业。

20. 如果失业保险非常慷慨,以至于它

支付给被解雇工人正常工资的95%,那么_____。
a. 官方失业率也许会低估真实的失业水平
b. 官方失业率也许会高估真实的失业水平
c. 对官方失业率没有影响
d. 摩擦性失业会下降
e. 以上各项都不对

20.4 进阶思考题

你正与室友看美国新闻。新闻主持人说:"劳工部今天公布的失业统计数字表明,失业率从6.1%上升到6.2%。这是失业率持续增加的第三个月。"你的室友说:"每个月有工作的人越来越少了。我不知道像这样的情况在美国还会持续多久。"

1. 从失业率统计数字中可以得出你室友的结论吗?为什么?
2. 你需要什么信息来确定有工作的人是不是真的越来越少了呢?

习 题 答 案

20.1.3 术语与定义

14 劳动力	4 部门转移
16 失业率	13 失业保险
8 劳动力参工率	11 工会
7 自然失业率	17 集体谈判
2 周期性失业	10 罢工
1 丧失信心的工人	12 局内人
6 摩擦性失业	18 局外人
15 结构性失业	9 工作权利法
5 寻找工作	3 效率工资

20.2.1 应用题

1. a. 2015年:$7.4+105.2=112.6$(百万)　　2016年:$8.1+104.2=112.3$(百万)
   b. 2015年:$(112.6/168.2)\times 100\% = 66.9\%$　　2016年:$(112.3/169.5)\times 100\% = 66.3\%$
   c. 2015年:$(7.4/112.6)\times 100\% = 6.6\%$　　2016年:$(8.1/112.3)\times 100\% = 7.2\%$
   d. 提前退休;学生学习时间更长;留在家里照料孩子的父母更多;丧失信心的工人不再找工作。
   e. 2015年:$6.6\% - 6.6\% = 0$　　2016年:$7.2\% - 6.6\% = 0.6\%$
   在2015年,就业国的失业是"正常的",因此没有衰退。但是在2016年,失业高于正常水平(周期性失业为正),因此,就业国可能处于衰退之中。

2. a. 低技能工人市场将有失业,因为存在超额劳动供给(参看图20-2)。
   b. 没有。因为竞争的均衡工资高于最低工资。
   c. 一致。我们通常观察到那些年轻且无经验的低技能工人失业量较多。

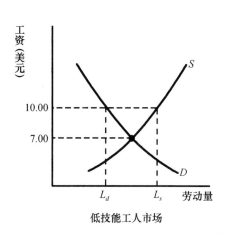
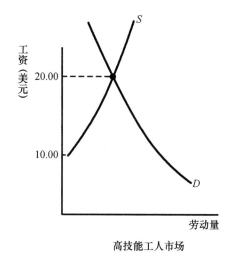

图 20-2

  d. 有。熟练工人供给过剩会使一些熟练工人流动到非熟练工人市场,这增加了非熟练工人市场的劳动供给,进一步降低了竞争的均衡工资,甚至还会引起该市场上的失业增加。

3. a. 寻找工作,最低工资,工会,效率工资。
 b. 效率工资引起的失业。
 c. 为了改善工人健康状况,降低工人流动率,提高工人的素质,以及提高工人的努力程度。
 d. 为了改善工人健康状况的效率工资,因为美国工人的工资远远高于只能糊口的水平。
 e. 摩擦性失业即使在工资处于竞争的均衡水平的情况下也存在。

20.2.2 简答题

1. 一些人声称要找工作只是为了得到失业补助,或者已经"暗中"得到支付。另一些人是丧失信心的工人,由于求职不成功而不再找工作。
2. 许多人的失业是短期的。少数人的失业是相当长期的。
3. 在一个边远小镇中,如果只有一个有市场势力的公司,它可以把工资压到竞争的均衡水平之下。这可能需要有组织的工会来与之抗衡。
4. 工会使有工会的部门的工资提高到竞争的均衡水平之上。有工会的部门的一些失业者流动到非工会部门,这增加了劳动供给,并降低了非工会部门的工资。
5. U4。它是总失业人数与丧失信心的工人数之和占国内劳动力与丧失信心的工人数之和的百分比。它略高于官方失业率,因为它包括一些放弃寻找工作并已不属于劳动力的无工作人口。
6. 不多,因为会计师的竞争均衡工资高于最低工资,从而最低工资对会计师没有约束性限制。
7. 摩擦性失业,因为即使工资处于竞争的均衡水平,工作匹配也需要时间。此外,不停的部门转移与新进入劳动市场者也使一些摩擦性失业不可避免。
8. 失业工人用于找工作的努力小了,放弃无吸引力的工作,并且不太担心工作保障。
9. 通过建立就业服务机构,以及实行工人培训计划(对收缩部门的解雇工人进行再培训)。
10. 马鞭制造者。他必须接受再培训,因为马鞭制造业的收缩是持久的;而侍者只是需要重新找工作,也许只是到另一条街上的咖啡馆工作。

20.3.1 判断正误题

1. 正确。
2. 错误;当失业工人离开劳动力队伍时,失业率也会下降。
3. 正确。
4. 错误;各种人口群体的失业率不同。
5. 错误;最低工资对低工资工人的影响更大。
6. 正确。
7. 正确。
8. 正确。
9. 错误;效率工资由企业自愿支付。
10. 错误;效率工资降低了工人的流动率。
11. 正确。
12. 错误;仍然存在摩擦性失业。
13. 错误;官方失业率会低估真正的失业水平。
14. 错误;失业保险提高了失业率,因为它增加了摩擦性失业。
15. 正确。

20.3.2 单项选择题

1. d   2. c   3. b   4. c   5. d   6. c   7. a   8. b   9. a   10. c
11. c   12. d   13. a   14. e   15. c   16. b   17. d   18. a   19. d   20. b

20.4 进阶思考题

1. 不能。失业率是失业人数占劳动力的百分比。如果劳动力增加(新毕业生、家庭主妇与家庭主夫进入劳动力队伍),而且劳动力中的新成员很少有人找到工作,那么失业率就会上升,但就业人数仍然不变或者增加。
2. 就业者是劳动力的一部分,你可以直接得到有关就业者人数的信息。

第 8 篇　长期中的货币与物价

第21章
货币制度

目　标

在本章中你将
- 考虑什么是货币以及货币在经济中的各种职能
- 了解什么是联邦储备体系
- 考察银行体系如何有助于决定货币供给
- 理解联邦储备体系是用什么工具来改变货币供给的

效　果

在实现这些目标之后,你应该能
- 定义货币并列出货币的三种职能
- 解释美联储在货币创造中的作用
- 解释部分准备金银行制下的货币创造
- 列出并解释美联储用于改变货币供给的工具

21.1 本章概述

21.1.1 本章复习

如果没有货币这种东西,人们就不得不依赖物物交换。当人们用一些物品与服务直接交换另一些物品与服务时就是物物交换。物物交换要求存在欲望的双向一致性。为了进行交易,每个交易者都必须有另一方想要的东西——这是一件不可能的事情。货币的存在方便了生产与交易,使人们可以专门从事自己最擅长的事,并提高了生活水平。

1. 货币的含义

货币是人们通常用于购买物品与服务的一组资产。这就是说,货币是某个人可以用于直接支出或交换物品与服务的那部分财富。

货币的三种职能是:

- 货币可以作为**交换媒介**,因为货币是买者向卖者购买物品与服务时最为广泛接受的资产。
- 货币可以作为**计价单位**,因为货币是人们用来表示价格和记录债务的标准。
- 货币可以作为**价值储藏手段**,因为人们可以用货币把现在的购买力转变为未来的购买力。其他类型的财富——股票、债券、稀有的艺术品——可能是更好的价值储藏手段,但它们的流动性不如货币好。**流动性**是把一种资产转换为交换媒介的容易程度。货币是流动的,但当物价上升时货币会贬值。稀有艺术品的价值往往随通货膨胀而上升,但它的流动性小得多。

货币可以分为两种基本类型——商品货币和法定货币。

- **商品货币**是具有内在价值的货币。这就是说,它具有独立于货币用途的价值。黄金、白银以及战俘营中的香烟都是商品货币的例子。当一个国家把黄金作为货币时,它就是实行金本位制。
- **法定货币**是没有内在价值的货币。它是由政府法定或规定的货币。纸币是法定货币的一个例子。

当我们衡量货币量(有时称为货币存量)时,我们应该明确地包括**通货**(公众手中持有的纸币和铸币)以及**活期存款**(可以用支票随时提取的银行账户余额),因为这些资产是交换媒介。但是,储蓄余额可以很容易地转变为支票;其他较受限制的支票账户,比如货币市场共同基金,提供了某种程度的可支出性。在一个具有复杂金融体系的经济中,区分作为货币的资产和不作为货币的资产是困难的。由于这一原因,在美国有两种货币存量衡量指标,如下所示:

- M1:通货、活期存款、旅行支票和其他支票存款。
- M2:M1、储蓄存款、小额定期存款、货币市场共同基金和几种次重要的项目。

就本书的目的而言,我们把通货和可支出的存款看作美国的货币。

信用卡不计入货币存量之中,因为它并不是一种支付方式,只是一种延期支付方式。借记卡类似于电子支票,因为货币可以从买者账户上直接转移到卖者账户上。因此,这一价值已经包含在账户余额中了。

与美国的人口规模相比,流通中的通货量非常大。其中很大一部分通货很可能在海外流通或由犯罪集团使用。

2. 联邦储备体系

联邦储备局(美联储)是美国的中央银行。**中央银行**是为监管银行体系和调节经济中的货币量而设计的机构。

美联储是在1913年创立的,起因于1907年一系列的银行倒闭。美联储由其理事会管理,理事会由7位由总统任命并经参议院确认的理事组成。理事会理事任期14年,以使他们免受政治压力的影响。理事会7位理事中的1位由总统任命为主席,任期4年。美联储由华盛顿特区的联邦储备理事会和12家地区联邦储备银行组成。

美联储有两项主要工作：

- 监管银行并确保银行体系的健康运行。美联储监测每一家银行的财务状况并帮助结算支票。在危机中,当银行发现自己现金短缺时,美联储可以充当银行的最后贷款者。
- 控制经济中的货币量(称为**货币供给**)。美联储关于货币供给的决策称为**货币政策**。

美联储的货币政策部门是联邦公开市场委员会(FOMC)。在FOMC中有12位有投票权的成员——7位理事会理事加12个地区银行总裁中的5位。投票权由12个地区银行轮流享有。FOMC大约每6周开一次会,讨论经济状况并就货币政策的变动投票表决。

美联储主要通过公开市场操作改变货币供给。**公开市场操作**是指美联储在公开的债券市场上买卖政府债券(联邦公开市场委员会因此而得名)。

- 为了增加货币供给,美联储创造美元并用它们购买政府债券。在交易之后,公众手中的美元就增加了,因而货币供给增加了。
- 为了减少货币供给,美联储向公众出售政府债券。在交易之后,公众手中的美元减少了,因而货币供给也减少了。

改变货币供给在长期中会改变通货膨胀,在短期中会改变就业和产出。

3. 银行与货币供给

回想一下,公众可以以通货或活期存款形式持有自己的货币。由于这些存款存放在银行,所以银行的行为就影响货币供给。这使美联储控制货币供给的任务复杂化。

我们可以通过以下三种情况说明银行对货币供给的影响：

- 假设没有银行。这时通货就是唯一的货币。如果有1 000美元通货,就有1 000美元货币。
- 假设存在百分之百准备金银行制。银行得到但没有贷出去的存款称为**准备金**。在百分之百准备金银行制下,银行是储藏货币的安全地方,但银行不是贷款者。如果公众把其全部1 000美元通货存入银行1中,记录银行1资产和负债变动的T型账户就如下所示：

银行1

资产	负债
准备金　1 000美元	存款　1 000美元

银行1有1 000美元负债,因为它要偿还储户的1 000美元存款。它有1 000美元资产,因为它在金库中有1 000美元现金准备金。由于公众持有的通货减少了1 000美元,而公众持有的存款增加了1 000美元,因此货币供给并不受影响。如果银行以准备金形式持有所有存款,银行对货币供给就没有影响。

- 假设存在**部分准备金银行制**。由于在任何既定的一天中只有少数人要求提取他们的存款,因此,银行 1 不需要把 1 000 美元存款都作为现金准备金持有。它可以把 1 000 美元中的一部分贷出去,只把剩下的作为准备金。这称为**部分准备金银行制**。作为准备金持有的存款比率称为**准备金率**。美联储设定最低准备金率,称为法定准备金率。假设银行 1 的法定准备金率为 10%,这就意味着它需要把存款的 10% 作为准备金,并可以把其他存款贷出去。它的 T 型账户变为:

银行 1

资产		负债	
准备金	100 美元	存款	1 000 美元
贷款	900 美元		

银行 1 创造出了货币,因为它仍然持有 1 000 美元存款,但现在一个债务人持有 900 美元通货。当银行只把一部分存款作为准备金时,银行就创造了货币。

这个故事并不完整。假设持有 900 美元的债务人支出这笔钱,而得到这 900 美元的人把它存入银行 2。如果银行 2 的准备金率也为 10%,它的 T 型账户就变成:

银行 2

资产		负债	
准备金	90 美元	存款	900 美元
贷款	810 美元		

银行 2 通过它的贷款活动又创造出了 810 美元。每一次货币存入银行且银行把其中一部分贷出去时,银行就创造了更多的货币。

如果这个过程永远持续下去,银行体系由原来的 1 000 美元创造的货币总量就是 1 000 美元 + 900 美元 + 810 美元 + 729 美元 + … = 10 000 美元(在这个例子中,每次贷款金额都是前一次贷款金额的 90%)。

银行体系用 1 美元准备金所创造的货币量称为**货币乘数**。货币乘数是准备金率的倒数。如果 R 是准备金率,那么货币乘数就是 $1/R$。在以上描述的例子中,货币乘数是 $1/0.10$,即 10。因此,从原来 1 000 美元存款中创造出的 1 000 美元新准备金就可以创造总计 10 000 美元的存款。准备金率越低,同样准备金量时的贷款量越高,从而货币乘数越大;准备金率越高,货币乘数越小。

部分准备金银行制并没有创造出净财富,因为当一个银行贷出准备金时,它创造了货币(某人的资产),但它也创造了等值的债务合同(某人的负债)。

更为详细的银行资产负债表可以显示,银行不仅可以通过吸收存款来获取金融资源,还可以通过发行股票(即**银行资本**)以及负债来获取金融资源。银行股东的股本价值或银行资本,等于银行资产减去银行负债。银行通常会运用**杠杆**,即出于投资目的把借来的钱用于弥补现有资金的不足。**杠杆率**等于银行总资产和银行资本之比,杠杆会放大银行资产变化对银行资本的影响。因此,银行资产增加一个很小的比率就会引起银行资本很大比率的增加;反之,银行资产下降一个很小的比率也会引起银行资本很大比率的下降。一旦银行资产低于负债,则银行将面临破产。为了避免这一点,监管者对银行实施了**资本需要量**的限制。2008 年和 2009 年,抵押贷款损失使银行资本出现短缺,银行不得不减少贷款数量,这导致了经济活动的严重萎缩。

4. 美联储控制货币的工具

美联储通过影响存款准备金的数量和存款准备金率来间接控制货币供给量。回想一下,存款准备金率会影响货币乘数。

美联储通过公开市场操作和直接向银行发放贷款来影响存款准备金的数量。

- **公开市场操作**:回想一下,当美联储向公众购买政府债券时,它用美元支付这种购买就增加了流通中的美元。作为通货被持有的每 1 美元都增加了 1 美元的货币供给。存入银行的每 1 美元都增加了银行准备金,从而按某个乘数增加了货币供给。当美联储出售政府有价证券时,就减少了流通中的美元并减少了银行的准备金。这就减少了贷款,并进一步减少了货币供给。公开市场操作很容易用于实现或大或小的货币供给量调整。因此,它是美联储的日常工具。

- **美联储向银行发放贷款**:当美联储把存款准备金借给银行时,银行系统可以贷出更多款进而创造更多的货币。一般来说,美联储通过改变贴现率进而影响它在贴现窗口的贷款。**贴现率**是指美联储在向银行发放贷款时收取的利率。当美联储提高贴现率时,银行会减少向美联储借准备金,货币供给减少;当美联储降低贴现率时,银行会向美联储借更多的准备金,货币供给增加。从 2007 年到 2010 年,美联储通过短期拍卖工具贷款,美联储设定可贷款的额度,银行通过贷款竞标确定利率。短期拍卖工具增加了准备金量和货币供给,也使需要金融支持的银行在金融危机时可以得到资金。

美联储通过法定准备金和支付准备金利息来影响准备金率。

- **法定准备金**:**法定准备金**规定了银行的最低准备金率。法定准备金增加降低了货币乘数,并减少了货币供给;法定准备金减少提高了货币乘数,并增加了货币供给。美联储很少改变法定准备金,因为法定准备金变动会干扰银行的业务活动。例如,法定准备金增加立即限制了银行贷款。另外,当银行持有超额准备金时,这种方法可能是无效的。

- **支付准备金利息**:当美联储提高银行在美联储的存款准备金利率时,银行持有了更多的准备金,这将提高存款准备金率,降低货币乘数,并减少货币供给。

美联储对货币供给的控制并不精确,这是因为:

- 美联储无法控制人们选择是把货币作为存款持有还是作为通货持有。当公众把他们更多的通货存入银行时,银行准备金增加,从而货币供给增加。

- 美联储无法控制银行贷出的准备金量。法定准备金规定了最低准备金率,但银行可以持有超额准备金——超出法定准备金的准备金。如果银行增加了它们的超额准备金,贷款就会减少,从而货币供给减少。

在存在存款保险之前,如果储户担心银行用他们的存款发放了不可靠的贷款,并且银行可能会破产,他们就会"挤"到银行去提取他们的存款,这被称为"银行挤兑"。在部分准备金制度下,只有少数储户可以立即收回他们的货币。这种行为由于以下两个原因而引起货币供给减少:第一,人们通过提取银行存款增加了自己的通货持有量,这减少了准备金、银行贷款以及货币供给。第二,银行担心储户提取存款而持有超额准备金,这进一步减少了贷款和货币供给。由于有了联邦存款保险公司(FDIC),这不再是一个问题。此外,美联储每周收集准备金和存款的数据,从而可以发现储户和银行行为的变化。

联邦基金利率是银行间相互提供短期贷款时所收取的利率。当美联储想要降低联邦基金利率时,它就会在公开市场操作中买入政府债券,从而提供更多的银行准备金,货币供给随之增加。当美联储提高联邦基金利率时,货币供给减少。

21.1.2 有益的提示

(1) 法定货币由于人为的稀缺性而维持其价值。黄金有价值既是因为人们由于其内在价值而想要它,也是因为它本来就是稀缺的(炼金术从未能创造出黄金)。但是,法定货币可以廉价且轻而易举地生产出来。因此,法定货币只能由生产者的自我限制来维持其价值。如果说美元是一种高质量的价值储藏手段,那是因为美元难以伪造,以及美联储对美元生产的自我限制。

(2) 只能把非银行公众手中的美元纸币作为"通货"。当经济学家用"通货"这个词时,是指"非银行公众手中的通货"。当你把通货存入银行时,现在你拥有存款,而你的美元纸币现在是银行的"准备金"。非银行公众手中的通货减少,然而存款等量增加。在这时,货币供给未变,因为货币是(非银行公众手中的)通货和存款之和。

(3) 用语言最容易解释货币乘数。如果我们用语言来说明准备金、存款和货币乘数之间的关系,就能弄清这种关系。由于部分准备金制度意味着"准备金是存款的一个百分比",因此我们可以得出"存款是准备金的某个倍数"。例如,如果准备金是存款的1/5(或者20%),那么存款就是准备金的5倍(或者1/0.20)。由于存款实际上会由于银行贷出一部分准备金而扩大,因此,我们根据"存款是准备金的某个倍数"来思考是最有用的。

(4) 记住公开市场操作影响的简便方法是问自己"谁支付了"。当美联储向公众购买政府债券时,美联储用"新美元"支付,因此,货币供给扩大了。当美联储出售政府债券时,公众用美元支付,即美联储"收回"了美元。这就是说,当美联储收到公众支付的美元时,这些美元不复存在了。要注意的是,当美联储出售债券时,它并不是在"发行"债券,它只是出售以前由美国政府发行的已存在的债券。

21.1.3 术语与定义

为每个关键术语选择一个定义。

关键术语	定 义
_____货币	1. 只把部分存款作为准备金的银行制度。
_____交换媒介	2. 公众手中持有的纸币和铸币。
_____计价单位	3. 货币用于把购买力转移到未来的职能。
_____价值储藏手段	4. 美联储向银行发放贷款时收取的利率。
_____流动性	5. 银行资产与银行资本的比率。
_____商品货币	6. 货币作为表示价值和记录债务的标准的职能。
_____法定货币	7. 以有内在价值的商品为形式的货币。
_____通货	8. 美国的中央银行。
_____活期存款	9. 在物品与服务交易中被普遍接受的一组资产。
_____联邦储备局(美联储)	10. 作为准备金持有的存款比率。
_____中央银行	11. 银行间隔夜拆借利率。
_____货币供给	12. 经济中的货币量。

_____货币政策　　　　　13. 没有内在价值的货币。
_____准备金　　　　　　14. 货币用于购买物品与服务的职能。
_____部分准备金银行制　15. 美联储对美国政府债券的买卖。
_____准备金率　　　　　16. 银行得到但没有贷出的存款。
_____货币乘数　　　　　17. 银行必须作为准备金持有的最低法定的存款百分比。
_____银行资本　　　　　18. 中央银行关于货币供给的决策。
_____杠杆　　　　　　　19. 可以随时用支票获得的银行账户余额。
_____杠杆率　　　　　　20. 银行体系用 1 美元准备金创造的货币量。
_____资本需要量　　　　21. 将借到的钱追加到用于投资的现有资金上。
_____公开市场操作　　　22. 为了监管银行体系和调节货币供给而设计的一个
　　　　　　　　　　　　　　　机构。
_____法定准备金　　　　23. 一种资产转换为经济中交换媒介的容易程度。
_____贴现率　　　　　　24. 银行的所有者向该机构投入的资源。
_____联邦基金利率　　　25. 政府监管部门确定的银行最低资本量。

21.2　应用题与简答题

21.2.1　应用题

1. 假设美联储向你购买了 10 000 美元的美国政府债券。
    a. 如何称呼美联储的这一行为？
    b. 假设你在第一学生银行存了 10 000 美元，请在第一学生银行的 T 型账户上列出这笔交易。

　　c. 假设法定准备金率是 20%。如果第一学生银行是能贷出多少就贷出多少，请表示它的 T 型账户。

　　d. 在这一时点，美联储的政策行为创造出了多少货币？
　　e. 货币乘数的值是多少？
　　f. 在无限轮的存款和贷款之后，美联储的政策行为能创造出多少货币？
　　g. 如果在各轮存款与贷款中一些人保留了额外的通货而没有把自己得到的全部存入银行，则美联储的政策行为所创造出的货币比你在问题 f 中算出的结果是多了还是少了？为什么？

h. 如果在各轮存款与贷款中银行没有贷出所允许的最大准备金量而是持有超额准备金,则美联储的政策行为所创造出的货币比你在问题 f 中算出的结果是多了还是少了？为什么？

2. 假设整个经济有 1 000 美元的面值为 1 美元的钞票。

a. 如果人们一点也没有把美元存入银行,而是把这 1 000 美元全作为通货持有,那么货币供给有多少？解释之。

b. 如果人们把 1 000 美元钞票全部存入要求 100% 法定准备金的银行,那么货币供给有多少？解释之。

c. 如果人们把 1 000 美元钞票全部存入要求 20% 法定准备金的银行,那么货币供给有多少？解释之。

d. 在问题 c 中,由银行创造出的货币供给是多少？(提示:已经存在 1 000 美元通货。)

e. 如果人们把 1 000 美元钞票全部存入要求 10% 法定准备金的银行,那么货币供给会变为多少？

f. 比较你对问题 e 和 c 的答案,并解释为什么它们会不同。

g. 如果人们把 1 000 美元钞票全部存入要求 10% 法定准备金的银行,但银行选择另外持有 10% 的超额准备金,那么货币供给会变为多少？

h. 比较你对问题 c 和 g 的答案。这两个答案相同吗？解释之。

21.2.2 简答题

1. 什么是物物交换？为什么它限制了交易？
2. 货币的三种职能是什么？
3. 两种基本货币类型是什么？
4. 在美国明确归入货币的两种主要资产是什么？它们与其他资产有什么不同？(即给货币下定义。)
5. 美联储的两项主要工作是什么？
6. 美联储的货币政策工具都有什么？
7. 如果美联储希望扩大货币供给,那么它应该如何调整第 6 题中描述的各种政策工具？
8. 如果美联储从你手中购买了 1 000 美元的政府债券,并且你把这 1 000 美元全部作为通货留在家里,那么货币供给增加了多少？
9. 如果美联储从你手中购买了 1 000 美元的政府债券,你把这 1 000 美元全部作为活期存款存入银行,而且银行要求 10% 的法定准备金,那么货币供给增加了多少？
10. 假设准备金率是 20%。如果你在第一银行账户上开了一张支票,并向你的室友购买了 1 000 美元的政府债券,而且你的室友把这 1 000 美元存入她在第二银行的账户上,那么货币供给有多大的变动？
11. 假设没有存款保险。假设流言四起,说银行发放了许多不良贷款,且无力偿还储户。你预期储户和银行会做什么？其行为对货币供给会有什么影响？
12. 如果美联储希望降低联邦基金利率,它必须在公开市场上如何操作和改变货币供给？

21.3 自我测试题

21.3.1 判断正误题

_____ 1. 货币和财富是等价的。
_____ 2. 法定货币是在意大利使用的货币。
_____ 3. 商品货币的价值与其作为货币的用途无关。
_____ 4. 货币供给 M1 由通货、活期存款、旅行支票以及其他支票存款组成。
_____ 5. 当你愿意今天晚上带着钱包里的 100 美元去睡觉,而且你确信明天你可以花掉这笔钱并得到与你今天花这笔钱得到同样多的物品时,货币表现出它作为交换媒介的职能。
_____ 6. 货币有三种职能:交换媒介、计价单位,以及防止通货膨胀。
_____ 7. 信用卡是货币供给 M2 的一部分,并按持卡人的最大信用额度来估价。
_____ 8. 美联储是美国的中央银行,它由理事会的 7 位理事管理。
_____ 9. 联邦公开市场委员会(FOMC)大约每 6 周开一次会,讨论经济状况并就货币政策的变动投票表决。
_____ 10. 如果存在百分之百准备金银行制,那么货币供给不受公众选择以通货或存款持有的货币比例的影响。
_____ 11. 如果美联储购买了 100 000 美元的政府债券,并且法定准备金率是 10%,那么货币供给的最大增加量就是 10 000 美元。
_____ 12. 如果美联储想紧缩货币供给,那么它可以做下面的任何一件事:出售政府债券、提高法定准备金率以及提高贴现率。
_____ 13. 如果美联储出售了 1 000 美元政府债券,并且法定准备金率是 10%,那么存款会减少 10 000 美元。
_____ 14. 法定准备金率提高增加了货币乘数,并增加了货币供给。
_____ 15. 如果银行选择持有超额准备金,则贷款减少,货币供给减少。

21.3.2 单项选择题

1. 以下哪一项不是货币的职能?
   a. 计价单位。
   b. 价值储藏手段。
   c. 防止通货膨胀。
   d. 交换媒介。

2. 货币供给 M1 包括_____。
   a. 通货、活期存款、旅行支票及其他支票账户
   b. 通货、活期存款、储蓄存款、货币市场共同基金及小额定期存款
   c. 通货、政府债券、黄金存托凭证及铸币
   d. 通货、附息支票账户、储蓄账户及政府债券
   e. 以上各项都不是

3. 以下哪一个是法定货币的例子?
   a. 黄金。
   b. 美元纸币。
   c. 银币。
   d. 战俘营中的香烟。

4. 联邦储备理事会包括_____。
   a. 由参议院任命的7名理事和由总统任命的7名理事
   b. 由联邦储备银行选出的7名理事
   c. 由参议院任命的12名理事
   d. 由总统任命的7名理事
   e. 由总统任命的5名理事和联邦储备银行7名轮值的总裁
5. 商品货币_____。
   a. 没有内在价值
   b. 有内在价值
   c. 只能在美国使用
   d. 作为支持法定货币的准备金使用
6. 为了使美联储摆脱政治压力，_____。
   a. 理事由公众选举
   b. 理事终身任职
   c. 理事会由参议院银行委员会监督
   d. 理事任期14年
7. 以下哪一种表述是正确的？
   a. FOMC每年开一次会讨论货币政策。
   b. 美联储在1871年因内战而创立。
   c. 当美联储出售政府债券时，货币供给减少。
   d. 货币政策的主要工具是法定准备金。
8. 银行的法定准备金是以下哪一项的一个固定百分比？
   a. 贷款。
   b. 资产。
   c. 存款。
   d. 政府债券。
9. 如果法定准备金率是25%，货币乘数的值是_____。
   a. 0.25
   b. 4
   c. 5
   d. 25
   e. 以上各项都不是
10. 美联储的以下哪一种政策行为能增加货币供给？
    a. 降低法定准备金率。
    b. 出售政府债券。
    c. 提高贴现率。
    d. 提高准备金利率。
    e. 以上各项都增加了货币供给。
11. 假设Joe把在A银行的1 000美元活期存款转到B银行。如果法定准备金率是10%，那么由于Joe的行为，活期存款的潜在变动是多少？
    a. 1 000美元。
    b. 9 000美元。
    c. 10 000美元。
    d. 0美元。
12. 法定准备金减少引起_____。
    a. 准备金增加
    b. 准备金减少
    c. 货币乘数提高
    d. 货币乘数下降
    e. 以上各项都不是
13. 贴现率是_____。
    a. 美联储向准备金支付的利率
    b. 美联储向银行发放贷款收取的利率
    c. 银行向公众存款支付的利率
    d. 当公众向银行借款时支付的利率
    e. 银行向短期拍卖工具支付的利率
14. 以下哪一种政策组合会一致地起到增加货币供给的作用？
    a. 出售政府债券，降低法定准备金率，降低贴现率。
    b. 出售政府债券，提高法定准备金率，提高贴现率。
    c. 购买政府债券，提高法定准备金率，降低贴现率。
    d. 购买政府债券，降低法定准备金率，降低贴现率。
    e. 以上各项都不是。

15. 假设美联储购买了你 1 000 美元的政府债券。如果你把这 1 000 美元全部存入银行,且法定准备金率是 20%,那么美联储的行为会引起货币供给总量多大的潜在变动?
    a. 1 000 美元。
    b. 4 000 美元。
    c. 5 000 美元。
    d. 0 美元。

16. 假设所有银行都维持百分之百准备金率。如果一个人把 1 000 美元通货存入一个银行,那么_____。
    a. 货币供给不受影响
    b. 货币供给的增加大于 1 000 美元
    c. 货币供给的增加小于 1 000 美元
    d. 货币供给的减少大于 1 000 美元
    e. 货币供给的减少小于 1 000 美元

17. 如果美联储进行公开市场购买,同时提高法定准备金率,那么_____。
    a. 货币供给将增加
    b. 货币供给将减少
    c. 货币供给将保持不变
    d. 我们无法确定货币供给将会发生什么变动

18. 下列关于银行资产负债表的说法正确的是哪一个?
    a. 银行资本的增加会提高杠杆率。
    b. 资产减去负债等于所有者权益或资本
    c. 银行资产负债表中最大的负债是贷款
    d. 因为银行是高杠杆的,所以资产的大额变动对资本的影响很小
    e. 以上说法都不正确

19. 美联储的货币控制工具包括_____。
    a. 政府支出、税收、法定准备金以及利率
    b. 货币供给、政府购买以及税收
    c. 铸币、通货、活期存款以及商品货币
    d. 公开市场操作、向银行发放贷款、法定准备金以及为准备金支付利息
    e. 法定货币、商品货币以及存款

20. 如果银行增加其持有的超额准备金,那么_____。
    a. 货币乘数和货币供给都将下降
    b. 货币乘数和货币供给都将上升
    c. 货币乘数下降,货币供给上升
    d. 货币乘数上升,货币供给下降

21.4 进阶思考题

假设你是珍妮特·耶伦(这本学习指南出版时的联邦储备理事会主席)的私人朋友。她到你家吃午饭,并注意到你家的沙发。耶伦女士深为沙发的漂亮所震撼,以至于她马上想为自己的办公室添置这个沙发。耶伦女士以 1 000 美元购买了你的沙发,由于是为自己办公室买的,因此,她用纽约联邦储备银行开出的支票向你支付。

1. 经济中的美元比以前多了吗?为什么?
2. 你认为为什么当美联储想改变货币供给时,它不买卖沙发、不动产等,而是买卖政府债券?
3. 如果美联储在购买新家具时不想增加货币供给,那么它应该用什么行为来抵消这种购买?

习 题 答 案

21.1.3 术语与定义

9	货币	16	准备金
14	交换媒介	1	部分准备金银行制
6	计价单位	10	准备金率
3	价值储藏手段	20	货币乘数
23	流动性	24	银行资本
7	商品货币	21	杠杆
13	法定货币	5	杠杆率
2	通货	25	资本需要量
19	活期存款	15	公开市场操作
8	联邦储备局(美联储)	17	法定准备金
22	中央银行	4	贴现率
12	货币供给	11	联邦基金利率
18	货币政策		

21.2.1 应用题

1. a. 公开市场操作。

   b.

   第一学生银行

资产	负债
准备金 10 000 美元	存款 10 000 美元

   c.

   第一学生银行

资产	负债
准备金 2 000 美元 贷款 8 000 美元	存款 10 000 美元

   d. 10 000 美元 + 8 000 美元 = 18 000 美元。

   e. 1/0.2 = 5。

   f. 10 000 美元 × 5 = 50 000 美元。

   g. 少了,因为每次贷款额的更小一部分被再次存入银行,从而可用于下一次贷款的额度减少。

h. 少了,因为每次存款额的更小一部分被贷出,从而可用于下一次存款的额度减少。
2. a. 1 000 美元,因为有 1 000 美元通货和零存款。
   b. 1 000 美元,因为现在有零通货和 1 000 美元存款。
   c. 1 000 美元 × (1/0.2) = 5 000 美元,因为 1 000 美元新准备金可以支撑价值 5 000 美元的存款。
   d. 总的潜在增加量是 5 000 美元,但 1 000 美元是体系中已有的通货。因此,银行创造出来的货币供给为 4 000 美元。
   e. 1 000 美元 × (1/0.1) = 10 000 美元。
   f. 当法定准备金率下降时,银行可以用等量的新准备金创造出更多货币,因为它们可以把每笔新存款中更大的部分贷出去。
   g. 1 000 美元 × 1/(0.1 + 0.1) = 5 000 美元。
   h. 是的,它们是相同的。就存款创造而言,银行为什么持有准备金无关紧要,它持有多少准备金才至关重要。

21.2.2 简答题

1. 物物交换是直接将物品与服务交换为其他物品与服务。它要求欲望的双向一致性。
2. 交换媒介、计价单位以及价值储藏手段。
3. 商品货币和法定货币。
4. 通货和活期存款。它们是可以直接支出的资产,在物品与服务贸易中被普遍接受。
5. 监管银行并保证银行体系正常运行,以及控制经济中的货币量。
6. 公开市场操作、美联储向银行发放贷款、法定准备金以及美联储为银行准备金支付利息。
7. 购买美国政府债券,通过降低贴现率来贷给银行更多的准备金或者通过短期拍卖工具提供更多的贷款,降低法定准备金率,以及降低为准备金支付的利息。
8. 1 000 美元。
9. 1 000 美元 × (1/0.1) = 10 000 美元。
10. 货币供给将完全不变。在这种情况下,准备金只是从一个银行转移到另一个银行。
11. 储户将提取他们的存款从而减少银行的准备金。银行将试图持有超额准备金,以应对存款的提取。这两者都会减少银行贷款和货币供给。
12. 美联储必须购买债券,这样既向银行体系注入了准备金,同时也增加了货币供给。

21.3.1 判断正误题

1. 错误;货币是一个人财富中可支出的那一部分。
2. 错误;法定货币是没有内在价值的货币。
3. 正确。
4. 正确。
5. 错误;货币表现出它作为价值储藏手段的职能。
6. 错误;价值储藏手段,而不是防止通货膨胀。
7. 错误;信用卡不包括在货币供给中。
8. 正确。
9. 正确。
10. 正确。

11. 错误;货币供给的最大增加量是 100 000 美元 × (1/0.1) = 1 000 000 美元。
12. 正确。
13. 正确。
14. 错误;法定准备金率的提高降低了货币乘数,从而减少了货币供给。
15. 正确。

21.3.2 单项选择题

1. c　2. a　3. b　4. d　5. b　6. d　7. c　8. c　9. b　10. a
11. d　12. c　13. b　14. d　15. c　16. a　17. d　18. b　19. d　20. a

21.4 进阶思考题

1. 是的。当美联储购买任何东西时,它用新创造的美元支付,经济中就有了更多美元。
2. 因为交易成本和储藏成本是不确定的。此外,物品的价值是不确定的。而政府债券的公开市场操作要有效得多。
3. 美联储可以出售等值的政府债券来抵消其他购买。

第 22 章
货币增长与通货膨胀

目 标

在本章中你将

- 了解为什么货币供给的迅速增长会引起通货膨胀
- 知道古典二分法和货币中性的含义
- 说明为什么一些国家会发行如此之多的货币,以致遭受超速通货膨胀之苦
- 考察名义利率如何对通货膨胀率做出反应
- 考虑通货膨胀可能给社会带来的各种成本

效 果

在实现这些目标之后,你应该能

- 用数量方程式说明货币和物价之间的联系
- 解释为什么货币在长期中不影响真实经济变量
- 解释通货膨胀税的概念
- 说明名义利率、真实利率与通货膨胀率之间的关系
- 解释当通货膨胀率出乎意料地上升时,在一笔贷款合同中谁受益、谁受损

22.1 本章概述

22.1.1 本章复习

通货膨胀是物价总水平的上升;**通货紧缩**是物价总水平的下降;**超速通货膨胀**是极高的通货膨胀。不同时期和不同国家的通货膨胀有着极大差别。在本章中,我们要解决两个问题:什么引起通货膨胀,以及为什么通货膨胀会成为一个问题。对第一个问题的回答是,当政府发行太多的货币时就引起了通货膨胀。对第二个问题的回答要求更多的思考,并将集中在本章的后半部分中进行。

1. 古典通货膨胀理论

这一节提出并运用了作为对物价水平和通货膨胀的一种解释的**货币数量论**。

当物价上升时,很少是因为物品更值钱了,而是因为用于购买物品的货币更不值钱了。因此,通货膨胀更多的是关于货币价值的,而不是关于物品价值的。物价总水平上升相当于货币价值同比例下降。如果 P 是物价水平(用货币衡量的物品与服务的价值),那么 $1/P$ 就是用物品与服务衡量的货币的价值。如果物价翻一番,那么货币的价值就下降到以前价值的一半。

货币的价值由货币的供求决定。如果我们不考虑银行体系,那么美联储就直接控制货币供给。货币需求反映了人们想以流动性形式持有的财富量。货币需求有许多决定因素,在长期中,有一种因素是决定性的,那就是物价水平。人们持有货币是因为它是交换媒介。如果物价上升了,同样的交易就需要更多的货币,货币需求量就增加了。

货币市场均衡需要货币的供求平衡。图 22-1 显示了货币供给为 MS_1 时的货币均衡(A 点)。回想一下,用物品与服务衡量的货币价值是 $1/P$。当货币价值高时,物价水平就低,货币需求量也低。因此,图中的货币需求曲线向右下方倾斜。由于美联储固定了货币量,因此货币供给曲线是垂线。在长期中,物价总水平要调整到使货币需求量等于货币供给量。

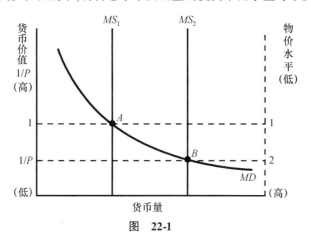

图 22-1

如果美联储使经济中的货币量增加一倍,从 MS_1 增加到 MS_2。在原来的物价水平上,现在就存在超额货币供给。由于人们现在持有的货币比他们想要的多,他们就通过买东西——物品与服务或债券——来使自己摆脱超额货币供给。即使人们购买债券(贷出货币),债券发行者(债务人)也将得到这些货币并购买物品与服务。无论哪一种方法,货币注入都增加了对物品与服务的需求。由于经济生产物品与服务的能力没有变,对物品与服务的需求的增加就提高了物价水平。物价水平将持续上升(货币价值将下降),直到货币需求量增加到货币供给量的水平(B点)。这就是说,物价水平要调整到使货币供给与货币需求相等。因此,货币数量论的结论是:① 经济中的货币量决定物价水平(以及货币的价值);② 货币供给增加提高了物价水平,这意味着,货币供给增长引起通货膨胀。

古典二分法认为经济变量可以分为两个类型——**名义变量**(用货币单位衡量的变量)和**真实变量**(用实物单位衡量的变量)。虽然价格是名义变量,但相对价格是真实变量。例如,你每小时收入与糖果棒价格的比率是用每小时糖果棒衡量的真实变量。货币供给变动影响名义变量,但不影响真实变量。真实产量由生产率和要素供给决定,而不由货币量决定。然而,名义变量的值由货币量决定并与货币量同比例变动。例如,如果货币供给翻一番,价格就翻一番,工资也翻一番,而且,所有美元价值都翻一番,但真实产量、真实利率和真实工资仍然不变。这个结论称为**货币中性**。在短期中,货币不可能是中性的,但在长期中,货币可能是中性的。

我们可以用数量方程式来证明古典二分法和货币中性。首先,我们把货币的周转率定义为货币流通速度。$V=(P\times Y)/M$,式中,V 是**货币流通速度**;P 是物品的物价;Y 是真实产量($P\times Y$ = 名义 GDP);M 是货币量。如果名义产出是 500 美元(单价为 1 美元的 500 件物品),M 是 100 美元,那么 $V=5$。这就是说,为了用 100 美元满足 500 美元的买卖,每 1 美元必须平均支出 5 次。

重新整理一下,我们得出**数量方程式**:$M\times V=P\times Y$。如果货币量增加,P 或 Y 必须上升,或者 V 必须下降。我们的通货膨胀理论可以用以下五个步骤来分析:

- 在长期中,V 是较为稳定的。
- M 的变动引起名义产出($P\times Y$)的同比例变动。
- 真实产量(Y)在长期中由生产率和要素供给决定,而且不受 M 变动的影响。
- 如果 Y 是固定的,M 增加引起 P 的同比例变动。
- 因此,通货膨胀源自货币供给的迅速增长。

超速通货膨胀有时被定义为每月超过 50% 的通货膨胀。在超速通货膨胀的情形下,数据表明货币增长与通货膨胀之间存在密切的联系,这一点支持了货币数量论的结论。

如果一些国家知道发行过多货币会引起通货膨胀,那么为什么它们还要这样做呢?政府这样做的目的是为其支出筹资。政府通过税收、借款或发行更多货币而得到所需的资金。那些支出高、税收收入不足且借款能力有限的国家会转向发行货币。当一个政府通过发行货币增加收入时,它就相当于是在征收一种**通货膨胀税**。当政府发行货币且物价上升时,人们持有的货币的价值就下降了。通货膨胀税是向那些持有货币的人征收的税。

如果货币是中性的,货币的变动就不会影响**真实利率**。回想一下真实利率、**名义利率**和通货膨胀率之间的关系:

$$真实利率 = 名义利率 - 通货膨胀率$$

由此得出名义利率的计算公式:

$$名义利率 = 真实利率 + 通货膨胀率$$

真实利率取决于可贷资金的供求状况。在长期中,货币是中性的,并且只影响名义变量,而不影响真实变量。因此,当美联储提高货币增长率时,通货膨胀率就上升,并且名义利率一对一地上升,但是真实利率保持不变。名义利率对通货膨胀的一对一调整称为**费雪效应**。要注意的是,名义利率在第一次发放贷款时就确定了,因此,费雪效应实际上认为,名义利率是按预期的通货膨胀一对一地调整的。

2. 通货膨胀的成本

人们通常认为通货膨胀是一个严重的经济问题,因为当物价上升时他们的收入不能购买到同样多的物品与服务。因此,他们认为通货膨胀直接降低了他们的生活水平。但是,这是一种错误的观点。由于人们通过出售劳动这类服务而赚到收入,因此名义收入膨胀与物价水平膨胀是相伴而来的。因此,通货膨胀一般并不直接影响人们的真实购买力。

但是,通货膨胀有许多更为微妙的成本:

- **皮鞋成本**(Shoeleather Costs):回想一下,通货膨胀是对持有货币的人征收的一种税。为了避免这种税,当通货膨胀率高时,人们持有的货币比通货膨胀率低时少,而对有利息的资产投资更多。结果,人们不得不去银行,且比没有通货膨胀时更频繁地提取货币。这些成本有时被形象地称为皮鞋成本(由于你常去银行而磨损了鞋)。持有更少现金的实际成本是浪费时间和不方便。在通货膨胀率很高时,这种成本并不是无关紧要的。

- **菜单成本**(Menu Costs):有许多与变动价格相关的成本——印制新菜单、价格单和目录的成本,分发它们的邮寄成本,为新价格做广告的成本,以及决定新价格本身的成本。

- 相对价格变动与资源配置不当:由于改变价格是有成本的,企业就尽可能少地改变价格。当存在通货膨胀时,那些在一定时期内物价保持不变的物品的相对价格与平均物价水平相比就下降了。这使资源配置不当,因为人们是根据相对价格作出经济决策的。一种价格每年只变动一次的物品在年初时人为地变贵,而在年终时又人为地变便宜了。

- 通货膨胀引起的税收扭曲:通货膨胀增加了储蓄赚到的收入的税收负担,从而抑制了储蓄和经济增长。通货膨胀影响如下两种类型的储蓄税:

(1) **资本收益**是以高于购买价格的价格出售一种资产时所赚到的利润。名义资本收益要受税收的影响。假设你以 20 美元购买了一股股票并以 50 美元的价格出售,再假设在你持有该股票时物价水平翻了一番,那么你只有 10 美元的真实收益(因为你要以 40 美元出售股票才能收支相抵),但是你必须按名义资本收益 30 美元纳税,因为税法没有考虑通货膨胀因素。

(2) 尽管有一部分名义利率是补偿通货膨胀的,但名义利息仍要纳税。当政府把名义利率的一个固定百分比作为税收时,随着通货膨胀加剧,税后真实收益就越来越少。这是因为名义利率与通货膨胀一对一地上升,而税收随着名义利率上升而增加,但是税前真实收益并不受通货膨胀的影响。因此,税后真实收益下降了。

由于对名义资本收益和名义利息征税,通货膨胀就降低了储蓄的税后真实收益,从而通货膨胀就抑制了储蓄和增长。可以通过消除通货膨胀或税制指数化,以便只对真实收益征税来解决这个问题。

- 混乱与不方便:货币具有计价单位的职能,这意味着货币是我们衡量经济价值的标准。当美联储增加货币供给并引起通货膨胀时,就降低了货币的价值,并使经济衡量尺度缩小。这使得对企业利润的核算更为困难,从而使选择投资更为复杂,这也使日常交易更为混乱。

- 未预期到的通货膨胀的特殊成本——任意的财富再分配:即使通货膨胀是稳定且可

预期的,上述通货膨胀成本也存在。但是,如果通货膨胀是未预期到的,由于它会带来财富的任意再分配,因此对经济还有另一种成本。例如,贷款条款通常是根据以某个预期的通货膨胀率(参看费雪效应方程式)为基础的名义值来确定的。然而,如果通货膨胀高于预期,债务人就可以用购买力低于预期的美元来偿还贷款,债务人以损害债权人的利益为代价而获益。当通货膨胀低于预期时,情况正好相反。无论通货膨胀有多严重,如果它是完全可以预期的,这种财富再分配就不会发生。然而,高通货膨胀绝不会是稳定的。因此,低通货膨胀由于更为稳定和更可预期而好一些。

- 通货紧缩:弗里德曼规则认为,与真实利率相等的可预测的轻度通货紧缩可能是合意的,因为它将使名义利率趋近于零,从而减少皮鞋成本。或者,通货紧缩的成本能映射出通货膨胀的其他成本。此外,通货紧缩往往是更深层经济问题的一个信号。

22.1.2 有益的提示

(1) 货币的价值是 $1/P$。由于我们用货币衡量物品与服务的价格,因此我们用货币可以交换到的物品与服务量衡量货币的价值。例如,如果一篮子物品与服务值 5 美元,那么 P 为 5 美元。1 美元的价格是一篮子物品的 $1/P$,即 $1/5$。这就是说,1 美元可以交换 $1/5$ 篮子的物品。如果一篮子物品的价格翻一番,以至于它现在卖 10 美元,那么货币的价值就下降为它原来价值的一半。用数字来表示,由于一篮子物品的价格现在是 10 美元,即 P 为 10 美元,因此货币的价值就下降到 $1/P$,即 $1/10$ 篮子物品。总之,当一篮子物品与服务的价格从 5 美元翻一番变为 10 美元时,货币的价值就下降了一半,从 $1/5$ 篮子物品下降到 $1/10$ 篮子物品。

(2) 当论述货币数量论的时候,你不妨设想正在拍卖。在拍卖结束时,我们可以计算卖出东西的数量和卖出东西的平均价格。假设我们重复该拍卖,唯一的变动仅仅是拍卖行使每个买者投入拍卖的货币翻一番——如果你原来有 20 美元,现在就有 40 美元,以此类推。如果所有参与者都与以前的拍卖一样,花了同样百分比的货币(相当于货币流通速度不变),而且,可用于拍卖的东西不变(相当于真实产量不变),那么拍卖中所出售物品的平均价格会发生什么变动呢?拍卖中的价格正好翻一番,这表明价格与货币量是同比例变动的。

(3) 未预期到的通货膨胀与对未来收入征税的作用相同。我们知道,未预期到的通货膨胀会再分配财富。尽管在这个时期中根据名义合同要记住谁受益和谁受损是困难的,但如果你记得未预期到的通货膨胀与对未来收入征税和对未来支付补贴的作用相同,你就能立刻做出正确的判断。因此,当通货膨胀结果高于签订贷款合同时我们所认为的水平时,得到未来支付的人的状况就会变坏,因为他们得到的美元的购买力低于他们签订合同时的购买力;债务人的状况会变好,因为他们使用了过去的价值高的货币,又被允许用价值低的货币还债。因此,当通货膨胀高于预期时,财富从债权人那里再分配给债务人。而当通货膨胀低于预期时,赢家和输家正好相反。

这个概念可以运用到任何一个持续一段时间的合同中。我们不妨来看一下劳动合同。我们记得当通货膨胀高于我们的预期时,那些未来得到货币的人的利益将会受损,而那些在未来支付货币的人将会获益。因此,当通货膨胀高于预期时,企业以损害工人的利益为代价而获益;当通货膨胀低于预期的时候,赢家和输家正好相反。

22.1.3 术语与定义

为每个关键术语选择一个定义。

关键术语	定 义
_____ 通货膨胀	1. 当通货膨胀引起人们减少货币持有量时所浪费的资源。
_____ 通货紧缩	2. 政府通过发行货币来筹集收入的做法。
_____ 超速通货膨胀	3. 一种认为货币量决定物价水平,货币增长率决定通货膨胀的理论。
_____ 货币数量论	4. 用实物单位衡量的变量。
_____ 名义变量	5. 与改变价格相关的成本。
_____ 真实变量	6. 未根据通货膨胀校正的利率。
_____ 古典二分法	7. 以高于购买价格出售一种资产而赚到的利润。
_____ 货币中性	8. 名义利率对通货膨胀所进行的一对一的调整。
_____ 货币流通速度	9. 物价总水平的上升。
_____ 数量方程式	10. 极高的通货膨胀率。
_____ 通货膨胀税	11. $M \times V = P \times Y$。
_____ 名义利率	12. 对名义变量和真实变量的理论区分。
_____ 真实利率	13. 根据通货膨胀率校正的利率。
_____ 费雪效应	14. 按货币单位衡量的变量。
_____ 皮鞋成本	15. 货币易手的速度。
_____ 菜单成本	16. 物价总水平的下降。
_____ 资本收益	17. 货币供给变动影响名义变量,但不影响真实变量的特征。

22.2 应用题与简答题

22.2.1 应用题

1. 用数量方程式来回答本题。假设货币供给是 200 美元,真实产量是 1 000 单位,每单位产出价格是 1 美元。

   a. 货币流通速度是多少?

   b. 如果货币流通速度是你在问题 a 中解出的值,根据货币数量论,如果货币供给增加到 400 美元,会发生什么情况?

   c. 你对问题 b 的回答与古典二分法一致吗? 解释之。

   d. 假设货币供给从 200 美元增加到 400 美元,翻了一番,真实产量增长得并不多(比如说 2%)。现在价格会发生什么变动? 价格的上升幅度大于翻一番,小于翻一番,还是正好翻一番? 为什么?

   e. 当通货膨胀极高时,人们不愿意持有货币,因为货币会迅速贬值。因此,他们更快地花钱。如果当货币供给翻一番时,人们会更快地花钱,那么价格会发生什么变动? 价格的上升幅度会大于翻一番,小于翻一番,还是正好翻一番?

   f. 假设在本题开始时所说的货币供给指的是 M1。这就是说,货币供给 M1 是 200 美元。如果货币供给 M2 是 500 美元(而且题目中所有其他变量值都不变),那么 M2

的数量方程式会是什么样呢?
2. 下列问题与费雪效应相关。
   a. 为了证明你对费雪效应的了解,请你完成下表。

真实利率	名义利率	通货膨胀率
3%	10%	_____
_____	6%	2%
5%	_____	3%

以下关于费雪效应的问题与上表无关。
   b. 假设人们预期通货膨胀率将是3%,再假设合意的真实利率是4%,那么名义利率是多少?
   c. 假设实际通货膨胀率是6%。根据问题b中预期签约的贷款的真实利率是多少?
   d. 当预期通货膨胀率为3%,但实际通货膨胀率为6%时,财富是从债权人那里重新分配给债务人,还是从债务人那里重新分配给债权人?
   e. 实际通货膨胀率只为1%时会发生什么变动?
3. 尽管名义利率中的很大一部分是为了补偿通货膨胀,但所得税把储蓄赚到的名义利息视为收入来征税。
   a. 为了说明这对储蓄的激励是怎样的,请分别针对低通货膨胀国家和高通货膨胀国家完成下表。

	低通货膨胀国家	高通货膨胀国家
真实利率	5%	5%
通货膨胀率	3%	11%
名义利率	_____	_____
25%的税收引起的利率下降	_____	_____
税后名义利率	_____	_____
税后真实利率	_____	_____

   b. 在哪一个国家中,对储蓄的激励更大?为什么?
   c. 为解决上述问题,政府可以做什么?

22.2.2 简答题

1. 如果货币供给量翻一番,在长期中货币需求量和物价水平必定发生什么变动?
2. 说明一下古典二分法。
3. 在古典二分法的框架内,哪一种变量受货币变动影响?哪一种变量不受货币变动影响?我们用哪个词来描述这种影响?
4. 货币在长期中还是在短期中更可能是中性的?为什么?
5. 假设货币供给增加了10%。解释数量方程式中的每个变量会发生什么变动。
6. 政府可以用来支撑其支出的三个收入来源是什么?哪一种方法会引起通货膨胀?谁承受这种筹集收入方式的负担?

7. 在长期中,货币供给增长率提高对真实利率与名义利率各有什么影响?
8. 通货膨胀侵蚀了我们收入的价值,从而降低了我们的生活水平吗?解释之。
9. 当通货膨胀完全可以预期时,通货膨胀的成本有哪些?
10. 假设通货膨胀结果低于我们的预期。谁可能受益?是债务人还是债权人?是工会工人还是企业?为什么?
11. 下列说法中有何矛盾之处?"当通货膨胀高但稳定且可预期时,通货膨胀不会重新分配财富。"
12. 当通货膨胀提高了名义利率时,通货膨胀(如果与预期相符)会使债务人状况变坏而使债权人状况变好吗?为什么?

22.3 自我测试题

22.3.1 判断正误题

     1. 物价水平上升和货币贬值是等价的。
     2. 货币数量论说明,货币供给增加使真实产量同比例上升。
     3. 如果物价水平翻一番,货币需求量也会翻一番,因为人们需要两倍的货币来完成同样的交易。
     4. 在长期中,货币供给增加倾向于影响真实变量,但不影响名义变量。
     5. 如果货币供给是500美元,真实产量是2 500单位,而且,每单位真实产量的平均价格为2美元,那么货币流通速度是10。
     6. 费雪效应表明,在长期中,如果通货膨胀率从3%上升到7%,那么名义利率应该提高4%,而真实利率将保持不变。
     7. 通货膨胀税是由那些持有货币的人支付的,因为通货膨胀使他们持有的货币贬值。
     8. 货币中性是指货币供给的变动不会引起任何事情变动。
     9. 通货膨胀侵蚀了人们工资的价值,并降低了他们的生活水平。
     10. 通货膨胀降低了那些价格暂时保持不变(以避免与价格变动相关的成本)的物品的相对价格。
     11. 通货膨胀的皮鞋成本对医生与失业工人来说几乎是相同的。
     12. 通货膨胀会刺激储蓄,因为它增加了储蓄的税后真实收益。
     13. 那些政府支出大于它们能通过税收或借款筹集到的收入的国家会发行过多的货币,从而引起通货膨胀。
     14. 如果通货膨胀结果高于人们的预期,财富就从债务人再分配给债权人。
     15. 如果名义利率是7%,而通货膨胀率为5%,那么真实利率就是12%。

22.3.2 单项选择题

1. 在长期中,引起通货膨胀的是_____。
   a. 有市场势力并拒绝对外贷款的银行
   b. 征税很重以致增加了经营成本,从而提高了物价的政府
   c. 发行太多货币的政府

d. 诸如劳动和石油这类投入的价格的上升

e. 以上各项都不是

2. 当物价以极高的速度上升时,它被称为_____。

   a. 通货膨胀

   b. 超速通货膨胀

   c. 通货紧缩

   d. 低通货膨胀

   e. 反通货膨胀

3. 如果物价水平翻一番,那么_____。

   a. 货币需求减少一半

   b. 货币供给减少一半

   c. 名义收入不受影响

   d. 货币的价值下降一半

   e. 以上各项都不是

4. 在长期中,货币需求主要取决于_____。

   a. 物价水平

   b. 信用卡的可获得性

   c. 银行网点的可获得性

   d. 利率

5. 货币数量论得出的结论是货币供给增加引起_____。

   a. 货币流通速度同比例上升

   b. 物价同比例上升

   c. 真实产量同比例增加

   d. 货币流通速度同比例下降

   e. 物价同比例下降

6. 真实变量的例子是_____。

   a. 名义利率

   b. 工资价值与汽水价格的比率

   c. 玉米的价格

   d. 美元工资

   e. 以上各项都不是

7. 数量方程式表明_____。

   a. 货币 × 物价水平 = 货币流通速度 × 真实产量

   b. 货币 × 真实产量 = 货币流通速度 × 物价水平

   c. 货币 × 货币流通速度 = 物价水平 × 真实产量

   d. 以上各项都不是

8. 如果货币是中性的,那么_____。

   a. 货币供给增加无所谓

   b. 货币供给不会改变,因为它与黄金这类商品相联系

   c. 货币供给变动只影响真实产量这类真实变量

   d. 货币供给变动只影响物价和货币工资这类名义变量

   e. 货币供给变动同比例地降低了货币流通速度。因此,它既不影响物价,也不影响真实产量

9. 如果货币供给增长5%,真实产量增长2%,那么物价应该上升_____。

   a. 5%

   b. 小于5%

   c. 大于5%

   d. 以上各项都不是

10. 货币流通速度是_____。

    a. 货币供给每年周转的速度

    b. 产出每年周转的速度

    c. 企业存货每年周转的速度

    d. 高度不稳定的

    e. 不可能衡量的

11. 征收通货膨胀税的国家之所以这样做是因为_____。

    a. 政府不了解通货膨胀的成因和后果

    b. 政府预算平衡

    c. 政府支出高,而且,政府征收的税收不够,借款又困难

    d. 通货膨胀税是所有税收中最平等的

    e. 通货膨胀税是所有税收中最累进的(由富人缴纳)

12. 通货膨胀税_____。

    a. 是一种按季度由企业根据其物品价格上涨幅度缴纳的明确

税收
b. 是一种对持有货币的人征收的税
c. 是一种对那些从储蓄账户获得利息的人征收的税
d. 通常由预算平衡的政府采用
e. 以上各项都不是

13. 假设名义利率是7%,而货币供给每年增长5%。再假设真实产量是固定的,如果政府把货币供给增长率从5%提高到9%,那么根据费雪效应,在长期中名义利率应该变为_____。
    a. 4%
    b. 9%
    c. 11%
    d. 12%
    e. 16%

14. 如果名义利率是6%,而通货膨胀率是3%,那么真实利率是_____。
    a. 3%
    b. 6%
    c. 9%
    d. 18%
    e. 以上各项都不对

15. 如果实际通货膨胀结果高于人们的预期,那么_____。
    a. 财富从债务人向债权人再分配
    b. 财富从债权人向债务人再分配
    c. 没有发生再分配
    d. 真实利率不受影响

16. 当通货膨胀稳定且可预期时,以下哪一项通货膨胀成本不会发生?
    a. 皮鞋成本。
    b. 菜单成本。
    c. 由于通货膨胀引起的税收扭曲的成本。
    d. 任意的财富再分配。
    e. 由于混乱和不方便引起的成本。

17. 假设由于通货膨胀,俄罗斯的企业必须每月计算、印刷并向其客户邮寄新价格表。这是以下哪一项的例子?
    a. 皮鞋成本。
    b. 菜单成本。
    c. 由于通货膨胀引起的税收扭曲的成本。
    d. 任意的财富再分配。
    e. 弗里德曼规则。

18. 假设由于通货膨胀,在巴西人们持有的现金少了,并且要每天到银行提取他们所需的现金。这是以下哪一项的例子?
    a. 皮鞋成本。
    b. 菜单成本。
    c. 由于通货膨胀引起的税收扭曲的成本。
    d. 由于通货膨胀引起相对价格变动,从而使资源配置不当的成本。
    e. 由于混乱和不方便引起的成本。

19. 如果真实利率是4%,通货膨胀率是6%,税率是20%,那么税后真实利率是_____。
    a. 1%
    b. 2%
    c. 3%
    d. 4%
    e. 5%

20. 以下哪一项关于通货膨胀的表述不正确?
    a. 未预期到的通货膨胀会引起财富的再分配。
    b. 通货膨胀的上升提高了名义利率。
    c. 假如存在通货膨胀,对名义利息收入征税会减少储蓄收益,降低经济增长率。
    d. 通货膨胀降低了人们的真实购买力,因为它提高了人们所购买东西的成本。

22.4 进阶思考题

假设你向朋友解释"通货膨胀税"的概念。你正确地告诉他:"当政府发行货币,而不是通过征税或借款来满足其支出需求时,它就引起了通货膨胀。通货膨胀税是指由于这种通货膨胀而使货币贬值。因此,税收负担落在持有货币的人的身上。"你的朋友回答:"这种税有什么坏处呢?富人持有的货币更多,因此,在我看来通货膨胀税是公正的。也许政府应该发行货币来为所有支出筹资。"

1. 富人持有的货币比穷人更多,是正确的吗?
2. 富人的收入中以货币形式持有的百分比会高于穷人吗?
3. 与所得税相比,通货膨胀税加在富人身上的负担更大,还是加在穷人身上的负担更大?解释之。
4. 还有其他原因可以说明采用通货膨胀税并不是一种好的政策吗?

习 题 答 案

22.1.3 术语与定义

9	通货膨胀	11	数量方程式
16	通货紧缩	2	通货膨胀税
10	超速通货膨胀	6	名义利率
3	货币数量论	13	真实利率
14	名义变量	8	费雪效应
4	真实变量	1	皮鞋成本
12	古典二分法	5	菜单成本
17	货币中性	7	资本收益
15	货币流通速度		

22.2.1 应用题

1. a. (1 000×1 美元)/200 美元 = 5。
   b. 400 美元×5 = 2 美元×1 000,价格将翻一番,从 1 美元上升为 2 美元。
   c. 一致。古典二分法把经济变量分为真实变量与名义变量。货币同比例地影响名义变量,但不影响真实变量。在问题 b 中,价格翻一番,但真实产量仍然不变。
   d. 数量方程式表明,名义产量与货币量必定同比例变动。价格将仍然上升,但由于真实产量也增长了,因此价格的上升幅度小于翻一番。
   e. 如果货币流通速度不变,货币量对名义产量有同比例的影响。如果货币流通速度提高,货币量翻一番将引起价格的上升幅度大于翻一番。
   f. 500 美元×2 = 1 美元×1 000,M2 的货币流通速度是 2。

2. a.

真实利率	名义利率	通货膨胀率
3%	10%	7%
4%	6%	2%
5%	8%	3%

b. 3%+4%=7%。

c. 人们应该按7%的名义利率签署贷款合同。因此,7%-6%=1%。

d. 人们预期真实利率为4%,但实际真实利率是1%。财富从债权人再分配给债务人。

e. 最初的贷款合同将是相同的。因此,7%-1%=6%。真实利率是6%而不是4%,因此,财富从债务人再分配给债权人。

3. a.

	低通货膨胀国家	高通货膨胀国家
真实利率	5%	5%
通货膨胀率	3%	11%
名义利率	8%	16%
25%的税收引起的利率下降	2%	4%
税后名义利率	6%	12%
税后真实利率	3%	1%

b. 低通货膨胀国家,因为其税后真实利率更高。

c. 政府可以消除通货膨胀或者只对真实利息收入收税。

22.2.2 简答题

1. 为了维持货币均衡,货币需求量必须翻一番,因为对同样数量的物品的支出将翻一番,这将引起价格翻一番,从而使货币的价值下降一半。

2. 宏观经济变量可以分为两类——真实变量(用实物单位衡量)和名义变量(用货币单位衡量)的观点。

3. 名义变量受影响,真实变量不受影响。货币中性。

4. 在长期中。因为在长期中,人们和市场可以根据货币供给的变动调整价格。在短期中,人们很可能犯错误。

5. V 保持不变,Y 保持不变,M 增加 10%,P 上升 10%。

6. 税收、借款和发行货币。发行货币。那些持有货币的人,因为货币贬值了。

7. 对真实利率没有影响。随着货币增长率的提高和物价的上升,名义利率一对一地上升。

8. 并没有。收入是出售劳动服务的结果,在通货膨胀期间,其价值和其他价格一起上升。

9. 皮鞋成本、菜单成本,由于相对价格变动引起资源配置不当的成本,税收扭曲,混乱和不方便。

10. 债权人和工会工人。这些人根据合同在未来得到的美元价值高于他们签约时的价值。
11. 当通货膨胀高时,它总是不稳定的,并且难以预测。
12. 不会。名义利率根据通货膨胀的上升一对一地调整,因此,真实利率不受影响。债权人和债务人都不会获益。

22.3.1 判断正误题

1. 正确。
2. 错误;它使价格同比例上升。
3. 正确。
4. 错误;货币供给会影响名义变量,但不影响真实变量。
5. 正确。
6. 正确。
7. 正确。
8. 错误;货币中性是指货币供给的变动不会引起真实变量变动。
9. 错误;收入的上升与物价的上升是同时发生的。
10. 正确。
11. 错误;医生到银行的机会成本更高。
12. 错误;通货膨胀往往会减少储蓄的税后真实收益。
13. 正确。
14. 错误;财富从债权人再分配给债务人。
15. 错误;真实利率是2%,因为7% - 5% = 2%。

22.3.2 单项选择题

1. c　2. b　3. d　4. a　5. b　6. b　7. c　8. d　9. b　10. a
11. c　12. b　13. c　14. a　15. b　16. d　17. b　18. a　19. b　20. d

22.4 进阶思考题

1. 正确。富人通常会持有比穷人更多的货币。
2. 不会。总体来看,穷人把收入中更大的百分比以货币形式持有。实际上,穷人可能根本没有其他金融资产。
3. 通货膨胀税加在穷人身上的负担远远大于富人。富人能够将大部分资产保存在经通货膨胀调整的计息资产中。
4. 除通货膨胀税外,通货膨胀还给经济带来许多其他成本,如皮鞋成本、菜单成本、税收扭曲和混乱等。

第9篇　短期经济波动

第 23 章
总需求与总供给

目　标

在本章中你将
- 了解有关短期波动的三个关键事实
- 考虑短期中的经济与长期中的经济有什么不同
- 用总需求与总供给模型解释经济波动
- 说明总需求或总供给曲线的移动如何引起经济繁荣和衰退

效　果

在实现这些目标之后，你应该能
- 解释为什么"经济周期"这一术语是一种误导
- 解释为什么短期内货币不可能是中性的
- 列出总需求曲线向右下方倾斜的三个原因
- 说明石油价格冲击对国民经济的短期效应和长期影响

23.1 本章概述

23.1.1 本章复习

过去50年间,美国的真实GDP每年增长3%左右。但是,在某些年份,GDP也经历了收缩。产出和收入下降,失业增加,但程度并不太严重的时期,我们称之为**衰退**;而当衰退严重时,我们称之为**萧条**。美国经济在2007年年末到2009年年初经历了一次严重的衰退。本章集中分析经济中围绕长期趋势的短期波动。为了更好地分析,我们运用总需求与总供给模型。

1. 关于经济波动的三个关键事实

- **经济波动是无规律的,而且也是无法预测的**:尽管经济波动经常被称为**经济周期**,但"经济周期"这个术语会引起一些误解,因为它表明经济波动会遵循有规律的、可预测的形式。但在现实中,经济波动往往是无规律的,而且也是无法预测的。
- **大多数宏观经济指标是同时波动的**:尽管通常可以用真实GDP监测经济中的短期变动,但实际上用哪一种经济活动衡量指标无关紧要,因为大多数衡量收入、支出或生产的宏观经济变量会发生同方向的变动,虽然变动的量会有所不同。在各个经济周期中,变动非常剧烈的一种支出类型是投资。
- **随着产量减少,失业增加**:当真实GDP下降的时候,失业率上升,因为当企业生产的物品与服务量减少的时候,它们就会解雇工人。

2. 解释短期经济波动

古典理论依据的是古典二分法和货币中性。回想一下,古典二分法是把经济变量分为真实变量和名义变量,而货币中性是指货币供给变动只影响名义变量、不影响真实变量的特征。大多数经济学家认为,这些古典假设是对长期经济的准确描述,但不是对短期经济的准确描述。也就是说,在长期中,货币供给的变动只影响物价,但不影响真实GDP、失业、真实工资等真实变量。但是,在短期中,货币和物价这类名义变量的变动也会影响真实变量。这就是说,在短期中,名义变量和真实变量并不是独立的。其结果是,在短期中,货币量的改变能暂时地使得真实GDP偏离其长期趋势。

我们用**总供给与总需求模型**来解释经济波动。这个模型可以画成以CPI或GDP平减指数衡量的物价水平为纵轴、以真实GDP为横轴的图形。**总需求曲线**表示在每种物价水平下,家庭、企业、政府和国外消费者希望购买的物品与服务量。它向右下方倾斜。**总供给曲线**表示在每种物价水平下,企业生产并出售的物品与服务量。它向右上方倾斜(短期中)。物价水平和产量的调整使总需求与总供给平衡。这个模型看起来很像微观经济学中的供求模型。但是,总供给和总需求曲线的倾斜和移动的原因与微观经济模型有所不同。

3. 总需求曲线

图23-1显示了总供给与总需求模型。

总需求曲线表示在每种物价水平下物品与服务的需求量。回想一下,GDP = $C + I + G + NX$。为了说明总需求曲线为什么向右下方倾斜,我们要说明物价水平对消费(C)、投资(I)和净出口(NX)的影响。[我们不考虑政府支出(G),因为它是固定的政策变量。]由于以下原因,物价水平下降增加了消费、投资和净出口。

- 物价水平与消费:财富效应。在物价水平低时,消费者钱袋中固定的名义货币的价值增加了。消费者感到更富有,而且支出增加,这就增加了总需求中的消费部分。
- 物价水平与投资:利率效应。在物价水平低时,家庭只需要持有少量货币来购买相同的物品。他们通过购买股票或存入银行把一些钱贷出去,无论哪种做法都降低了利率,并刺激了总需求中的投资部分。(降低的利率也会刺激人们对耐用消费品的支出。)
- 物价水平与净出口:汇率效应。正如以上所描述的,由于物价水平下降引起利率下降,因此一些美国投资者将到国外投资,这就增加了外汇市场的美元供给。这种行为引起美元的真实汇率下降,引起本国物品与外国物品的相对价格下降,并增加了总需求中的净出口部分。

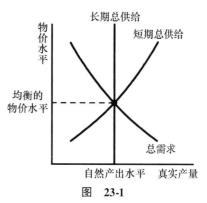

图 23-1

以上所描述的三种效应也会反向发生作用。总需求曲线向右下方倾斜的所有这三种解释都假设货币供给是固定的。

当某些原因引起每种物价水平下的需求量变动时,它会引起总需求曲线的移动。以下事件和政策会引起总需求移动。

- 消费变动引起的移动:如果消费者储蓄得更多,或者如果股票价格下降从而消费者感到更穷了,或者如果税收增加,则消费者的支出变少,总需求曲线向左移动。
- 投资变动引起的移动:如果企业对未来变得乐观并决定购买新设备,或者如果投资税收减免增加了投资,或者如果美联储增加了货币供给,从而降低了利率并增加了投资,则总需求曲线向右移动。
- 政府购买变动引起的移动:如果联邦、州或地方政府增加了购买,则总需求曲线向右移动。
- 净出口变动引起的移动:如果外国发生了衰退,从而从美国购买的物品少了,或者如果外汇市场上美元升值,则净出口减少,总需求曲线向左移动。

4. 总供给曲线

总供给曲线表示在每种物价水平下企业生产并销售的物品与服务量。在长期中,总供给曲线是垂直的,而在短期中,它向右上方倾斜。我们可以用图 23-1 来说明这两条供给曲线。

长期总供给曲线是垂直的,因为在长期中物品与服务的供给取决于资本、劳动和自然资源和技术知识。在长期中,物品与服务的供给不取决于物价水平。这是古典二分法和货币中性的图形表示。这就是说,如果物价水平上升,而且所有物品的价格同时上升,将不影响产量或任何其他真实变量。

长期总供给曲线表示的生产水平有时称为潜在产量或充分就业产量。由于产量在短期中可以暂时高于或低于这个水平,因此,更准确的名称是**自然产出水平**,因为这是失业处于其自然水平或正常水平时生产的产量。改变自然产出水平的任何事件都使长期总供给曲线向右或向左移动。由于在长期中产量取决于劳动、资本、自然资源和技术知识,因此我们就把长期总供给曲线移动的原因归入这些类别:

- **劳动变动引起的移动**：如果有外国移民或最低工资下降引起的自然失业率下降，那么长期总供给曲线向右移动。
- **资本变动引起的移动**：如果物质资本或人力资本增加，从而生产率提高，那么长期总供给曲线向右移动。
- **自然资源变动引起的移动**：如果发现了新资源，或者天气状况发生有利变动，那么长期总供给曲线向右移动。
- **技术知识变动引起的移动**：如果新发明投入应用，或对外贸易开放，那么长期总供给曲线向右移动。

可以把长期增长和通货膨胀表示为长期总供给曲线（由以上描述的事件引起的）向右移动，而且，由于货币供给增加，总需求曲线向右移动得更大。因此，随着时间的推移，产量增加，同时物价也会上升。

短期总供给曲线向右上方倾斜，这是因为物价水平变动引起短期内（比如说一年或两年内）产量背离其长期水平。有三种理论解释短期总供给曲线向右上方倾斜，而且，这三种理论都有一个共同的主题：当实际物价水平大于预期的物价水平时，产量增加到高于自然产出水平。这三种理论是：

- **黏性工资理论**：假设企业和工人根据预期的物价水平一致同意一项名义工资合同。如果物价水平下降到预期的水平之下，企业将支付同样的工资，但物品的价格降低了，这降低了企业的利润，使企业减少雇用的工人数量，并减少物品与服务的供给量。
- **黏性价格理论**：由于企业变动价格需要成本，称为**菜单成本**，因此，一些企业在不可预期的物价下降时并不降低自己的价格。因此，它的价格"如此之高"致使它们的销售量减少，从而引起物品与服务的供给量减少。
- **错觉理论**：当出现未预期到的物价水平下降时，供给者只注意到自己生产的某种物品的价格下降了。因此，他们错误地认为其物品的相对价格下降了，这就引起他们减少物品与服务的供给量。

以上所描述的三种效应也会在相反方向起作用。

要注意以上解释的两个特点：① 在每种情况下，供给量的变动是因为实际价格背离了预期的价格；② 这种效应是暂时的，因为人们将随着时间的推移调整自己的预期。我们可以用数学方法表示总供给：

$$供给量 = 自然产出水平 + \alpha(实际物价水平 - 预期物价水平)$$

式中，α 是一个决定产量对未预期到的物价水平变动反应有多大的数字。

使长期总供给曲线移动的事件也会使短期总供给曲线发生同方向的移动。但是，短期总供给曲线可以在长期总供给曲线保持不变时移动。在短期中，物品与服务的供给量取决于感知、工资和价格，而所有这些都根据预期的物价水平来确定。例如，如果工人和企业预期物价高，他们就会把工资定得更高，这在每种物价水平下降低了生产的获利性，并减少了物品与服务的供给量。因此，短期总供给曲线向左移动。较低的预期物价水平使短期总供给曲线向右移动。一般来说，引起生产成本增加的事件（工资或石油价格上升）将使短期总供给曲线向左移动，而生产成本减少将引起短期总供给曲线向右移动。

5．经济波动的两个原因

图23-2显示了长期均衡的总供给与总需求模型。这就是说，产量水平在总需求与长期总

供给相交的长期自然产出水平那一点,而且,正如短期总供给曲线相交于同一点上所表示的,感知、工资和价格完全调整到实际物价水平。

衰退的基本原因有两个:总需求曲线向左移动以及总供给曲线向左移动。

- **总需求曲线移动**。我们采取一个分四步的方法:① 确定经济事件影响哪条曲线。② 确定曲线移动的方向。③ 确定新的短期均衡。④ 确定从短期均衡到长期均衡的过渡。

假设家庭由于对未来悲观或焦虑而削减支出。在每一种物价水平下,消费者支出减少会使图 23-2 中的总需求曲线向左移动。在短期中,由于未预期到的物价水平下降,经济移动到 B 点。当价格下降

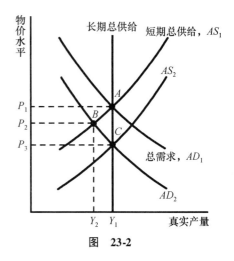

图 23-2

到低于预期水平时,黏性工资、黏性价格与关于相对价格的错觉会使得企业纷纷削减生产。我们可以看到,经济在点 (P_2, Y_2) 正处于衰退,因为产量低于其自然产出水平。随着时间的不断推移,衰退将自行补救或自行校正。由于实际物价低于以前的预期,随着时间的不断推移,物价预期将下降,工资和物价会下降到相当于 P_3 的水平。特别是,黏性工资理论表明,一旦工人和企业预期物价将下降,它们会协议降低工资。这使得生产增加,短期总供给曲线向右移动,并使经济到达 C 点。决策者可以通过增加政府支出或增加货币供给来增加总需求,从而消除衰退,如果政府正确地这样做了,经济将回到 A 点。总之,在短期中,总需求曲线移动引起产量波动。在长期中,总需求曲线移动只引起物价变动。决策者可以潜在地减轻经济波动的严重性。

图 23-2 可用来证明在短期中货币会发挥作用,但在长期中货币仍是中性的。最初的均衡点是 A 点,如果美联储减少了货币供给,经济均衡点移向 B 点,并经历衰退。因为产出下降了,我们说货币发挥了作用。在长期中,价格预期和工资下降,经济移向 C 点。产量回到自然产出水平,价格下降。因此,在长期中货币是中性的。

美国两次最大的总需求冲击是大萧条时期的总需求曲线向左移动和第二次世界大战期间的总需求曲线向右移动。2008—2009 年的经济衰退引起了总需求的显著减少。2006 年住房价格开始下降,造成借款者的贷款违约。银行取消抵押品的赎回权并出售了那些造成新住房建设支出崩溃的房子。那些拥有支持住房抵押贷款证券的金融机构遭受了损失并减少了贷款。所有这些导致了总需求曲线向左移动。政府尝试让总需求曲线向右移动。美联储降低利率,国会对金融体系进行救助,政府扩大其支出。

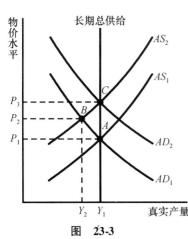

图 23-3

- **总供给曲线移动**。这里,我们同样用前面所述的四步法。假设石油输出国组织提高了石油价格,从而增加了许多企业的生产成本。因为这降低了获利性,所以在每种物价水平下企业的产量减少,在图 23-3 中短期总供给曲线向左移动。在短期中物价上升,沿着总需求曲线减少

了需求量,经济到达 B 点。由于产量减少(停滞)和物价水平上升(通货膨胀),经济经历了**滞胀**。物价水平上升会暂时地引起工人索要更高的工资,进一步地使短期总供给曲线向左移动,并暂时导致工资-物价螺旋式上升。但是,在长期中,Y_2 处的失业会对工人工资造成下降的压力,从而提高了获利性,总供给曲线回到原来的位置,从而使经济回到 A 点。此外,决策者可以增加总需求,并使经济到达 C 点,并同时避免经济到达 B 点。这时,决策者可以通过允许成本增加使物价持久地上升而抵消总供给曲线的向左移动。产量回到长期均衡水平,但物价上升了。总之,短期总供给减少引起滞胀。假如为了增加产量,决策者使总需求曲线移动,则会引发更严重的通货膨胀。

23.1.2 有益的提示

(1) 不存在沿着长期总供给曲线的真实变量的变动。当所有物价变动相同时,真实变量没有变。垂直的长期总供给曲线可以很直观地证明这一经典结论。在长期总供给曲线上选择任意一点。现在使物价水平和工资这类名义值翻一番。虽然物价水平翻了一番,但包括真实工资 W/P 在内的相对价格仍然不变。任何一个人的生产激励没有变,从而产出也没有变。这就说明,如果经济只是暂时地处于某个产量水平而不是长期的自然产出水平,那么至少有一些工资或物价没有调整到长期均衡的水平。这至少引起一些相对价格发生变动,并刺激或抑制了生产。实际上,这引起了沿着短期总供给曲线的变量变动。

(2) 产量可以波动到高于或低于自然产出水平。教科书中经济波动的例子往往集中在衰退上。也就是说,这些例子是用来说明低于自然产出水平时的产量。但是,要注意的是,产量也可能由于失业低于自然失业率水平而暂时高于自然产出水平。这种经济状态称为繁荣。当存在有利的总需求冲击时——例如,货币供给增加、国内投资增加或者政府购买增加——就会出现繁荣。当存在有利的总供给冲击时——例如,石油价格下降或者工会对工资上涨的要求减弱——也会出现繁荣。为了帮助你理解,我们将在后面的习题中用到这些例子。

(3) 你可以左右或上下移动短期总供给曲线。假设工人的工资上升,我们可以说明工资上升将增加生产成本,减少每种物价水平下的获利性,并减少每种物价水平下的产量。这就是说,这将使短期总供给曲线向左移动。但是,我们可以说明工资上升将增加生产成本,要求企业为了继续保持同样产量水平而收取更高的价格。这就是说,它使图形上的短期总供给曲线向上移动。在第一种情况下,我们减少了每种物价水平下的供给量。在第二种情况下,我们提高了每种供给量下的价格。这两种情况所引起的移动是相同的。

23.1.3 术语与定义

为每个关键术语选择一个定义。

关键术语	定 义
_____衰退	1. 与改变价格相关的成本。
_____萧条	2. 短期经济波动。
_____经济周期	3. 针对短期总供给减少的、增加总需求的政策。
_____总需求与总供给模型	4. 不太严重的收入下降和失业增加的时期。
_____总需求曲线	5. 表示在每种物价水平下,家庭、企业和政府想购买的物品与服务数量的曲线。

_____ 总供给曲线
_____ 自然产出水平
_____ 菜单成本
_____ 滞胀
_____ 抵消性政策

6. 一个经济在长期中当失业率处于其正常水平时达到的物品与服务的生产水平。
7. 产量减少而物价上升的时期。
8. 严重的收入下降和失业增加的时期。
9. 表示在每种物价水平下企业愿意生产的物品与服务数量的曲线。
10. 大多数经济学家用来解释经济中围绕长期趋势的短期波动的模型。

23.2 应用题与简答题

必要时在草稿纸上画出总需求与总供给模型的图形,以帮助你回答以下问题。

23.2.1 应用题

1. 针对以下四种情况,通过回答以下三个问题,找出每种冲击对总需求与总供给模型的影响:短期中物价与产量发生了什么变动?如果允许经济自身调整到长期均衡,长期中物价和产量发生了什么变动?如果决策者用干预政策使产量回到自然产出水平,而不让经济自我调整,则这些干预将使总需求曲线向哪一个方向变动?
   a. 总需求曲线向左移动。
   b. 总需求曲线向右移动。
   c. 短期总供给曲线向左移动。
   d. 短期总供给曲线向右移动。

2. 以下事件对哪一项有初始影响:总需求、短期总供给、长期总供给,或者短期与长期总供给?曲线是向右还是向左移动?
   a. 政府修复年久的道路和桥梁。
   b. 石油输出国组织提高石油价格。
   c. 政府增加失业补助,这提高了自然失业率。
   d. 美国人感到自己的工作更有保障,并变得更为乐观。
   e. 计算机在钢铁制造中的应用取得了技术进步。
   f. 政府提高最低工资。
   g. 由于预期物价水平下降,新毕业大学生的工资要求下降了。
   h. 美联储减少货币供给。
   i. 干旱摧毁了中西部的大部分农作物。

3. 假设经济处于长期均衡,再假设美联储突然增加货币供给。
   a. 在总需求与总供给模型中,可以通过解释哪一条曲线以哪一种方式移动来说明这个事件的初始影响?
   b. 短期中物价水平和真实产量会发生什么样的变动?
   c. 如果允许经济对货币供给增加作出调整,那么长期中物价水平和真实产量与其原来的水平相比又会发生什么样的变动?经济学家们将货币供给对经济的长期影响称为什么?

d. 货币供给增加能使产量永远高于自然产出水平吗？为什么？
4. 假设经济处于长期均衡。再假设工人和企业突然预期未来物价上升，并一致同意提高工资。
   a. 在总需求与总供给模型中，可以通过解释哪一条曲线以哪一种方式移动来说明这个事件的初始影响？
   b. 短期中物价水平和真实产量发生了什么变动？
   c. 这种产量和物价变动的组合，我们称它为什么？
   d. 如果决策者想使产量回到自然产出水平，那么他们应该做些什么？
   e. 如果决策者能使产量回到自然产出水平，那么这种政策对物价有什么影响？
   f. 如果决策者什么也不做，随着经济自我校正或调整回到自然产出水平，那么工资会发生什么变动？
   g. 仅仅是物价预期上升和工资上升能引起物价水平长期上升吗？解释之。
5. 假设经济处于图23-2(见第305页)中的 B 点。这就是说，总需求减少，而经济处于衰退中。用以下三种理论中的短期总供给曲线，说明经济自身调节到 C 点必需的调整过程。
   a. 黏性工资理论
   b. 黏性价格理论
   c. 错觉理论
   d. 你认为上述类型的调整是在衰退状态下进行得更快，还是在产量高于长期自然产出水平时更快？为什么？

23.2.2 简答题

1. 说出关于经济波动的三个关键事实。
2. 总需求曲线向右下方倾斜的三个原因是什么？解释之。
3. 用黏性工资理论解释短期总供给曲线的斜率。
4. 在短期中，总需求的移动能改变产出吗？为什么？
5. 在长期中，总需求的移动能改变产出吗？为什么？
6. 如果经济正处于衰退中，那么为什么决策者会选择以调整总需求来消除衰退，而不是让经济自我补救或是自我校正？
7. 在经济周期中，总需求的哪一部分变动最大？
8. 为什么在短期中货币供给的减少不可能是中性的？
9. 假设石油输出国组织瓦解，石油价格大幅度下降。起初，在总需求与总供给模型中，哪一条曲线移动？向哪个方向移动？物价水平和真实产量会发生什么变动？
10. 什么会引起短期总供给曲线和长期总供给曲线同时移动？什么只是引起短期总供给曲线移动而长期总供给曲线保持不变？

23.3 自我测试题

23.3.1 判断正误题

_____1. 在过去50年间，美国的真实GDP每年增长5%左右。

_____ 2. 投资是经济周期中非常容易变动的支出的组成部分。
_____ 3. 物价预期上升使长期总供给曲线向左移动。
_____ 4. 如果古典二分法和货币中性在长期中成立,那么长期总供给曲线就应该是一条垂线。
_____ 5. 经济学家把产量的波动作为"经济周期",因为产量的变动是有规律且可预测的。
_____ 6. 总需求曲线向右下方倾斜的一个原因是财富效应:物价水平下降增加了货币持有量的价值并增加了消费支出。
_____ 7. 如果美联储增加货币供给,总需求曲线就向左移动。
_____ 8. 错觉理论解释了总供给曲线为什么向右下方倾斜。
_____ 9. 引起工资上升的物价预期上升使短期总供给曲线向左移动。
_____ 10. 如果经济处于衰退中,随着工资和物价预期上升,经济将自行调整到长期均衡。
_____ 11. 在短期中,如果政府为了平衡其预算而削减支出,这就可能引起衰退。
_____ 12. 总需求增加的短期效应是产量增加和物价上升。
_____ 13. 石油价格上升会引起滞胀。
_____ 14. 在长期中,政府支出增加会增加产量,并使物价上升。
_____ 15. 如果决策者选择使经济走出衰退,那么他们就应该采用减少总需求的政策工具。

23.3.2 单项选择题

1. 以下哪一种关于经济波动的表述是正确的?
   a. 经济衰退是指产量高于自然产出水平。
   b. 萧条是温和的衰退。
   c. 经济波动之所以称为"经济周期",是因为产量的变动是有规律且可预测的。
   d. 可以用各种支出、收入和产量的衡量指标来衡量经济波动,因为大多数宏观经济变量往往同时波动。
   e. 以上各项都不对。

2. 根据利率效应,总需求向右下方倾斜(斜率为负)是因为_____。
   a. 低物价增加了货币持有量的价值和消费支出
   b. 低物价减少了货币持有量的价值和消费支出
   c. 低物价减少了货币持有量,增加了贷款,利率下降,投资支出增加
   d. 低物价增加了货币持有量,减少了贷款,利率上升,投资支出减少

3. 以下哪一项不会引起长期总供给曲线移动?
   a. 可获得的劳动增加。
   b. 可获得的资本增加。
   c. 可获得的技术增加。
   d. 物价预期上升。
   e. 以上各项都使长期总供给曲线移动。

4. 以下哪一项不是总需求曲线向右下方倾斜的原因?
   a. 财富效应。
   b. 利率效应。
   c. 古典二分法或货币中性效应。
   d. 汇率效应。

5. 在总需求与总供给模型中,消费者乐观情绪增长的初始影响是_____。

a. 短期总供给曲线向右移动
b. 短期总供给曲线向左移动
c. 总需求曲线向右移动
d. 总需求曲线向左移动
e. 长期总供给曲线向左移动

6. 以下哪一种关于长期总供给曲线的表述是正确的？长期总供给曲线_____。
   a. 当自然失业率下降时向左移动
   b. 是垂直的，因为所有物价与工资相等的变动并不影响产量
   c. 向右上方倾斜，因为价格预期和工资在长期中是固定的
   d. 当政府提高最低工资时向右移动

7. 根据财富效应，总需求曲线向右下方倾斜是因为_____。
   a. 低物价提高了货币持有量的价值，并增加了消费者支出
   b. 低物价降低了货币持有量的价值，并减少了消费者支出
   c. 低物价减少了货币持有量，增加了贷款，利率下降，投资支出增加
   d. 低物价增加了货币持有量，减少了贷款，利率上升，投资支出减少

8. 自然产出水平是什么情况下生产的真实GDP？
   a. 没有失业时。
   b. 经济处于自然投资水平时。
   c. 经济处于自然总需求水平时。
   d. 经济处于自然失业率时。

9. 假设物价水平下降。由于名义工资由合同固定，企业变得无利可图，并且开始削减产量。这是以下哪一种理论的证明？
   a. 短期总供给曲线的黏性工资理论。
   b. 短期总供给曲线的黏性价格理论。
   c. 短期总供给曲线的错觉理论。
   d. 短期总供给曲线的古典二分法理论。

10. 假设物价水平下降，但供给者只注意到自己的某种物品价格下降。由于认为自己物品的相对价格下降，他们开始削减产量。这是以下哪一种理论的证明？
    a. 短期总供给曲线的黏性工资理论。
    b. 短期总供给曲线的黏性价格理论。
    c. 短期总供给曲线的错觉理论。
    d. 短期总供给曲线的古典二分法理论。

11. 假设经济起初处于长期均衡。再假设由于冷战结束，军费支出减少。根据总需求与总供给模型，短期中物价与产量会发生什么变动？
    a. 物价上升，产量增加。
    b. 物价上升，产量减少。
    c. 物价下降，产量减少。
    d. 物价下降，产量增加。

12. 假设经济起初处于长期均衡。再假设由于冷战结束，军费支出减少。根据总需求与总供给模型，长期中物价和产量会发生什么变动？
    a. 物价上升，产量仍然是其初始值不变。
    b. 物价下降，产量仍然是其初始值不变。
    c. 产量增加，物价仍然是其初始值不变。
    d. 产量减少，物价仍然是其初始值不变。
    e. 产量和物价水平都仍然是其初始值不变。

13. 假设经济起初处于长期均衡。再假设发生了摧毁大部分小麦的旱灾。根据总需求与总供给模型，短期中物价和产量会发生什么变动？
    a. 物价上升，产量增加。
    b. 物价上升，产量减少。
    c. 物价下降，产量减少。

d. 物价下降,产量增加。

14. 假设经济起初处于长期均衡。再假设发生了摧毁大部分小麦的旱灾。如果决策者让经济自行调整到其长期均衡水平,根据总需求与总供给模型,长期中物价和产量会发生什么变动?
    a. 物价上升,产量仍然是其初始值不变。
    b. 物价下降,产量仍然是其初始值不变。
    c. 产量增加,物价仍然是其初始值不变。
    d. 产量减少,物价仍然是其初始值不变。
    e. 产量和物价都仍然是其初始值不变。

15. 当经济经历以下哪一种情况时就会发生滞胀?
    a. 物价下降和产量减少。
    b. 物价下降和产量增加。
    c. 物价上升和产量增加。
    d. 物价上升和产量减少。

16. 以下哪一个事件会使短期总供给曲线向右移动?
    a. 政府军备支出增加。
    b. 物价预期上升。
    c. 石油价格下降。
    d. 货币供给减少。
    e. 以上各项都不是。

用图 23-4 回答第 17 和第 18 题。

17. 假设经济正处于衰退状态,如图 23-4 中 B 点所示。如果决策者希望产量变动到其长期自然产出水平,那么他们应该努力_____。
    a. 使总需求曲线向右移动
    b. 使总需求曲线向左移动
    c. 使短期总供给曲线向右移动
    d. 使短期总供给曲线向左移动

18. 假设经济正处于衰退状态,如图 23-4

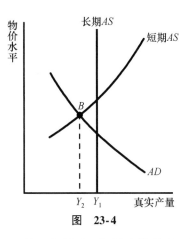

图 23-4

中 B 点所示。如果决策者让经济自行调整到长期自然产出水平,那么_____。
a. 人们将提高自己的物价预期,并且短期总供给曲线将向左移动
b. 人们将降低自己的物价预期,并且短期总供给曲线将向右移动
c. 人们将提高自己的物价预期,并且总需求曲线将向左移动
d. 人们将降低自己的物价预期,并且总需求曲线将向右移动

19. 根据总供给与总需求模型,在长期中,货币供给增加将引起_____。
    a. 物价上升,产量增加
    b. 物价下降,产量减少
    c. 物价上升,产量保持不变
    d. 物价下降,产量保持不变

20. 如果决策者做了以下哪一件事,就可以说他们"抵消"了不利的供给冲击?
    a. 通过增加总需求对不利供给冲击作出反应,这会进一步提高物价。
    b. 通过减少总需求对不利供给冲击作出反应,这会降低物价。
    c. 通过减少短期总供给对不利供给冲击作出反应。
    d. 不对不利的供给冲击作出反应,允许经济自行调整。

23.4 进阶思考题

你正在收看电视新闻。新闻报道称,今年工会的工资要求很高,因为工人预期通货膨胀率上升。你的室友说:"通货膨胀是一个自我实现的预言。如果工人认为物价会继续走高,那么他们就要求高工资。这会增加生产成本,而且,企业也提高了产品价格。预期的物价上升只会引起更高的物价。"

1. 这种看法在短期内是否正确呢?解释之。
2. 如果决策者无所作为,并允许经济自行调整到自然产出水平,那么预期的物价上升在长期中会引起高物价吗?解释之。
3. 如果决策者抵消不利的供给冲击,那么预期的物价上升在长期中会引起高物价吗?解释之。

习 题 答 案

23.1.3 术语与定义

4	衰退	9	总供给曲线
8	萧条	6	自然产出水平
2	经济周期	1	菜单成本
10	总需求与总供给模型	7	滞胀
5	总需求曲线	3	抵消性政策

23.2.1 应用题

1. a. 物价下降,产量减少。物价下降,产量回到自然产出水平。总需求曲线向右移动。
   b. 物价上升,产量增加。物价上升,产量回到自然产出水平。总需求曲线向左移动。
   c. 物价上升,产量减少。物价水平回到初始值,产量回到自然产出水平。总需求曲线向右移动。
   d. 物价下降,产量增加。物价水平回到初始值,产量回到自然产出水平。总需求曲线向左移动。
2. a. 总需求,向右移动。
   b. 短期总供给,向左移动。
   c. 短期和长期总供给,向左移动。
   d. 总需求,向右移动。
   e. 短期和长期总供给,向右移动。
   f. 短期和长期总供给,向左移动。
   g. 短期总供给,向右移动。
   h. 总需求,向左移动。
   i. 短期总供给,向左移动。

3. a. 总需求曲线向右移动。
   b. 物价水平上升,真实产量增加。
   c. 物价水平上升,真实产量保持不变。货币中性。
   d. 不能。随着时间的推移,人们和企业通过提高自己的价格和工资而调整到新的更高支出量。
4. a. 短期总供给曲线向左移动。
   b. 物价上升,产量减少。
   c. 滞胀。
   d. 使总需求曲线向右移动。
   e. 物价将上升更多,并保持在这一水平。
   f. 低产量水平时的高失业迫使工资下降到初始值,这使短期总供给曲线回到其原来的位置。
   g. 不能。生产成本增加需要政府用永久提高物价的政策来"抵消"。
5. a. 在 B 点,物价下降,但名义工资基于高物价预期而固定在一个较高水平。企业获利性下降,因此选择缩减生产。由于工人和企业认识到物价水平下降,新的合同将降低名义工资。劳动成本下降使得企业在每种物价水平下增加生产,这使短期总供给曲线向右移动。
   b. 在 B 点,一些企业由于菜单成本而并没有降低自己的价格。它们的物品相对来说较为昂贵,销售量减少。当企业认识到低物价水平是永久的时,它们降低自己的价格,在每种物价水平下产量增加,这使短期总供给曲线向右移动。
   c. 在 B 点,一些企业错误地认为只有它们的物品价格下降了,因此,它们削减生产。当企业认识到所有的物价都下降了时,它们在每种物价水平下将增加生产,这使短期总供给曲线向右移动。
   d. 在衰退状态下调整得更为缓慢,因为这要求价格下降,而价格通常有向下的黏性。当产量高于正常水平时,这种调整要求物价与工资上升。

23.2.2 简答题

1. 经济波动是无规律且不可预期的;大多数宏观经济变量同时变动;当产量减少时,失业增加。
2. 财富效应:物价下降增加了货币持有量的价值,消费支出增加。利率效应:物价下降减少了所持有的货币量,一些被贷出,利率下降,投资支出增加。汇率效应:物价下降降低了利率,美元贬值,净出口增加。
3. 在短期中,名义工资是固定在固定价格预期的基础之上的。如果实际价格出乎预料地下降,而名义工资保持不变,则企业的获利性下降,选择缩减生产。
4. 能。总需求的变化使得实际价格与预期价格相偏离。由于黏性工资、黏性价格及相对价格的错觉,企业作出减少产出的反应。
5. 不能。在长期中,产量由要素供给和技术(即长期总供给)决定。在长期中总需求的变动只会影响价格。
6. 因为决策者认为他们可以使经济更快地回到长期的自然产出水平,或者在负供给冲击的情况下,因为他们更关心产出而不是通货膨胀。
7. 投资。
8. 由货币供给减少引起的总需求减少会出乎预料地降低物价水平。在短期中,一些物价与工资水平保持不变,而一些生产者对相对价格产生的错觉使得产出水平下降。
9. 短期总供给曲线向右移动。物价水平下降,真实产量增加。
10. 可获得的生产要素(劳动、资本和自然资源)和技术的变动会引起长期总供给曲线和短期总供给曲线同时移动。与工资要求和石油价格相关的物价预期变动只会引起短期总供给曲线移动。

23.3.1 判断正误题

1. 错误;美国经济每年增长3%左右。
2. 正确。
3. 错误;物价预期变动使短期总供给曲线移动。
4. 正确。
5. 错误;产量波动是无规律的。
6. 正确。
7. 错误;总需求曲线向右移动。
8. 错误;它解释短期总供给曲线为什么向右上方倾斜。
9. 正确。
10. 错误;在衰退中,随着物价和工资下降,经济将自行调整到长期均衡。
11. 正确。
12. 正确。
13. 正确。
14. 错误;在长期中,它会使物价上升,但对产量没有影响。
15. 错误;决策者应该采用增加总需求的政策工具。

23.3.2 单项选择题

1. d 2. c 3. d 4. c 5. c 6. b 7. a 8. d 9. a 10. c
11. c 12. b 13. b 14. e 15. d 16. c 17. a 18. b 19. c 20. a

23.4 进阶思考题

1. 正确。物价预期上升使短期总供给曲线向左移动,从而物价上升。
2. 不会。在长期中,失业增加将引起工资和物价预期下降到其以前的水平。
3. 会。如果决策者用增加总需求来抵消不利供给冲击,那么物价水平将永久上升。

第 24 章
货币政策和财政政策对总需求的影响

目 标

在本章中你将

- 了解作为短期利率理论的流动性偏好理论
- 分析货币政策是如何影响利率和总需求的
- 分析财政政策是如何影响利率和总需求的
- 讨论有关决策者是否应该试图稳定经济的争论

效 果

在实现这些目标之后,你应该能

- 说明短期内货币供给的增加会对利率有什么影响
- 说明货币供给增加对总需求有什么影响
- 解释挤出效应
- 讨论财政政策和货币政策的时滞效应

24.1 本章概述

24.1.1 本章复习

前面我们阐述了总需求曲线和短期总供给曲线的移动引起经济中围绕其长期趋势的短期波动,以及货币政策和财政政策制定者可以如何改变总需求来稳定经济。在本章中,我们论述稳定政策背后的理论以及稳定政策的一些缺点。

1. 货币政策如何影响总需求

总需求曲线表示在每种物价水平下的物品与服务的需求量。回想一下第23章,总需求曲线由于财富效应、利率效应和汇率效应而向右下方倾斜。由于货币是总财富的一小部分,而且,由于国际部门是美国经济的一小部分,因此总需求曲线向右下方倾斜的最重要原因是利率效应。

利率是总需求的关键决定因素。为了说明货币政策如何影响总需求,我们提出被称为**流动性偏好理论**的凯恩斯利率决定理论。该理论说明利率由货币的供求决定。要注意的是,被决定的利率既是名义利率,也是真实利率,因为在短期中预期的通货膨胀是不变的,因此,名义利率的变动等于真实利率的变动。

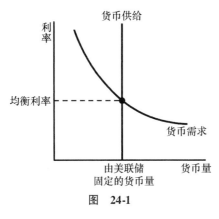

图 24-1

回想一下,货币供给由美联储决定,而且,可以固定在美联储选择的任何水平上。因此,货币供给不受利率影响,是如图 24-1 所示的一条垂直线。人们有货币需求,是因为货币作为最具流动性的资产,是交换媒介。因此,由于人们要用货币买东西,所以即使货币没有收益率,人们也需要货币。利率是持有货币的机会成本。当利率上升时,人们更多地以有利息的债券的形式持有财富,并减少他们的货币持有量。因此,货币需求量减少。图 24-1 说明了这一点。均衡利率由货币供给曲线与货币需求曲线的交点决定。

在长期中利率由可贷资金的供求状况决定,在短期中利率由货币的供求状况决定。这并不矛盾。

- 在长期中,产量由要素供给和生产技术所固定,利率的调整使可贷资金的供求平衡,物价水平的调整使货币的供求平衡。
- 在短期中,物价水平是黏性的,不能调整。在任何一个既定的物价水平下,利率的调整使货币的供求平衡,利率影响总需求,进而影响产量。

每一种理论强调了不同时间期限内利率的走势。

我们可以用流动性偏好理论来提高我们对总需求曲线向右下方倾斜解释的准确性。回想一下前面的章节,货币需求与物价水平正相关,因为当物价上升时,人们需要更多的货币去购买等量物品。因此,如图 24-2(a)所示,物价水平上升使货币需求曲线向右移动。在货币供给固定时,货币需求增加提高了利率。利率的上升使投资支出减少,并引起图 24-2(b)中物品与服务需求量的减少。

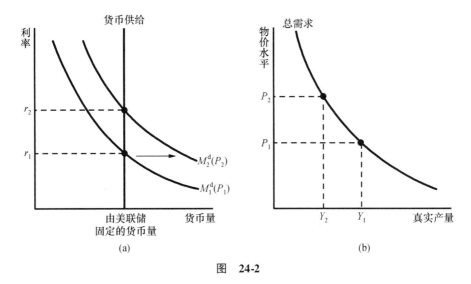

图 24-2

回到本节的重点：货币政策如何影响总需求？假设美联储购买政府债券使货币供给曲线向右移动，如图24-3(a)所示。利率下降，降低了投资借款的成本。因此，在每种物价水平下物品与服务的需求量增加，这使图24-3(b)中的总需求曲线向右移动。

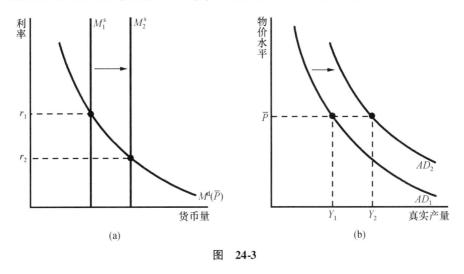

图 24-3

美联储可以通过把货币供给或利率作为目标来实施货币政策。近年来，由于货币供给难以衡量，并且对于一个既定的货币供给量，货币需求的波动会引起利率、总需求和产出的波动，因此美联储把利率作为目标。特别是，美联储把**联邦基金利率**——银行相互之间对短期贷款收取的利率——作为目标。美联储的目标是货币供给还是利率对我们的分析没有什么影响，因为每一种货币政策都可以用货币供给或利率来说明。例如，用来增加总需求的货币政策扩张就可以用增加目标货币供给或降低目标利率来说明。

此时，如果利率已经接近于零，那么以扩张性货币政策来提振经济也许不会成功。这就是我们所熟知的"流动性陷阱"。但是，美联储仍然能够通过一些方式来刺激经济的扩张，例如增加通货膨胀预期和降低实际利率，购买诸如抵押贷款之类的资产和能够降低购买工具利率的企业债务(称为量化宽松政策),以及确立较高的通货膨胀目标从而降低实际利率,等等。

2. 财政政策如何影响总需求

财政政策是指政府对政府购买和税收水平的选择。财政政策在长期中可以影响增长,而在短期中主要是影响总需求。

政府增加200亿美元购买军用飞机反映在总需求曲线向右移动上。实际向右移动的幅度大于或小于200亿美元有两个原因。

- **乘数效应**:当政府把200亿美元支出于飞机时,以工资和飞机制造商利润为形式的收入增加。得到新收入的人增加他们用于消费品的支出,这就增加了其他企业的人们的收入,从而进一步增加了消费支出,如此循环往复。由于总需求的增加可能大于政府购买的增加,因此可以说政府购买对总需求有**乘数效应**。有一个计算乘数效应大小的公式。它表明政府每支出1美元,总需求曲线向右移动的幅度为$1/(1-MPC)$。式中,MPC代表**边际消费倾向**——家庭额外收入中用于消费支出的比例。例如,如果MPC是0.75,乘数就是$1/(1-0.75)=1/0.25=4$,这意味着政府支出1美元使总需求曲线向右移动的幅度为4美元。MPC增加提高了乘数。

除乘数之外,政府购买增加还会引起企业增加用于新设备的投资,这进一步增加了总需求对政府购买最初增加的反应。这称为**投资加速数**。

因此,总需求曲线的移动幅度可能大于政府购买的变动。

乘数效应的逻辑也适用于除政府购买以外的支出变动。例如,对消费、投资和净出口的冲击都会对总需求产生乘数效应。

- **挤出效应**:**挤出效应**与乘数效应发生作用的方向相反。政府购买增加(正如上例中一样)增加了收入,这使货币需求曲线向右移动。这就提高了利率,减少了投资。因此,政府购买增加提高了利率,并减少或挤出了私人投资。由于挤出效应,总需求曲线向右移动的幅度可能小于政府购买的增加。

总需求曲线最后移动的幅度是大于还是小于政府购买的最初变动,取决于是乘数效应大还是挤出效应大。

财政政策的另一个方面是税收。税收减少增加了家庭可支配的收入,从而增加了消费。因此,减税使总需求曲线向右移动,而增税使总需求曲线向左移动。总需求曲线移动幅度的大小取决于上述的乘数效应和挤出效应的大小。此外,如果家庭感到减税是长期的,会大大改善家庭财务状况,就会大大增加总需求;如果家庭认为税收变化只是短期的,其对总需求的影响就会小得多。

财政政策乘数的大小是很难预测的。

最后,由于两个原因财政政策还会影响总供给。第一,减税能提高工作激励,并引起总供给曲线向右移动。**供给学派**认为,这种效应是如此之大以至于可以增加税收。绝大多数经济学家认为,正常情况并非如此。第二,政府对道路和桥梁这类资本的购买能增加每种物价水平下的供给量,并使总供给曲线向右移动。在长期内,后一种效应可能更明显。

3. 运用政策来稳定经济

凯恩斯(及其追随者)认为,政府应该积极地运用货币政策和财政政策去稳定总需求,进而稳定产量和就业。

1946年的《就业法案》赋予联邦政府促进充分就业和生产的责任。这个法案有两个含义：① 政府不应该成为经济波动的原因，因此，它应该避免财政政策和货币政策的突然变动；② 政府应该对私人经济的变动作出反应，以便更好地稳定它。例如，如果消费者的悲观情绪减少了总需求，那么适当的扩张性货币政策或财政政策可以刺激总需求回到原来的水平，从而会避免衰退。此外，如果过度乐观情绪增加了总需求，那么紧缩性货币政策或财政政策可以抑制总需求回到原来的水平，从而避免通货膨胀的压力。不去积极地稳定经济，就会引起产量和就业不必要的波动。

一些经济学家认为，政府不应该运用货币政策和财政政策来稳定经济中的短期波动。他们认为，在理论上积极的政策可以稳定经济，但在实际中货币政策和财政政策对经济的影响有相当大的时滞。货币政策的时滞至少是6个月，因此，对美联储来说，"微调"经济是相当困难的。财政政策有漫长的政治时滞，因为通过支出和税收法案要几个月或几年的时间。这些时滞意味着积极的政策会使经济不稳定，因为扩张性政策可能在私人总需求过大时碰巧增加了总需求，而紧缩性政策可能在私人总需求不足时碰巧减少了总需求。

自动稳定器是在衰退时自发地刺激需求的财政政策变动。因此，决策者不用采取有意的行动。在衰退时期，当收入和利润减少的时候，税制自动地减少了税收。而且在衰退时期，由于失业补助和福利支出增加，政府的支出自动增加了。因此，在衰退时期，税收和政府支出制度增加了总需求。严格的平衡预算规则会消除自动稳定器功能，因为政府不得不在衰退期间增加税收或减少支出。

24.1.2　有益的提示

（1）可以用各种方式推导出乘数。你的教科书会告诉你，乘数的值是 $1/(1-MPC)$。但是，它并没告诉你这个数字是如何得出来的。以下你将发现在政府支出增加的情况下得出乘数值的许多不同方法中的一种：

$$\Delta 需求量 = \Delta 对物品的支出$$

这说明，需求量的变动等于对物品支出的变动。Y 代表需求量，G 代表政府支出。要注意产量等于收入。那么，

$$\Delta Y = \Delta G + (MPC \times \Delta Y)$$

这说明需求量的变动等于总支出的变动，这里的总支出变动包括政府支出变动加上收入增加引起的消费支出变动（比如说收入变动的0.75）。

求解 ΔY，我们可得出：

$$\Delta Y - (MPC \times \Delta Y) = \Delta G$$
$$\Delta Y \times (1 - MPC) = \Delta G$$
$$\Delta Y = 1/(1 - MPC) \times \Delta G$$

这说明政府支出增加1美元引起总需求增加 $1/(1-MPC) \times 1$ 美元。如果 MPC 等于0.75，那么 $1/(1-0.75)=4$，即政府支出增加1美元使总需求增加4美元。

（2）MPC 增加提高了乘数。如果 MPC 是0.80，这表明人们把收入增加中的80%用于消费，乘数变为 $1/(1-0.80)=5$。这比以上 MPC 为0.75时得出的乘数大。我们可以对这个结果作一个直观的说明。如果人们把增加的收入中更高的百分比用于消费，那么任何新的政府购买将有更大的乘数效应，而且，总需求曲线进一步向右移动。

（3）乘数在两个方向上起作用。如果政府减少购买，乘数效应表明总需求曲线向左移动的量将大于政府购买的最初减少量。当政府减少购买时，人们的工资和利润减少，他们就会

减少消费支出等。这也会导致总需求数倍收缩。

(4) 积极稳定政策有许多说明性名称。积极稳定政策是用相机抉择的货币政策和财政政策以把产量波动减少到最小的方式来稳定总需求,并使产量保持在长期自然产出水平上。因此,积极稳定政策有时被称为相机抉择的政策,以便与自动稳定器区分开。它也被称为总需求管理政策,因为货币政策和财政政策是用来调节或管理经济中的总需求的。最后,由于决策者试图通过在总需求过高时减少总需求,而在总需求过低时增加总需求来抑制经济周期,积极稳定政策有时也被称为反经济周期的政策。

(5) 可以用积极稳定政策使产量从高于或低于自然产出水平向长期的自然产出水平变动。正如上一章中所说的那样,教科书中的大多数稳定政策例子是假设经济处于衰退中的产量低于长期自然产出水平的。但是,积极稳定政策也可以在产量高于长期自然产出水平时期用于减少总需求和产量。当产量高于自然产出水平的时候,我们有时说经济处于繁荣、扩张之中,或者说经济过热。当经济的产量高于自然产出水平的时候,称为经济过热,这是因为若任其发展下去,经济将调整到更高的预期物价与工资水平,而且产量将下降到自然产出水平(短期总供给曲线向左移动)。大多数经济学家认为,美联储需要政治上的独立性,以应对过热的经济。这是因为对过热经济的积极政策反应是减少总需求,而这往往会面临政治上的强烈反对。这就是说,"在宴会进行时拿走香槟酒杯"在政治上可能是不受欢迎的。

24.1.3 术语与定义

为每个关键术语选择一个定义。

关键术语	定 义
_____ 流动性偏好理论	1. 扩张性财政政策对总需求移动的抑制,它提高了利率并减少了投资支出。
_____ 流动性	2. 银行相互之间对短期贷款收取的利率。
_____ 联邦基金利率	3. 扩张性财政政策引起的总需求变动幅度的放大,它增加了投资支出。
_____ 财政政策	4. 凯恩斯关于利率在短期中由货币供求决定的理论。
_____ 乘数效应	5. 不要求决策者采取有意行动的财政政策变动。
_____ 投资加速数	6. 用财政政策和货币政策减少经济中的波动。
_____ 边际消费倾向(MPC)	7. 扩张性财政政策引起的总需求变动幅度的放大,它增加了收入,并进一步增加了消费支出。
_____ 挤出效应	8. 一种资产转变为交换媒介的容易程度。
_____ 稳定政策	9. 家庭额外收入中用于消费支出的比例。
_____ 自动稳定器	10. 由政府决策者确定的政府支出水平及税收水平等政策。

24.2 应用题与简答题

24.2.1 应用题

1. 如果美联储实施积极稳定的政策,针对以下事件,它应该按哪一个方向来变动货币供给?
   a. 乐观主义情绪刺激了企业投资和居民消费
   b. 为了平衡预算,联邦政府增税并减少支出
   c. 石油输出国组织提高原油价格
   d. 外国人对美国生产的福特汽车的偏好减弱了
   e. 股市下跌
2. 如果美联储实施积极的稳定政策,针对上一题列出的相同事件,它应该按哪一个方向来变动利率?
   a. 乐观主义情绪刺激了企业投资和居民消费
   b. 为了平衡预算,联邦政府增税并减少支出
   c. 石油输出国组织提高原油价格
   d. 外国人对美国生产的福特汽车的偏好减弱了
   e. 股市下跌
   f. 解释美联储关于货币供给的政策与关于利率的政策之间的关系
3. 如果决策者要用财政政策积极地稳定经济,他们应该按哪一个方向来变动政府支出和税收?
   a. 悲观主义情绪减少了企业投资和居民消费
   b. 价格预期上升引起工会要求提高工资
   c. 外国人更偏好美国生产的福特汽车
   d. 石油输出国组织提高原油价格
4. 假设经济处于衰退中。决策者估计,实现长期自然产出水平需要的总需求短缺1000亿美元。这就是说,如果总需求曲线向右移动的幅度为1000亿美元,经济就会处于长期均衡。
   a. 假设联邦政府选择用财政政策来稳定经济,如果 MPC 是0.75,而且没有挤出效应,那么应该增加多少政府支出?
   b. 假设联邦政府选择用财政政策来稳定经济,如果 MPC 是0.80,而且没有挤出效应,那么应该增加多少政府支出?
   c. 如果有挤出效应,那么需要的政府支出比你在问题 a 和 b 中得出的量是更大还是更小?为什么?
   d. 如果投资对利率十分敏感,那么挤出效应问题是更大了,还是更小了?为什么?
   e. 如果决策者发现,财政政策的时滞是两年,那么他们更可能把财政政策作为稳定工具,还是更可能让经济自行调整?为什么?
5. a. 短期中货币供给增加对利率有什么影响?为什么?
   b. 长期中货币供给增加对利率有什么影响?为什么?
   c. 这些结论一致吗?为什么?

24.2.2 简答题

1. 为什么在以利率为纵轴、以货币量为横轴的图上画出货币供给曲线时,这条曲线是垂直的?
2. 为什么在以利率为纵轴、以货币量为横轴的图上画出货币需求曲线时,这条曲线是向

右下方倾斜的？
3. 为什么物价水平上升减少了真实产量的需求量？（用利率效应来解释总需求曲线的斜率。）
4. 试解释货币供给增加如何移动总需求曲线。
5. 试解释政府支出增加的乘数效应。为什么 MPC 更大会使乘数效应更大？
6. 试解释政府支出增加如何引起挤出效应。
7. 假设政府对公共设施计划支出 100 亿美元，打算以此刺激总需求。如果挤出效应大于乘数效应，总需求曲线向右移动的幅度是大于还是小于 100 亿美元？为什么？
8. 减税是如何影响总供给的？
9. 哪一项对总需求的影响更大？是暂时减税，还是永久减税？为什么？
10. 试解释为什么税收和政府支出可以起到"自动稳定器"的作用。严格的平衡预算规则会使决策者在衰退期间做什么？这将缓解还是加剧衰退？

24.3 自我测试题

24.3.1 判断正误题

_____ 1. 利率上升增加了货币需求量，因为它提高了货币的收益率。
_____ 2. 当在以利率为纵轴、以货币量为横轴的图上画出货币需求时，物价水平上升使货币需求曲线向右移动。
_____ 3. 凯恩斯的流动性偏好理论表明，利率由货币的供求状况决定。
_____ 4. 利率效应表明，总需求曲线向右下方倾斜是因为物价水平上升使货币需求曲线向右移动，提高了利率，并减少了投资。
_____ 5. 货币供给增加使货币供给曲线向右移动，提高了利率，减少了投资，并使总需求曲线向左移动。
_____ 6. 假设投资者和消费者对未来变得悲观，并削减支出。如果美联储采取积极的稳定政策，应对政策应该是减少货币供给。
_____ 7. 在短期中，美联储增加目标货币供给的决策在本质上与降低目标利率的决策相同。
_____ 8. 由于乘数效应，政府支出增加 400 亿美元将使总需求曲线向右移动的幅度大于 400 亿美元（假设没有挤出效应）。
_____ 9. 如果 MPC 是 0.80，那么乘数的值是 8。
_____ 10. 当政府支出的增加增加了收入，使货币需求曲线向右移动，提高了利率，并减少了私人投资时，挤出效应就发生了。
_____ 11. 假设政府增加了 100 亿美元支出，如果挤出效应大于乘数效应，那么总需求曲线向右移动的幅度大于 100 亿美元。
_____ 12. 假设投资者和消费者对未来变得悲观，并削减支出。如果政策制定者采取积极的稳定政策，应对政策应该是减少政府支出并增加税收。
_____ 13. 许多经济学家偏爱自动稳定器，因为它影响经济的时滞短于积极的稳定政策。

_____ 14. 在短期中,利率由可贷资金市场决定,而在长期中,利率由货币供求决定。

_____ 15. 失业补助是自动稳定器的一个例子,因为当收入减少时,失业补助增加。

24.3.2 单项选择题

1. 凯恩斯的流动性偏好利率理论表明,决定利率的是_____。
   a. 可贷资本的供求
   b. 货币的供求
   c. 劳动的供求
   d. 总供给与总需求

2. 当用以利率为纵轴、以货币量为横轴的图形表示货币需求时,利率上升_____。
   a. 增加了货币需求量
   b. 增加了货币需求
   c. 减少了货币需求量
   d. 减少了货币需求
   e. 以上各项都不是

3. 当用以利率为纵轴、以货币量为横轴的图形表示货币的供求时,物价水平上升_____。
   a. 使货币需求曲线向右移动,并提高了利率
   b. 使货币需求曲线向左移动,并提高了利率
   c. 使货币需求曲线向右移动,并降低了利率
   d. 使货币需求曲线向左移动,并降低了利率
   e. 以上各项都不是

4. 对美国来说,总需求曲线向右下方倾斜最重要的原因是_____。
   a. 汇率效应
   b. 财富效应
   c. 财政效应
   d. 利率效应
   e. 以上各项都不是

5. 在真实产量市场上,货币供给增加最初的效应是_____。
   a. 总需求曲线向右移动
   b. 总需求曲线向左移动
   c. 总供给曲线向右移动
   d. 总供给曲线向左移动

6. 货币供给增加的最初效应是_____。
   a. 提高了物价水平
   b. 降低了物价水平
   c. 提高了利率
   d. 降低了利率

7. 货币供给增加的长期效应是_____。
   a. 提高了物价水平
   b. 降低了物价水平
   c. 提高了利率
   d. 降低了利率

8. 假设投资者和消费者的悲观情绪引起支出减少。如果美联储选择采用积极的稳定政策,它应该_____。
   a. 增加政府支出并减税
   b. 减少政府支出并增税
   c. 增加货币供给并降低利率
   d. 减少货币供给并提高利率

9. 政府支出增加的最初效应是_____。
   a. 总供给曲线向右移动
   b. 总供给曲线向左移动
   c. 总需求曲线向右移动
   d. 总需求曲线向左移动

10. 如果 MPC 是 0.75,那么乘数的值是_____。
    a. 0.75
    b. 4
    c. 5
    d. 7.5
    e. 以上各项都不是

11. MPC 提高会_____。
    a. 提高乘数的值
    b. 降低乘数的值
    c. 对乘数的值没有影响

d. 由于 MPC 由国会立法决定,这种情况很少发生

12. 假设投资者和消费者的乐观情绪增加了支出,致使现在的产量水平高于长期自然产出水平。如果决策者选择采用积极的稳定政策,他们应该_____。
    a. 减少税收,从而使总需求曲线向右移动
    b. 减少税收,从而使总需求曲线向左移动
    c. 减少政府支出,从而使总需求曲线向右移动
    d. 减少政府支出,从而使总需求曲线向左移动

13. 当政府购买增加提高了收入,使货币需求曲线向右移动,提高了利率并减少了投资时,我们把这看成是以下哪一项的证明?
    a. 乘数效应。
    b. 投资加速数。
    c. 挤出效应。
    d. 供给学派经济学。
    e. 流动性陷阱。

14. 以下哪一项关于税收的表述是正确的?
    a. 大多数经济学家认为,在短期中,税收变动最大的影响是对总供给,而不是对总需求。
    b. 永久的税收变动对总需求的影响大于暂时的税收变动。
    c. 税收增加使总需求曲线向右移动。
    d. 税收减少使总供给曲线向左移动。

15. 假设政府购买增加160亿美元。如果乘数效应大于挤出效应,那么_____。
    a. 总供给曲线向右的移动幅度大于160亿美元
    b. 总供给曲线向左的移动幅度大于160亿美元
    c. 总需求曲线向右的移动幅度大于160亿美元
    d. 总需求曲线向左的移动幅度大于160亿美元

16. 当政府购买增加提高了一些人的收入,而且,这些人把他们收入增加的一部分用于增加消费品支出时,我们看到了以下哪一项的证明?
    a. 乘数效应。
    b. 投资加速数。
    c. 挤出效应。
    d. 供给学派经济学。
    e. 以上各项都不是。

17. 当政府购买增加引起企业购买额外的工厂和设备时,我们看到了以下哪一项的证明?
    a. 乘数效应。
    b. 投资加速数。
    c. 挤出效应。
    d. 供给学派经济学。
    e. 以上各项都不是。

18. 以下哪一项是自动稳定器?
    a. 军费支出。
    b. 用于公立学校的支出。
    c. 失业补助。
    d. 用于航天飞机的支出。
    e. 以上各项都是。

19. 以下哪一项关于稳定政策的表述是正确的?
    a. 在短期中,美联储增加目标货币供给的决策在本质上与提高目标利率的决策相同。
    b. 国会对美联储的货币政策决策有投票权。
    c. 漫长的时滞提高了决策者"微调"经济的能力。
    d. 许多经济学家偏爱自动稳定器,因为它们对经济的影响滞后于

积极的稳定政策。
e. 以上各项都正确。
20. 以下哪一种表述最好地说明了货币供给增加如何改变总需求？
a. 货币供给向右移动,利率上升,投资减少,总需求曲线向左移动。
b. 货币供给向右移动,利率下降,投资增加,总需求曲线向右移动。
c. 货币供给向右移动,价格上升,支出减少,总需求曲线向左移动。
d. 货币供给向右移动,价格下降,支出增加,总需求曲线向右移动。

24.4 进阶思考题

你正在看晚间新闻网的新闻联播。首篇报道是关于今天联邦公开市场委员会开会的事情。财经记者报道,美联储为防止未来的通货膨胀而把今天的利率提高0.25个百分点。然后报道转向与著名政治家的对话。一位国会议员对美联储这种变动的反应是负面的。她说：" CPI 并没有上升,但美联储却为了应对假设的通货膨胀而限制经济增长。我的选民想知道,为什么他们不得不为贷款支付更高的利息,我无法给出一个恰当的解释。我认为这是一种暴行,而且,我认为国会应该有质询美联储决策的权力。"

1. 美联储提高了什么利率？
2. 请解释美联储关于货币供给的政策。
3. 为什么美联储在 CPI 开始上升之前提高利率？
4. 许多经济学家认为,美联储需要独立于政治压力。用这位议员的话来解释为什么这么多经济学家认为美联储需要具备独立性。

习 题 答 案

24.1.3 术语与定义

4	流动性偏好理论	3	投资加速数
8	流动性	9	边际消费倾向（MPC）
2	联邦基金利率	1	挤出效应
10	财政政策	6	稳定政策
7	乘数效应	5	自动稳定器

24.2.1 应用题

1. a. 减少货币供给。
   b. 增加货币供给。
   c. 增加货币供给。
   d. 增加货币供给。
   e. 增加货币供给。
2. a. 提高利率。
   b. 降低利率。
   c. 降低利率。

d. 降低利率。
e. 降低利率。
f. 在短期中,由于物价具有黏性或被固定,货币供给增加意味着利率下降,而货币供给减少意味着利率上升。

3. a. 增加支出,减税。
   b. 增加支出,减税。
   c. 减少支出,增税。
   d. 增加支出,减税。

4. a. 乘数 = 1/(1 − 0.75) = 4;100/4 = 250 亿美元。
   b. 乘数 = 1/(1 − 0.80) = 5;100/5 = 200 亿美元。
   c. 更大,因为随着政府支出增加,投资者支出减少,因此,总需求的增加没有乘数表示的那么大。
   d. 更大了。政府支出增加提高了利率。投资对利率越敏感,投资减少越多,或政府支出挤出的越多。
   e. 更可能让经济自行调整,因为如果经济调整发生在财政政策的影响起作用之前,财政政策就是不利于稳定的。

5. a. 它降低了利率,因为在短期中由于价格具有黏性或被固定,货币需求不变。因此,货币供给增加要求利率下降,以使人们持有增加的货币。
   b. 它对利率没有影响,因为在长期中支出增加引起物价同比例上升,产量固定在自然产出水平,货币是中性的,而且,利率由不变的可贷资金供求决定。
   c. 不一致。价格在短期中很可能是黏性的,而在长期中是有弹性的。

24.2.2 简答题

1. 因为货币量固定在美联储选择的值上,而且,这个量不取决于利率。
2. 利率是持有货币的机会成本,因为持有货币赚不到收益率。因此,利率上升引起人们减少现金余额,并以有利息的债券的形式持有更多财富。
3. 物价水平上升使货币需求曲线向右移动,提高了利率,并减少了投资。
4. 货币供给曲线向右移动,利率下降,在每种物价水平下投资增加,这使总需求曲线向右移动。
5. 当政府购买物品时,它引起卖者收入增加。卖者把新的更高收入中的一个百分比用于物品与服务,这增加了其他人的收入,以此类推。MPC 越高,每一轮增加的新收入中用于支出的百分比越大。
6. 政府支出增加提高了收入,使货币需求曲线向右移动,提高了利率,并减少了投资。
7. 小于 100 亿美元,因为挤出效应(减少了总需求曲线的移动幅度)大于乘数效应(放大了总需求曲线的移动幅度)。
8. 它通过提高工作激励而引起总供给增加。
9. 永久减税,因为这对家庭财政状况的改善更大,从而使其支出得更多。
10. 在衰退期间征收的所得税减少,而且,政府用于福利和失业补助的支出增加。而严格的平衡预算规则会使政府提高其他税,并减少其他支出,从而会加剧衰退。

24.3.1 判断正误题

1. 错误;利率上升减少了货币需求量,因为它增加了持有货币的机会成本。
2. 正确。
3. 正确。
4. 正确。
5. 错误;货币供给增加降低了利率,增加了投资,总需求曲线向右移动。
6. 错误;美联储应该增加货币供给。
7. 正确。
8. 正确。
9. 错误;乘数的值是5。
10. 正确。
11. 错误;总需求曲线向右移动的幅度小于100亿美元。
12. 错误;决策者应该增加政府支出并减税。
13. 正确。
14. 错误;在短期中利率由货币供求状况决定,而在长期中利率由可贷资金市场决定。
15. 正确。

24.3.2 单项选择题

1. b 2. c 3. a 4. d 5. a 6. d 7. a 8. c 9. c 10. b
11. a 12. d 13. c 14. b 15. c 16. a 17. b 18. c 19. d 20. b

24.4 进阶思考题

1. 联邦基金利率。
2. 美联储减少了货币供给(或降低了其增长率)。
3. 因为货币政策对经济的作用存在时滞。如果美联储等到通货膨胀发生时,其政策效应就太迟了。因此,美联储希望根据它的通货膨胀预期作出反应。
4. 政治家对选民的短期要求必定是有反应的。货币政策应该有长期视野,并在经济过热(产量高于长期自然产出水平)时作出从政治角度来看难以接受的决策。在这种情况下,在未来价格有上涨的压力,所以适当的政策反应是现在紧缩总需求。"在宴会进行时拿走香槟酒杯"是不受欢迎的。